나폴레온 힐의 위대한 연설

Napoleon Hill's Greatest Speeches

NAPOLEON HILL'S GREATEST SPEECHES
Copyright © 2016 By Napoleon Hill Foundation
Originally published in English by Napoleon Hill Foundation, U.S.A.
All rights reserved.
Korean translation rights arranged with Napoleon Hill Foundation, U.S.A.
through PLS Agency, Korea.
Korean edition published in 2017 by FORBOOK PUBLISHING Co., Korea.

이 책의 한국어판 저작권은 PLS Agency를 통해
나폴레온 힐 재단과 독점 계약한 포북에 있습니다.
저작권법에 의하여 한국 내에서 보호를 받는 저작물이므로
무단 전재와 복제를 금합니다.

나폴레온 힐의
위대한 연설

나폴레온 힐 지음 | 이소옥 옮김   for book

차 례

● **서문** • 7

● **연설**

1. 무지개 끝에서 • 13
   : 1922년, 세일럼 대학교 졸업식 축사

2. 기회가 없었던 사람들 • 41

3. 기적을 만드는 사람 • 77

4. 한 걸음 더 나아가라 • 117
   : '무한 성공 클럽'에서의 강의

5. 1만 명을 분석한 후 알게 된 사실 • 153

6. 성공의 다섯 가지 요소 • 205
   : 1957년, 세일럼 대학교 졸업식 축사

● **에필로그** : 나폴레온 힐의 성공철학 • 239

● **부록**

1. 변화하는 세상 • 267
2. 편지 • 278

[서문]

할아버지(나폴레온 힐Napoleon Hill)는 연설을 하면서 노트를 보는 경우가 드물었다고 한다. 할아버지가 사용하셨던 강연 노트에는 실제로 연설할 때 했던 말들이 거의 남아 있지 않다. 그래서 할아버지의 연설문을 책으로 만들기까지 여러 해가 걸렸다. 연설문을 하나하나 찾아내는 과정은 즐거운 일이기도 했지만, 기적 같은 일이었다.

찾아낸 연설문 중에는 1922년에 세일럼 대학(현, 세일럼 국제대학교)에서 행한 졸업식 축사가 포함되어 있다. 할아버지의 연설은 그 당시 지역 신문에 '무지개 끝에서The End of the Rainbow'라는 제목으로 기사화 되었는데, 다행히 사본이 세일럼 대학 기록 보관소에 마이크로필름으로 보관되어 있었다. 하지만 필름 상태가 워낙 좋지 않아서 글을 복원하는데 상당한 시간이 걸렸다.

할아버지는 '축복은 그 모습을 가장하고 항상 역경으로 다가온다'는 말씀을 자주 하셨다. 1922년에 행한 졸업식 축사에서도 수많은 실패들이 실제로는 큰 기회의 전환점이 되었다고 강조하셨다. 자신에게 닥친 모든 실패가 결과적으로 큰 축복이 되었던 셈이다. 그리고 자신의 성공 비결을 '주어진 일보다 더 많이 일하는 습관'에 있었다고 말씀하셨는데, 실제로 이 두 가지는 성공의 쌍두마차가 되었다.

1922년에 졸업식 축사를 하셨던 세일럼 대학은 첫 번째 아내였던 플로렌스 할머니의 고향 럼버포트와 멀지 않은 웨스트버지니아에 있었다.

당시 할아버지는 세일럼에서 「나폴레온 힐 매거진Napoleon Hill's Magazine」을 출판하는 출판업자이자 편집자로 활동하셨다. 할아버지는 여러 면에서 성공한 사람이었지만, 가족들에게만큼은 인정을 받지 못하고 있었다. 당시 할아버지는 10여 년 동안 계속된 사업 실패로 인해 가족과의 관계가 소원해져 있었다. 그래서 졸업식 축사는 가족들에게 인정받을 수 있는 좋은 기회였고, 결과적으로 자신의 목적을 완벽히 달성해 낼 수 있었다.

그날의 연설은 졸업생을 비롯한 청중으로부터 큰 호응을 얻었다. 자신의 실패 경험을 예로 들어 어떻게 역경을 극복해 냈는지를 감동적으로 풀어 낸 연설은 전설이 되었다. 연설이 끝나자 박수갈채가 쏟아졌고, 가족들 앞에도 당당히 나설 수 있었다. 할아버지가 자신의 불명예를 씻어내는 순간이었다.

나는 '나폴레온 힐 재단'의 이사인 돈 그린Don Green에게 이 연설의 사본을 보냈다. 돈은 즉시 성공 가능성을 알아보았고, 재단 기록 보관소에서 이 책에 수록할 관련 연설문과 신문기사들을 찾아냈다. 이러한 작업을 하는 데는 여러 해가 소요되었다.

'변화하는 세계 This Changing World'라는 신문기사는 할아버지가 어렸을 때 살았던 집 벽난로 장식 뒤편에서 발견되기도 했다. 이 기사는 1930년대 대공황 시절에 작성된 것으로 추정된다.

대공황이 미국을 휩쓸 당시, 할아버지는 자신에게 안정적인 일자리를 제공해 준 처가 식구들과 함께 지내고 있었다. 그러나 처가살이를 묵묵히 받아들이는 것은 용납할 수 없는 일이었다.

1931년 3월, 할아버지는 자신을 위해서라면 반드시 해야 할 일이었지만, 가장으로서 가족을 생각한다면 절대로 해서는 안 될 일을 저지르고 말았다. 돌연 하던 일을 그만두고 워싱턴으로 떠나버린 것이다.

할아버지는 사업을 시도할 때마다 실패를 거듭했다. 그럼에도 불구하고 다시 한 번 도전해 보겠다는 확고한 신념에서 비롯된 결심이었다. 그것 말고는 달리 설명할 길이 없다. 왜냐하면 당시 할아버지는 무일푼의 빈털터리였기 때문이다.

왜 할아버지는 가족과 안정된 생활을 뒤로 하고 워싱턴으로 떠날 수밖에 없었을까? 이때의 상황을 이해하려면 벽난로 장식 뒤에서 찾아낸 글을 읽어 봐야 한다. '변화하는 세계'는 그야말로 할아버지의 정신세계를 그대로 반영한 거울과도 같다.

재단 이사 돈 그린은 할아버지의 초기 연설문('1만 명을 분석한 후 알게 된 사실') 원고 사본 두 장을 찾아냈다. 한 장은 나폴레온 힐 재단 기록 보관소에 있었고, 다른 한 장은 1918년 2월 「모던 메소즈 Modern Methods」에 게재된 기사였다. 할아버지는 이 연설문을 조지 워싱턴 대학교(현재, 시카고의 브라이언트 & 스트래턴 경영대학) 학장으로 재직할 때 썼다. (훗날 할아버지는 이 대학의 비즈니스 광고학과 학과장 겸 대학 총장이 되었다.)

할아버지는 이 연설문에서 '성공의 다섯 가지 필수조건'으로 '자신감, 열정, 집중, 계획 세우기, 자신에게 주어진 일보다 더 많이 일하는 습관'이다. 이 조건들은 나중에 '성공의 3원칙(열정, 집중, 주어진 일보다 더 많이 일하는 습관)'의 초안이 된다.

1952년 말, 할아버지는 클레멘트 스톤 W. Clement Stone과 함께 활동하면서 아내 애니 로 Annie Lou를 1년가량 떠나 있었다. 할아버지는 스톤과 함께 강연 흥행을 위해 전국을 순회했는데, 스톤이 기조연설을 맡곤 했다.

재단 이사 돈 그린은 할아버지의 기조연설 중에서 '기적을 만드는 사람 Maker of Miracle Men'이라는 제목의 연설문을 찾아내 이 책에 수록했다. 이 연설문에는 할아버지가 즉흥 연설을 할 때의 특징들이 잘 나타나 있다. 독자들은 할아버지의 재치와 청중의 마음을 사로잡는 흥미로운 연설을 경험하게 될 것이다.

1950년대 중반, 할아버지는 강연가로서 유명인사가 되어 있었다. 할아버지의 강연은 라디오와 텔레비전을 통해서도 방송되었고, 퍼시픽 국제대학교 Pacific International University는 명예 문학박사 학위를 수여하기에 이른다. 1957년에는 세일럼 대학교에서 졸업식 축사를 다시 부탁하면서 명예 문학박사 학위를 수여한다.

이 무렵 성공철학에 대한 할아버지의 생각은 잘 다듬어져 확고한 원리로 자리 잡았다. 할아버지는 세일럼 대학교에서 행한 졸업식 축사에서 '성공의 다섯 가지 필수 조건' 대신 성공하는데 있어서 가장 중요한 원리인 '성공의 다섯 가지 핵심 요소'를 강연했다. 1922년의 졸업식 축사와 마찬가지로 열광적인 박수갈채를 받았다.

그로부터 35년이 지난 후, 1922년에 발표했던 '성공의 다섯 가지 필수 조건' 중 '주어진 일보다 더 많이 일하는 습관'만이 할아버지 마음속에 남아 있었다는 사실도 눈여겨볼 만한 대목이다. 다른 필수 조건들은 네 가지 필수적인 원리(마스터마인드, 명확한 목표, 자기관리, 솔선수범)로 변경되었다.

이 책에 수록된 각각의 연설문과 신문기사는 별개의 것이지만, 한데 묶으면 할아버지의 성공철학이 어떻게 진화되었는지, 또 어떤 과정을 거쳐 성공철학으로 자리 잡았는지 알 수 있다. 그렇기에 하나하나 개별적인 자료보다는 종합한 자료가 훨씬 더 큰 의미를 갖는다. 독자들은 이 책의 연설을 마음껏 활용하여 부를 얻고, 삶의 진정한 가치를 발견하기 바란다.

(나폴레온 힐의 손자) **제임스 블레어 힐** Dr. James Blair Hill

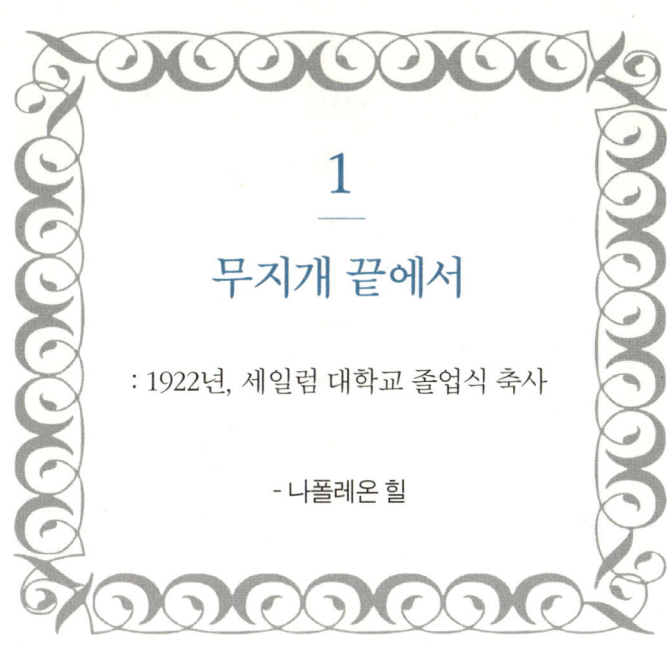

1

무지개 끝에서

: 1922년, 세일럼 대학교 졸업식 축사

- 나폴레온 힐

Napoleon Hill's Greatest Speeches

1922년, 나폴레온 힐은 웨스트버지니아 주에 있는 세일럼 대학교에서 졸업식 축사를 했다. 이 학교는 교양 과목, 교직 이수, 간호 전문대를 포함해서 1888년에 설립된 대학이다. '무지개 끝에서'라는 제목의 이 축사는 힐의 연설 중에서 가장 사랑받는 연설이다.

힐이 연설했던 1922년에 그의 나이는 39세였다. 글쓰기와 연설에서 다년간의 경험이 있기는 했지만, 자신의 첫 번째 책은 아직 출판하지 못한 상태였다. 그는 청중이 있는 곳이라면 어디든 달려가서 열정적으로 강연했다. 힐이 자신의 책을 출판하고 나서 더 인기를 얻게 되자, 강연 요청이 쏟아져 들어오기 시작했다. 나폴레온 힐 재단 기록 보관소에는 그가 미국 전역을 순회하며 강연했던 89건의 연설 기록들이 남아 있다. 놀라운 것은 이 모든 연설이 단 1년이라는 기간 안에 이루어졌다는 사실이다.

힐은 세일럼 대학교 졸업식 축사에서 평소와 마찬가지로 열정적인 연설을 했고, 이 연설 덕분에 몇 년 뒤 편지 한 통을 받게 된다. 편지의 발신인은 제닝스 랜돌프Jannings Randolph 상원의원이었다. 힐은 이 편지가 매우 마음에 들었는지(이 책의 부록으로 수록되어 있음) 이 편지를 자신의 저서 『생각하라 그러면 부자가 되리라Think and Grow Rich』에 서문으로 실었다. 제닝스 랜돌프는 프랭클린 D. 루즈벨트가 대통령으로 당선된 1932년에 상원의원이 되었다. 랜돌프 상원의원은 루즈벨트 대통령에게 힐을 소개했고, 힐은 대공황 시절 대통령 연설 고문으로 활동했다. 백악관으로부터 온 서신들은 지금도 나폴레온 힐 재단 기록 보관소에 남아 있다. 랜돌프 상원의원은 나폴레온 힐 재단의 이사로도 활동했으며, 1998년에 생을 마감한 그는 루즈벨트 행정부 초기부터 활약한 마지막 국회의원이었다.

힐의 연설문이 남아 있던 신문기사 복원은 힐의 손자인 제임스 블레어 힐의 부지런한 노력 덕분이었다. 마이크로필름에서 이 연설문을 찾아낸 그와 타자를 쳐 준 그의 아내 낸시에게 감사의 마음을 전한다.

- (나폴레온 힐 재단 이사) 돈 M. 그린

Napoleon Hill

 '무지개 끝에 황금 단지가 있다'는 인류 역사만큼이나 오래된 이야기가 있습니다. 그리고 이 황금 단지 이야기는 순식간에 사람들의 마음을 사로잡습니다. 아마도 쉽게 부자가 되고 싶어 하는 오늘날의 경향과도 관련이 있을 것입니다. 저 역시 15년이란 세월 동안 무지개 너머에 있을 황금 단지를 쫓았습니다. 정말이지 쉼 없이 달렸습니다. 그저 황금을 차지하고 싶은 욕심에 산에 오르기도 하고, 좌절도 하며 언덕을 구르기도 했습니다. '헛된 황금'이라는 환상은 그렇게 나를 홀려 놓았습니다.
 어느 날 밤, 사람들과 함께 화롯불 앞에 모여 앉아 노동자 소요 사태에 대한 이야기를 나누고 있었습니다. 이렇게 외진 마을에도 노동조합이 만들어지려 하고 있었습니다. 문제는, 그들의 노력이 결실을 맺기에는 조합원들의 노동운동이 너무 혁명적이라는 점이었습니다. 화롯불 옆에 나와 함께 서 있던 사람이 마침내 내가 따를 만한 최선의 의견을 제시하더군요. 그는 내게 다가오더니 어깨를 다독이며 이렇게 말했습니다.

"너는 참 영리한 아이로구나. 교육을 잘 받는다면 세계에 이름을 떨칠 수 있을 거야."

이 말에 큰 영향을 받은 저는 즉시 일을 그만 두고 경영 전문학교에 등록하기로 했습니다. 돌이켜봐도 정말로 잘한 결정이었다고 생각합니다. 그때 입학했던 경영 전문학교에서 처음으로 많은 것을 배웠고, 큰 인물이 되려는 꿈을 꾸기 시작했습니다. 학교를 수료한 후 속기사 겸 회계사로 취업해서 몇 년 동안 일했습니다.

취업한 후에는 경영 전문학교에서 배운 '주어진 일보다 더 많이 일한다'는 정신으로 일했습니다. 그 결과 함께 입사한 동기들을 제치고 빠르게 승진했고, 급여 또한 자연스럽게 올랐습니다. 일상생활에서는 불필요한 지출을 최대한 줄이면서 급여 대부분을 저축했습니다. 그 덕분으로 수천 달러의 목돈을 모을 수 있었고, 무지개의 끝을 향하는 올바른 길로 나아가고 있다고 믿었습니다.

맡은 일을 열심히 하다 보니 '유능한 사람'이라는 평판을 얻게 되었고, 저를 데려가려는 회사 간에 경쟁이 벌어지기도 했습니다. 경쟁 회사에서 더 많은 급여를 제시하며 유혹했지만, 저의 부족한 점을 잘 알고 있었기에 약점을 보완하려고 더욱 열심히 노력했습니다. 바로 이러한 의지 덕분에 저는 성공을 거머쥘 수 있었습니다. 그때의 경험을 통해 '해내고야 말겠다는 의지'가 그 무엇보다도 중요하고 강력한 성공 전략이라는 걸 깨달았습니다.

어느 정도 경험을 쌓은 후, 저는 운명을 따라 남쪽으로 향하기로 결심하고 대형 목재 회사로 옮겨 세일즈매니저 직함을 달고 일하게 되었습니다. 물론 그때까지 목재나 영업에 대해서는 아는 것이 하나도 없었습니다. 그래도 한 가지는 분명히 알고 있었습니다. '내게 주어진 일보다 더 많이 일한다'는 원칙 말입니다. 목재를 팔기 위해서라면 악마에게 영혼이라도 팔 기세로 열심히 일했습니다.

그 결과 짧은 기간에 눈부신 성과를 올렸습니다. 그해에 연봉은 두 배로 올랐고, 예금 통장은 해마다 늘어났습니다. 목재 세일즈 능력이 워낙 특출하다 보니, 사장이 회사를 하나 더 설립하면서 저를 동업자로 영입했습니다.

저는 무지개 끝 황금 단지에 한 발 더 다가서는 듯했습니다. 돈과 성공이 홍수처럼 밀려 들어왔지만, 그래도 흔들리지 않고 무지개 끝을 향해 한 걸음 한 걸음 내딛었습니다. 이때까지만 해도 성공은 오직 돈으로만 이루어져 있을 거라고 믿었습니다.

보이지 않는 손

보이지 않는 손은 나 자신이 매우 대단한 사람인마냥 허영심에 빠지게 했고, 자만심에 가득 차 허세를 부리게 만들었습니다. 그러나 이제는 인간사를 더 냉정한 눈으로 볼 수 있고, 정확한 해석을 할 수 있는 판단력으로 돌이켜봅니다. '보이지 않는 손'이 의도적으로 인간을 '허영심'이라는 막장으로 내몰지 않는다면, 어리석은 인간이 어떻게 허영심의 구렁텅이에서 빠져나와 속물근성을 깨달을 수 있을까요?

어쨌든 앞으로 나아갈 길이 분명해 보이는 것 같았습니다. 창고 안에는 석탄이, 탱크에는 물이 가득했습니다. 손을 밸브 위에 올려놓고 열기만 하면 됐습니다. 그리고 운명은 저 모퉁이 너머에서 저에게 손짓하고 있었습니다. 하지만 모퉁이 너머에는 나를 세차게 때릴 곤봉이 기다리고 있었고, 곤봉 속에는 폭신폭신한 솜이 아니라 무쇠 덩어리가 들어 있었습니다.

마른하늘에 날벼락이 내리치듯 다가온 경제 대공황이 한순간에 저를 집어삼켜 버렸습니다. 그리고 하루아침에 모든 걸 잃고 알거지가 되고 말았습니다. 나의 사장이자 동업자는 겁을 집어먹고 미리 사업을 정리한 덕분에 재산을 지킬 수 있었습니다. 하지만 저에게 남은 것은 간판만 달고 있는 껍데기뿐인 회사였습니다. 그래도 다행인 건, 제가 쌓아 놓은 평판이 아직 남아 있었다는 겁니다. 저는 평판에 기대어 수백 수천 달러의 목재를 구입할 수 있었습니다.

하지만 엎친 데 덮친 격으로 사기꾼을 만나게 되었습니다. 그는 내게 남은 실낱같은 희망인 내 평판을 이용해 먹을 궁리를 하고 있었던 것입니다. 그와 무리들은 회사를 사들인 후 내 평판을 이용해서 목재를 외상으로 사들이더니, 그것을 다시 되파는 방식으로 자신들의 배를 채우고 있었습니다. 그런 사실을 나중에야 알게 되었는데, 그때는 이미 손을 쓸 수 없는 상태였습니다. 이제 와서 그들을 붙잡을 방법도 없었습니다.

경제 대공황과 사업 실패를 경험하지 않았더라면, 사업을 접고 법학을 공부하지 않았을 것입니다. 왜냐하면 당시의 사업 실패를 제외하고는 제가 법학을 공부할 이유가 전혀 없었기 때문입니다. 즉 내 인생의 전환점은 실패의 날개를 달고 나에게 날아들었던 것입니다. 우리가 그것을 알든 모르든 모든 실패에는 그만한 가치가 있습니다.

사업 실패 이후, 저는 '이번엔 실패하지 않고 반드시 무지개 끝에 도달해 황금 단지를 손에 넣고 말리라!' 다짐하며 로스쿨에 입학했습니다. 그 당시 제게 돈보다 더 강렬한 동기는 없었습니다. 그러나 제가 바라는 것은 항상 모래알처럼 내 손을 스르륵 빠져나가기만 했습니다. 마치 눈에는 보여도 결코 잡히지 않는 신기루처럼 말이죠.

낮에는 자동차 세일즈맨으로 일하고, 밤에는 로스쿨을 다녔습니다. 목재 사업을 하며 익혀 둔 경험 덕분에 세일즈 실적을 쌓는 건 그리 어렵지 않았습니다. 이때부터 다시 빠르게 부를 쌓아가기 시작했고, 여전히 받는 '제가 할 수 있는 일보다 더 많이' 열심히 일했습니다.

그러자 또 다른 기회가 찾아오더군요. 앞으로는 자동차 산업에 전망이 있다고 판단한 저는 기계공들에게 자동차 조립과 정비를 가르치는 기술학교를 설립했습니다. 결과는 대성공이었습니다. 매달 어마어마한 돈이 통장으로 들어왔습니다. 또 다시 무지개 끝이 보이는 듯했습니다. 마침내 발을 디디고 숨 쉴 만한 곳을 찾았다는 생각도 들었습니다. 이 사업 외에 내 관심을 돌릴 수 있는 건 아무 것도 없다고 확신했습니다.

그러던 중 거래하던 은행으로부터 제안이 들어왔습니다. 제 사업이 급성장하는 것을 지켜본 은행장이 신용등급을 올려주면서 다른 사업에 투자해 볼 의향이 없느냐고 권하더군요. 저는 그 은행장이 세상에서 제일 좋은 사람이라고 생각했습니다. 왜냐하면 아무런 보증도 없이 서명만 받고 거액을 빌려 주었기 때문입니다.

은행장은 제가 빚을 감당할 수 없을 때까지 돈을 빌려 주었습니다. 그리고 제가 빚더미에 오르자 제 회사를 빼앗아 갔습니다. 워낙 갑작스럽게 일어난 일 앞에 망연자실할 수밖에 없었습니다. 내게 그런 일이 일어날 수 있을 거라곤 상상조차 못했습니다. 금융업에 종사하는 사람들 중 아주 드물게 행동하는 사람들, 특히 그 은행장 같은 부류의 사람들에 대해 더 배워야 할 것들이 남아 있었던 것이지요.

 실패야말로 자신에게 주어진 가장 큰 축복이다.

많은 수입을 올리고, 자동차를 여섯 대나 가지고 있으며, 필요하지 않은 것들을 수도 없이 많이 가지고 있던 저는 한순간에 또다시 알거지가 되고 말았습니다. 어느 사이엔가 무지개도 흐릿해졌습니다. 그리고 많은 시간이 흐른 뒤에야 비로소 '실패야말로 내게 주어진 가장 큰 축복'이라는 걸 깨달았습니다. 왜냐하면 이 일을 계기로 나 자신의 인간적인 면을 발전시키는데 도움이 되지 않는 사업에서 손을 떼고, 내가 가장 필요로 하는 것을 경험할 수 있는 쪽으로 방향을 틀어 거기에 모든 것을 쏟아 부었기 때문입니다.

이쯤에서 한 번 짚고 넘어가면 좋을 법한 이야기를 해볼까 합니다. 회사를 은행에 빼앗기다시피 넘기고 몇 해가 지난 어느 날, 선심을 쓰듯 돈을 마구 빌려 주던 워싱턴에 있는 그 은행을 호기심에 찾아가 보기로 했습니다. 나는 망했지만 은행은 여전히 성황리에 영업 중일 거라고 생각했는데, 놀랍게도 은행은 망해서 없어져 버렸더군요. 은행이 있던 건물을 바라보니 복잡한 생각이 들었습니다. 그런데 놀랍게도 근처 길거리에서 거지가 되어버린 예전의 그 은행장을 우연히 만나게 되었습니다. 나를 보고 눈물을 흘리는 그를 보니, 문득 이런 생각이 들었습니다.

'무지개 너머에 있다는 그 황금 단지가 사실은 돈이 아닐 수도 있지 않을까?'

제 처가는 부유하고 사회적으로 지위가 높은 편이었습니다. 그 덕분에 최고 로펌에서 수석 변호사의 비서로 일할 수 있었지요. 그곳에서 다른 직원들에 비해 꽤 높은 급여를 받았고, 그것은 내 능력을 훨씬 웃도는 수준이었습니다. 한마디로 저는 전형적인 낙하산이었고, 아무 생각 없이 자리를 지키고 있었습니다.

낙하산들이 으레 그렇듯, 저는 법률 분야에서 능력이 부족했습니다. 그렇기 때문에 경영 전문학교에서 배운 근본적인 원리를 다시 마음에 새기고 '내가 할 수 있는 일보다 더 많이, 더 열심히' 일했습니다.

그렇게 특별한 어려움 없이 로펌 업무에 적응해 나가고 있었습니다. 실제로 마음만 먹으면 평생 그 자리를 지킬 수도 있겠구나 싶었습니다. 그러던 어느 날, 주변 사람들이 혀를 끌끌 찰 만한 일을 저지르고 말았습니다. 돌연 로펌 일을 그만둔 것이지요.

나로서는 너무나 타당한 결정이었지만, 가족과 친구들에게 그만둔 이유를 설명해야 했습니다. 하지만 그들은 저를 이해하려 들지 않았습니다. 저는 완전히 이성적인 판단 하에 일을 그만두었다고 생각했습니다. 왜냐하면 맡고 있던 일이 너무나 쉬웠기 때문이죠. 또한 업무를 수행하는데 어떤 노력도 필요하지 않았습니다. 결국, 로펌에서 일하는 동안 '일상의 지루함'이라는 매너리즘에 빠지고 말았던 것입니다.

로펌을 그만둔 일 또한 내 인생에서 중요한 전환점이 되었습니다. 물론 안락한 세계를 내 발로 걸어 나온 이후 10년 동안 지옥을 맛봐야 했습니다. 가족과 친구들이 모두 인정하는 너무도 전도유망한 미래를 뒤로한 채, 로펌을 떠나 시카고로 향했습니다. 특별한 이유가 있어서 시카고를 선택한 건 아니었습니다. 단지 시카고야말로 세상에서 가장 경쟁이 치열한 도시라고 막연히 생각하고 있었던 것 같습니다. 그곳에 가면 무슨 일이든 하며 다시 인정받을 수 있을 거라고 생각했던 거죠. 무엇보다도 언젠가는 실제 능력으로 드러날 내 안의 가능성을 증명하고 싶었습니다.

시카고에서는 홍보 매니저 직함으로 일을 시작했습니다. 사실 홍보 업무에 대해 아는 건 하나도 없었지만, 예전의 세일즈 경험을 믿고 과감하게 도전했습니다. 또한 '내가 할 수 있는 일보다 더 많이 더 열심히 일한다'는 나만의 원칙이 부족한 부분을 채워주었기 때문에 맡은 일을 잘 해낼 수 있었습니다.

그 결과, 첫해에 대박을 터뜨리며 다시 상승 기류를 탈 수 있었습니다. 그리고 서서히 내 눈에 다시 무지개가 들어오기 시작하더군요. 황금 단지에 손만 뻗으면 닿을 것 같은 순간이었습니다. 여전히 부의 축적을 성공 기준으로 삼고 있었고, 그토록 원하던 무지개의 끝은 황금으로 가득한 단지를 약속해 줄 것 같았습니다. 물론 무지개 끝에 황금 단지가 아닌, 다른 것이 기다리고 있을 지도 모른다고 생각한 적도 있었습니다. 하지만 그런 생각은 일시적인 것이었을 뿐, 대수롭지 않게 여기며 지워 버렸습니다. 오르막길이 있으면 내리막길이 있다는 변치 않는 진리에도 불구하고, 정점에 있을 때 내리막길이 있을 거라는 생각은 상상조차 못했습니다. 하지만 자신이 가는 길이 올바른 길이 아니라면, 내리막길은 반드시 나타나게 되어 있습니다.

1. 무지개 끝에서

열심히 일한 덕분에 홍보 매니저로서 탁월한 실적을 올렸습니다. 사장은 저를 무척이나 마음에 들어 했고, 훗날 제가 '뱃시 로스 제과회사Betsy Ross Candy Company'를 설립했을 때 많은 도움을 주었습니다. 저는 다시 경영자가 되었고, 이 일은 내 인생에서 다음으로 중요한 전환점이자 실패의 전주곡이었습니다.

새로 시작한 사업은 성공을 거듭하며 다른 도시에도 많은 가맹점을 거느린 성공적인 프랜차이즈 회사로 성장했습니다. 무지개가 다시 제게 드리워지는가 싶더군요. 마침내 영원히 지키고 싶은 회사를 만들었다고 느꼈습니다. 사실 제 회사는 친구가 근무하는 제과회사를 벤치마킹한 것이었고, 제가 사업을 시작할 때 그 친구가 결정적인 역할을 했습니다.

모든 일이 순조롭게 흘러갔습니다. 그러나 잘 되던 사업은 제 동료가 다른 사람과 짜고 나를 속이면서 흔들리기 시작했습니다. 사람은 실수하는 순간에는 자신의 어리석음을 깨닫지 못합니다. 실수가 현실이 되어 깨닫는다고 해도 그때는 이미 돌이킬 수 없는 상황이 되곤 합니다. 그리고 어리석은 실수에는 반드시 혹독한 대가가 따릅니다.

고난이 나에게 준 것

내 동료가 다른 사람과 합세해서 나를 농간하며 골탕을 먹이더군요. 하지만 저도 가만히 당하고만 있지 않았습니다. 그러자 그들은 회사에서 나를 쫓아내려고 없는 사실을 허위로 만들어 고소했습니다. 내가 순순히 회사를 포기하면 소송까지 가지 않겠다는 협박도 서슴지 않았습니다. 저는 단칼에 거절했고, 법으로 맞대응했습니다. 그런데 재판 당일에 그들은 아무도 나타나지 않았습니다. 저는 담당 판사에게 그들을 소환해서 고소 내용을 진술하게 해달라고 요청했습니다. 하지만 사실 관계를 파악한 판사는 재판을 중단하고 이렇게 파렴치한 사건은 처음 본다면서 소송을 기각했습니다.

이에 따라 저는 악의적으로 내 명예를 훼손하고 손해를 끼친 그들에게 명예훼손 소송을 제기하면서 손해배상금으로 5만 달러를 청구했습니다. 이 소송은 5년 후에 재판이 열렸는데, 시카고 상급 법원에서는 불법행위로 인해 타인의 명예에 심각한 손상을 입힌 것에 해당하므로 손해배상을 하라고 판결했습니다.

그런데 소송이 진행되던 5년 동안 법정에서 승리한 것보다 더 짜릿한 소식이 저를 기다리고 있었습니다. 저를 속인 자들 중 한 명이 소송에서 패하기도 전에 또 다른 범죄 행위로 연방교도소에 수감되었던 것입니다. 또 다른 한 명은 인생의 정점에서 가난과 불명예를 안고 인생의 나락으로 떨어졌습니다.

그런데 여기서 중요한 것은 나에 대한 법적인 옹호가 아니라, '보이지 않는 손'이 진정으로 진리를 추구하는 사람들의 운명을 이끈다는 사실이었습니다. 이를 깨닫는 순간 그들을 철저히 옹

징하고 싶다는 적의가 사라졌습니다. 이후 그들에게 배상금을 요구하지 않았으며, 이후로도 요구하지 않기로 결심했습니다. 이미 그들은 피눈물을 흘리며 자책과 회한이라는 벌을 받았으니까요. 욕망에 눈이 멀어 나를 속인 자들은 땅을 치며 후회했을 거라 생각합니다.

결과적으로 저는 축복 받은 사람이었습니다. 왜냐하면 용서하는 법을 배웠기 때문이죠. 뿌린 대로 거둔다는 불변의 진리는 언제 어디서나 변함없이 작용하고 있음을 깨달았습니다. 이후로는 앙심을 품거나 복수하겠다는 생각을 하지 않았습니다. 시간은 결국 정의로운 사람의 손을 들어 줄 것이고, 정의롭지 못한 자들의 적이라는 진리를 깨달았기 때문입니다. '아버지, 저들을 용서해 주세요. 저들은 자신들이 무엇을 하고 있는지 알지 못합니다.'라고 기도했던 예수의 마음을 조금이나마 이해할 수 있게 되었습니다.

가르침

이번에는 제가 무지개 끝에 가장 가까이 다가갔던 시점에 대해 이야기해 보려 합니다. 그때는 저의 모든 지식과 경험을 총동원해야 했던 시기였기 때문입니다. 그때야말로 나를 표현할 수 있는 최고의 기회였고, 이른 나이에 나를 발전시킬 수 있는 기회였습니다.

그 당시에는 광고, 홍보와 세일즈를 가르치는 일에 모든 노력을 기울였습니다. 다른 사람들을 가르치고 난 후에야 비로소 뭔가를 배울 수 있다고 철학자들은 말하곤 합니다. 제가 실제로 가르치는 입장이 되고 보니, 그 말은 분명 사실이었습니다.

제가 설립한 학교는 처음부터 운영이 잘 되었습니다. 기술학교와 통신학교 두 곳을 운영했는데, 대부분 영어권 국가 출신 학생들이 찾아왔습니다. 세계가 전쟁으로 인해 황폐화 된 후였는데도 학교는 순풍을 만난 듯 순조롭게 항해를 계속했습니다. 나는 다시 한 번 무지개 끝에 가까워지고 있음을 느꼈습니다. 너무나 가까운 느낌이었기 때문에, 황금 단지가 거의 내 손에 닿을 것만 같은 생각에 사로잡혀 있었습니다.

그러던 어느 날, 내 실적과 명성을 알아보고 대기업 회장이 관심을 보였습니다. 그러더니 한 달에 3주만 일하면 105,200달러의 연봉을 주겠노라고 제안해 왔습니다. 이는 당시 미국 대통령이 받는 연봉을 뛰어넘는 금액이었습니다.

저는 회장의 제안을 받아들였고, 그 회사에 입사하고 나서 6개월이 지났을 즈음 미국에서 가장 효율적으로 일하는 기업으로 변모시켰습니다. 회사의 자산 규모는 설립 초기에 비해 두 배 가까이 늘었습니다.

솔직히 여러분이 저였다면, 무지개 끝에 도달했다고 믿을 만하지 않을까요? 누구도 이의를 제기할 수 없을 정도로 큰 성공을 거둔 것 아닐까요?

저는 그렇게 믿었습니다. 하지만 끔찍한 사건이 저를 기다리고 있었습니다. 그 회장이 저 몰래 비리를 저지르고 있었던 것입니다. 그를 믿었던 저는 부정한 관리자가 되어 있었던 거죠. 저는 그동안의 경험을 통해서 부정한 사람들이 어떤 파국을 맞는지 잘 알고 있던 터라, 이 일은 엄청난 충격으로 다가왔습니다.

그와 작성한 내 근로계약서에는 1년 동안 수석 관리자로 일해야만 연봉 10만 달러를 지급한다는 조건이 들어 있었습니다. 제가 회장의 비리를 눈치 챈 것은 입사하고 나서 6개월쯤 지났을 때였습니다. 6개월 동안이나 권력에 취한 사람의 손아귀에 힘을 실어주고 있었던 거죠. 그에게 곧 닥칠 파국을 알고 있었기에, 그에게서 연민을 느꼈습니다.

사실 저에게는 법적인 책임이 없었습니다. 하지만 이 회사에 수백만 달러를 투자한 사람들을 생각하면, 윤리적 책임이 있었습니다. 그 즉시 회장에게 요구했습니다. 회사 공금을 자금 담당 이사에게 맡겨 투명하게 경영하지 않는다면, 회사를 그만두겠다고 최후통첩을 한 것이죠. 하지만 회장은 내 말에 코웃음을 치더군요. 그는 내 책임도 아닌 일 때문에 계약을 깨고 10만 달러를 포기하지는 않을 거라고 오판한 것입니다.

하지만 수많은 투자자를 보호해야 한다는 윤리적 책임감을 떨쳐버릴 수 없었던 저는 결국 회사를 박차고 나왔습니다. 그래도 회사 자금이 회장 손에 좌우지 되지 않도록 최소한의 조치를 취해 놓았기 때문에, 투자자들이 큰 피해를 입지는 않았습니다. 이 일로 책임을 회피하지 않았다는 약간의 만족감을 느꼈지만, 회장의 비웃음과 함께 10만 달러를 날리고 말았습니다.

이 순간 내 무지개는 희미해졌고, 내 손에 닿기엔 너무 멀리 있는 것 같았습니다. 대체 내가 왜 얼굴도 모르는 사람의 말을 믿었고, 인생과 돈을 희생하는 선택을 하게 되었는지 나 자신도 알 수 없었습니다.

우여곡절 끝에 마침내 인생 최고의 순간인 무지개의 끝을 마주하게 되었고, 지난 모든 실패와 전환점에서 배운 교훈들을 이해하기 쉽게 정리해 보려 합니다. 그에 앞서 대망의 마지막 실패에 대한 이야기를 들려 드리겠습니다.

때는 1918년 11월 11일, 1차 세계대전 휴전협정이 체결된 날이었습니다. 그날 저는 와인에 취한 사람처럼 벅찬 기쁨에 흠뻑 취해 있었지만, 전쟁으로 인한 사업 손실로 빈털터리 상태였습니다. 사실상 거지와 다를 바 없었지만, 학살의 시대가 끝나고 이성이 다시 한 번 인류에게 찾아와 우리를 이롭게 할 것임을 믿고 있었습니다.

전쟁은 제가 운영하던 학교마저 앗아갔습니다. 학생들이 징집되면서 연간 15,000달러에 달하던 수입이 사라져 버린 것입니다. 앞으로 영원히 무지개 끝에 도달할 수 없을 것 같은 절망적인 순간이었죠. 제가 꿈꾸었던 무지개는 너무나 멀리 있었습니다. 돌아보니 20년 전 탄광 노동자로 일할 때, 늙은 광부가 "너는 참 영리하구나. 너 같은 아이가 학교에 있지 않고 여기서 1달러를 받으며 일하고 있다니, 참으로 안된 일이구나."라고 다정하게 말해 주던 그 시절과 하나도 달라진 게 없었습니다. 이제는 나와 내 꿈 사이에는 도저히 좁힐 수 없는 거대한 장벽이 생겨 꿈을 이루는 건 불가능할 것만 같았습니다. 저는 그 시절의 탄광 노동자 그 이상도 이하도 아니었습니다.

다시 해피엔딩

그러나 다시 행복이 찾아왔습니다! 혹시 내가 무지개 끝에 와 있으면서도 바보처럼 알아차리지 못한 건 아닌지 곰곰이 생각해 보았습니다. 그러고는 타자기 앞에 앉았습니다. 놀랍게도 내 손가락들이 자판 위에서 교향곡을 연주하기 시작했습니다. 타자를 치는 속도가 어떻게나 빠르고 경쾌하던지, 그런 느낌은 난생 처음이었습니다. 지금 무엇을 쓰고 있는지 생각할 겨를도 없이 쓰고 또 써 내려갔습니다.

다듬고 다듬어 완성된 글은 모두 다섯 장이었습니다. 글을 쓰겠다고 계획한 적도 없는데, 정말 뜻밖의 결과였지요. 이 글은 훗날 제가 발행한 첫 번째 잡지인 「나폴레온 힐의 골든 룰 매거진Napoleon Hill's Golden Rule Magazine」의 사설이 되었습니다. 저는 이 글을 들고 어떤 부자를 찾아가 읽어 주었습니다. 제가 글을 다

읽기도 전에 그는 잡지에 투자하겠다고 제안했습니다.

얼떨결에 아주 극적으로 내 꿈에 다가가기 시작했습니다. 탄광 노동자로 일할 때, 늙은 광부가 내 어깨를 토닥이며 내 앞날을 예언했던 그날로부터 20년을 돌고 돌아온 길이었습니다. 글의 내용은 모든 인간관계에서 '골든 룰Golden Rule'이 최고의 지침으로 자리 잡아야 한다는 것이었습니다.

저는 평생토록 신문 편집자가 되는 꿈을 가지고 있었습니다. 20여 년 전, 어린 시절에 아버지의 작은 인쇄소에서 일을 돕곤 했을 때 잉크 냄새가 그렇게도 좋았으니까요.

여기서 여러분에게 해주고 싶은 말은 비로소 나에게 가장 잘 맞는 일을 찾게 되었고, 그로 인해 다시 행복해졌다는 것입니다. 신기하게도 무지개 끝만 좇던 여정 중에서 처음으로 무지개와 황금 단지에 대한 생각이 머릿속에 떠오르지 않았습니다.

잡지는 처음부터 대성공이었습니다. 잡지가 출간되고 나서 6개월이 지나기도 전에 전 세계 영어권 국가들에서 팔려 나갔습니다. 잡지와 함께 저는 유명인사가 되었고, 1920년에는 미국 대도시들을 순회하기도 했습니다.

살아오면서 친구도 많았지만, 적도 많이 만들었습니다. 하지만 이제는 더 이상 그렇지 않았습니다. 저에게 수천 명의 팬이 생긴 것입니다. 이들의 수는 계속 늘어나 현재는 10만 명에 달하고 있습니다. 이들은 저를 지탱해 주는 힘이며, 제가 보내는 메시지를 언제나 믿어 줍니다.

그래서 저에게 어떤 변화가 생겼을까요?

만약 여러분이 끌어당김의 법칙을 알고 있다면, 이 질문에 대답을 할 수 있습니다. '끌어당김의 법칙'은 비슷한 것들끼리 서로를 끌어당긴다는 원리입니다. 즉 마음에 가득 찬 생각이 그 성질에 따라 그 사람에게 친구를 데려다 줄 수도 있고, 적을 끌어올 수도 있다는 것입니다. 그렇기 때문에 살면서 마음에 나쁜 생각을 담으면 안 되고, 나쁜 마음을 가득 채워 놓고서 친구가 생기길 바라는 건 어불성설입니다. 저는 '골든 룰'을 전파하기 위해 그에 부합한 삶을 살려고 노력했습니다.

뭔가를 단순하게 믿는 것과 행동으로 실천하는 것은 하늘과 땅만큼의 차이가 있습니다. 저는 잡지를 발행하면서 이러한 원리를 깨달았습니다. 그 이후로 지금까지 이를 마음속에 새기고 행동해 왔습니다. 이 깨달음은 말 그대로 나의 모든 것을 지배하게 되었습니다. 그리고 이 원리는 예수가 산 위에서 가르친 '대접받고 싶은 대로 남에게 행하라!'는 말과도 같았습니다.

3년 동안, '골든 룰'이라는 메시지를 수백 수천 명에게 보내주었습니다. 그리고 내 메시지가 닿은 사람들로부터 선의의 물결이 홍수처럼 밀려왔습니다.

마지막 무지개는 제게 빠르게 다가오고 있었습니다. 그래서 이번만큼은 실패하지 않으리라 굳게 다짐도 했습니다. 적들은 서서히 친구로 돌아섰고, 다시 많은 친구를 얻게 되었습니다. 다시는 나락의 세계로 떨어지지 않을 거라고 믿었습니다. 하지만 저에겐 아직도 치러야 할 마지막 시험이 남아 있었나 봅니다.

저는 마지막 무지개에 다가가고 있었습니다. 황금 단지가 막 내 손에 들어올 참이었습니다. 아무도 나를 막지 못할 것이라는 확신이 들었습니다. 성공한 사람들이 응당 누리게 될 모든 것을 곧 얻게 될 참이었습니다.

그러나 이러한 내 믿음에도 아랑곳하지 않고 마른하늘에서 날벼락이 내리쳤습니다. 절대로 있을 수 없는 일이라고 믿었던 일들이 일어난 것입니다. 첫 잡지「나폴레온 힐의 골든 룰 매거진」을 하룻밤 사이에 빼앗겨버린 것은 둘째 치고, 그로 인해 쌓았던 제 명성은 화살로 돌아와 내 등에 꽂히기 시작했습니다.

이번에도 나를 좌절의 구렁텅이로 떨어뜨린 것은 사람이었습니다. 사람이 이렇게도 사악할 수 있는 것인지 참담하고 허탈한 생각이 들었습니다. 저는 '골든 룰'을 수많은 사람들에게 전해 주었고, 저 역시 그에 부합하는 삶을 살려고 노력해 왔습니다. 그런데 그런 '골든 룰'에 어떤 진리도 들어 있지 않았다는 회의감이 들었고, 가혹함을 견딜 수 없어 한탄하며 몸서리쳤습니다.

그토록 소중히 여기던 원리들이 모두 틀렸음을 내 스스로 증명한 걸까? 아니면 순진한 사람들을 덫에 걸리게 만들었을 뿐이라는 말인가? 아니면 진리로 남을 어떤 위대한 교훈을 배운 것이란 말인가? 영원불변의 진리가 과연 있기는 있는 걸까?

이런 의문들이 끊임없이 제 마음을 어지럽혔습니다. 도무지 답을 찾을 수가 없었습니다. 너무 놀란 나머지 그럴 겨를조차 없었습니다. 다른 사람의 생각, 아이디어, 혹은 재물을 훔쳐서는 안 된다고 설교했고, 설령 그런 짓을 한다 한들 절대로 성공할 수 없다고 줄곧 말해 왔습니다. 그런데 내가 당한 일 때문에, 내가 말한 모든 것들이 거짓이 되어 허공에 흩날리는 것만 같았습니다. 내 모든 걸 앗아간 사람들이 떵떵거리며 오히려 더 잘 사는 것만 같았습니다. 심지어 그들은 인류 발전에 기여하려 했던 내 소망마저 뭉개버렸습니다.

영혼을 잃은 사람처럼 그렇게 몇 달을 보냈습니다. 저는 만신창이가 되어 있었습니다. 잡지 발행권을 빼앗기고 나서 내 친구들은 나를 몰락한 사자왕 리차드 더 라이온하트Richard the Lionheart처럼 보기 시작했습니다. 어떤 사람은 이 일로 내가 더 강하고 단단해질 거라며 위로했고, 혹자는 나폴레온 힐은 이제 끝났다고 말하기도 했습니다. 여러 말들이 오가는 와중에도 여전히 정신을 차릴 수 없었습니다. 마치 헤어날 수 없는 악몽 속에서 허우적이며 손가락 하나조차 움직일 수 없는 상태였습니다.

말 그대로 하루하루가 악몽 그 자체였습니다. 악몽은 나를 꼭 붙잡고 놓아 주지 않았습니다. 용기도, 인간에 대한 믿음도, 인류에 대한 나의 신념도 모두 사라져 버렸습니다. 지난 20년 동안 쌓아올린 최고의 이상들은 천천히 그러나 확실히 뒤집히려 하고 있었습니다. 몇 주가 흐르는 동안 이 순간이 영원히 끝나지 않을 것만 같았고, 하루가 평생 같았습니다.

그러더니 어느 날부터 주변 분위기가 조금씩 맑아지고 있음을 느끼기 시작했습니다. 그와 동시에 이제는 그만 떨치고 이곳을 벗어나야겠다는 생각이 스멀스멀 들기 시작했습니다. 시간은 상처를 치유하는 묘약이라는 걸 알게 되었습니다.

> 시간은 상처를 치유하는 묘약이며,
> 시간이 치유하지 못하는 상처는 없다.

저는 인생에서 일곱 번째이자 가장 큰 실패를 경험하는 동안, 단칸방 아파트로 쫓겨나 극도의 궁핍한 생활을 해야 했습니다. 황금 단지를 코앞에 두고 갑자기 휘몰아친 광풍은 내 가슴에 깊은 생채기를 남겼습니다. 순식간에 불어 닥친 광풍 속에서 무릎을 꿇어야 했고, 내 어리석음이 남긴 빵부스러기로 끼니를 때워야 했습니다. 세상이 원망스러울 뿐이었습니다. 세상에 나보다 더 큰 시련을 겪는 사람은 없을 거라고 생각하니, 가슴이 먹먹하고 앞이 캄캄했습니다. 그 이상 뭐라 설명할 방법이 없을 정도로 말이죠.

그렇게 자포자기 상태로 있을 때, 시커먼 먹구름이 나를 덮칠 때만큼이나 빠르게 흩어지기 시작했습니다. 어느 날, 집배원이 배달한 우편물을 확인하기 위해 우편함을 열면서 지평선 너머로 넘어가는 태양을 바라보았습니다. 그 모양이 마치 나를 노려보는 것만 같았습니다. 맨 위에 놓인 우편물을 뜯자 수표 한 장이 팔랑이며 떨어져 나왔습니다. 2만5천 달러짜리 수표였습니다.

순간적으로 이게 꿈인가 생시인가 싶어 미동조차 못한 채 숫자만 뚫어지게 쳐다보았습니다. 수표와 함께 편지도 동봉되어 있더군요.

그 돈은 내 것이나 마찬가지였습니다! 언제든 은행에 가서 자유롭게 돈을 꺼내 쓸 수 있었습니다. 그러나 이 수표를 쓰기 위해서는 조건이 있었습니다. 그 조건을 지키려면, 그동안 인류 발전에 기여하려고 널리 전파하고자 했던 나의 모든 도덕적 가치를 정면으로 뒤엎어야 했습니다. 시험에 든 순간이었습니다.

'이 돈을 써 버릴까?'

이 정도 액수라면 새로운 잡지를 발행해서 나를 좌절하게 만든 인간들의 콧대를 납작하게 만들어 줄 수 있을 것 같았습니다.

'돈을 돌려보내야 할까? 아니면 좀 더 고민해 봐야 할까?'

수표를 받고 나서 계속 이런 생각뿐이었습니다. 바로 그때, 마음속에서 종이 울리기 시작했는데 아주 분명한 소리였습니다. 이런 일은 난생 처음이었습니다. 온몸에서 피가 거꾸로 솟는 느낌이었습니다. 종소리와 함께 가장 직접적인 명령이 내 의식 속으로 들어오더군요. 지금까지 한 번도 경험해 본 적 없는 화학 반응이 뇌에서 일어나고 있었습니다. 긍정적이고 놀라운 명령이었기에 외면할 수도, 모른 척 할 수도 없는 강렬한 메시지였습니다.

'아무런 보상도 바라지 말고 수표를 반송하라!'

내가 망설이자 종소리는 계속 울렸습니다. 저는 가만히 멈추어 서 있었습니다. 정말로 한 발자국도 뗄 수 없었습니다. 그리고 잠시 후 마음을 정했습니다. 바보가 아닌 이상 못 알아들을 리 없는 내면의 소리를 따르기로 한 것입니다.

그렇게 결론을 내린 바로 그 순간, 마침내 찬란하게 빛나는 무지개 끝에 도달할 수 있었습니다. 물론 그곳에 황금 단지 같은 건 없었습니다. 단지 수표를 돌려보내라는 말만 들려오고 있었습니다. 하지만 저는 황금보다 더 고귀한 것을 얻었습니다. 귀가 아닌 가슴으로 들은 바로 이 목소리였습니다.

"모든 실패의 그늘에는 신이 서 계신다."

나는 마침내 무지개 끝에 도달했습니다. 또한 그 후로 '보이지 않는 손'과 좀 더 긴밀하게 의사소통을 할 수 있었습니다. 그날 이후, 다시는 헛된 무지개 끝을 좇는 수많은 사람들의 가슴에 '골든 룰'의 씨앗을 심어야겠다는 새로운 각오를 다지게 되었습니다.

> 무지개의 끝은 황금을 뛰어넘는
> 성공의 법칙을 깨닫게 해 주었다.

1921년 7월, 「나폴레온 힐의 매거진 Napoleon Hill's Magazine」이 출간되었을 즈음입니다. 저를 따르는 독자들을 이용하려던 곳의 도움을 거절하기로 한 다음부터 묘한 일들이 연속적으로 일어났습니다. 비서가 해 준 말을 듣고 나서 '뿌린 대로 거둔다'는 원칙이 정말로 작동하고 있다는 생각이 들었습니다. 여러분도 저에게 일어난 일을 직접 목격했다면 '골든 룰'이 진짜임을 느끼게 될 것입니다.

애초에 새 잡지 「나폴레온 힐의 매거진」을 발행하는 일은 예산 부족으로 꿈도 꿀 수 없는 일이었습니다. 하지만 자금은 순조롭게 확보되었고, 또 다시 빠른 속도로 유사한 잡지들을 제치고 빠른 속도로 팔려 나갔습니다. 대성공이었습니다. 독자들과 대중은 제가 추구했던 '골든 룰'의 정신을 인정해 주었고, 늘어나는 수익으로 보답해 주었습니다.

가장 중요한 교훈

이제 마지막으로, 무지개의 끝을 찾아 헤매는 과정에서 얻은 소중한 교훈들을 정리해 보려 합니다. 모든 교훈을 하나하나 설명하며 여러분에게 주입할 생각은 없습니다. 가장 중요한 것들만 다시 짚어 볼 테니, 여러분은 자유롭게 생각하고 판단하면 됩니다. 가장 중요한 것부터 이야기하겠습니다.

저는 무지개의 끝을 좇는 과정에서 구체적으로, 아주 확실하게 흡족한 방식으로 절대자를 발견할 수 있었습니다. 그렇기 때문에 앞으로 더 이상 아무 것도 얻지 못한다고 하더라도 그것만으로 충분하다고 생각합니다. 사실 '보이지 않는 손'과 같은 우주의 절대적인 진리 같은 것에는 관심도 없었고, 믿음도 없었습니다. 하지만 일곱 번의 실패와 전환점에서 마침내 나만의 결론을 얻어 낼 수 있었습니다. 내 생각이 맞는지 틀리는지는 중요하지 않았습니다. 다만, 저는 충분히 만족하고 있다는 것입니다.

그 다음으로 중요한 교훈은, 사실은 원수로 생각하던 사람들이 나에게 깨달음을 준 고마운 친구였다는 것입니다. 이제 와서 돌아보건대, 만약 다시 그 시절로 돌아간다고 해도 똑같은 선택을 할 것이고, 똑같은 시련을 겪을 것입니다. 시련을 통해서 나만의 '골든 룰'을 입증할 수 있었고, '인과응보'라는 단순한 격언이나 속담이 현실에서 작동하고 있음을 확실히 깨달을 수 있었습니다. 사람은 착하게 살면 복을 받고, 나쁜 짓을 하면 벌을 받습니다.

시간은 진리와 정의에 따라 생각하고 행동하는 사람들에게는 둘도 없는 친구라는 사실도 중요합니다. 부정한 사람은 반드시 시간의 심판을 받게 됩니다. 물론 보상이나 벌이 지체되는 경우가 있기는 하지만, 파멸을 피할 수는 없습니다.

제가 그토록 갈구했던 무지개 너머의 황금 단지는 다른 사람을 행복하게 만들어 주는 것에서 비롯되는 뿌듯함이라는 사실도 알게 되었습니다.

부정한 사람들과 내게 해를 가한 사람들은 결국 하나 둘씩 실패하거나 쓰디쓴 절망의 나락에 빠졌습니다. 지금까지 살면서 나를 해코지한 사람들은 더욱 참혹하게 자신을 파멸시켰습니다.

은행장도, 벳시 로스 제과회사의 그들도 완전히 망한 후 다시는 재기하지 못했습니다. 심지어 그들 중 한 명은 아직도 연방교도소에 수감되어 있습니다.

마지막으로, 제가 의심과 망설임이라는 갈림길에 섰을 때 내 안에서 울리는 종소리에 귀 기울이는 방법을 알게 되었다는 점입니다. 저는 중요한 선택의 순간마다 내면의 종소리에 귀를 기울입니다. 그 후로는 어디로 가야 할지 알 수 없는 순간마다 절대적인 존재에게 메시지를 구합니다. 절대자는 결코 잘못된 길로 인도하지 않았습니다.

저는 서재에 걸린 위인들의 사진을 바라보면서 그들을 닮으려고 노력해 왔습니다. 사진들 중에는 불멸의 링컨 대통령도 있습니다. 그의 사진을 볼 때면 미소를 지으며 내게 말을 걸어 올 것만 같습니다. 눈을 감으면 그의 목소리가 들리는 듯합니다.

'모든 사람에게 친절하고, 아무에게도 적의를 품지 마라.'

다시 내 마음속에 종소리가 울려 퍼지고 있습니다.

다음 한 마디를 끝으로 이만 줄이겠습니다.

"모든 실패의 그늘에는 절대자가 서 계신다."

2
기회가 없었던 사람들

- 나폴레온 힐

Napoleon Hill's Greatest Speeches

1918년 11월 11일은 1차 세계대전 종전을 선언한 날이다. 그날 나폴레온 힐은 다음과 같은 글을 썼다.

'학살은 끝났고, 이성은 다시 한 번 문명을 되찾을 것이다.'

이날, 힐은 자신이 연구해 온 궁극적이고 가장 중대한 목표인 성공 원리를 정리하고 있었다. 훗날 그는 '단지 머릿속에 떠오르는 것들을 글로 썼을 뿐'이라고 회고하면서 그 순간이 인생에서 가장 중요한 전환점이었다고 말하고, 이렇게 덧붙였다.

"전쟁으로부터 골든 룰 철학에 기반을 둔 새로운 이상주의가 태어날 것이다. 새로운 이상주의는 우리가 '동료를 위해 얼마나 많은 것을 할 수 있는가?'를 보여 주는 것이 아니라, 누군가의 곁에 머물며 그 사람을 행복하게 하고 어려움을 돕는데 얼마나 많은 것을 할 수 있는지를 보여 줄 것이다. 이 철학을 간절히 필요한 사람들에게 전하기 위해「나폴레온 힐의 골든 룰 매거진」을 출간하려고 한다."

몇 주가 지난 후, 힐은 자신의 첫 번째 에세이를 들고 시카고의 출판업자 조지 윌리엄스를 찾아갔다. 그는 힐이 한때 백악관에서 연설 고문으로 활동하던 시절에 알게 된 사람이다.

「나폴레온 힐의 골든 룰 매거진」은 그가 어린 시절부터 마음에 품고 있던 생각의 종합선물 세트와 같았다. 새어머니는 힐이 가지고 놀던 권총을 타자기로 바꿔 왔고, 힐은 타자기로 글을 써서 지역 신문에 기고하는 일에 큰 즐거움을 느꼈다. 당시 힐은 '주변에 흥미로운 뉴스거리가 하나도 없다면, 발명을 해서라도 글을 쓸 것'이라는 말을 들을 정도였다.

글 쓰는 일에 열중하던 힐은 자신에게 대중을 열광시킬 수 있는 연설 능력이 있다는 사실을 알게 된다. 아마도 아버지가 설립한 쓰리 폭스 침례교회를 다니면서 자신의 재능을 발견했던 것 같다. 여기서 힐은 새어머니가 조언했던 명성을 얻는 방법을 찾았고, 이미 열세 살의 나이에 글쓰기로 이름을 알리고 있었다. 이런 배경 덕분에 힐의 글에는 성경과 카네기, 포드, 그리고 자신이 인터뷰를 하며 모았던 많은 성공 이야기들이 섞이게 된다.

「나폴레온 힐의 골든 룰 매거진」이 처음 발행되었을 때, 힐은 혼자 48쪽 분량의 글을 쓰며 편집을 담당했다. 이러한 그의 노력으로 1919년 1월에 초판이 가판에 오를 수 있었다. 잡지를 적극적으로 뒷받침하기에는 힐의 재정 상태가 너무 열악했기 때문에 잡지가 성공할 확률은 매우 낮았다. 하지만 그는 불가능할 것 같았던 일을 해내고야 말았다. 초판이 발행되자마자 세 번이나 재발행을 할 정도로 큰 인기를 얻었다.

「나폴레온 힐의 골든 룰 매거진」이 성공을 거두면서 힐은 큰 인기를 얻게 된다. 연이어 큰 행사에서 강연 초청을 받았고, 그의 강연을 들으려면 그 당시로서는 큰돈인 100달러 이상을 지불해야 하는 수준에 이르렀다. 힐은 아이오와 주 데본포트에서 2천 여 명의 학생들을 대상으로 강연을 하던 중, 강연료를 거절하더니 돌연 6천 달러를 기부하기도 했다.

힐은 역경을 이겨낸 사람들을 좋아했다. 그의 첫 번째 연구는 1859년에 최초의 자기계발서 중 하나인 『자립Self-Help』을 저술한 사무엘 스마일스Samuel Smiles의 성공에 관한 것이었다. 힐이 연구한 사람들은 보통 성공까지 몇 년이 걸렸다. 또 다른 사례로는 완벽한 도자기를 만든 조시아 웨지우드Josiah Wedgewood가 있다. 그는 1759년에 회사를 설립했는데, 그 회사는 오늘날까지 운영되고 있다. '웨지우드 도자기'는 전 세계에서 사랑받는 도자기 브랜드다.

힐은 평생 동안 사람들의 성공에 대해 연구했지만, 그와 동시에 사람들이 실패하는 원인에 대해서도 연구했다. 「레이디 홈 저널Ladies' Home Journal」의 경영자 에드워드 복Edward Bok 역시 역경을 극복하고 성공했기에 힐의 연구 대상이 되었다. 복이 힐에게 쓴 편지는 「기회가 없었던 사람들」이라는 강연 원고의 기초가 되었다. 힐은 에드워드 복과 같이 '실패로부터 깨달음을 얻고, 역경을 이겨낸 사람들의 경험'을 토대로 성공 철학을 완성하여 수많은 사람들의 공감을 이끌어 냈다.

- (나폴레온 힐 재단 이사) 돈 M. 그린

　직업 교육을 할 때, "내겐 기회가 찾아온 적이 없어요!"라고 외치는 사람들로부터 수백 통의 편지를 받았습니다. 그들 대부분은 자신들이 겪고 있는 어려움, 장애물, 문제점 등을 불평했습니다. 하지만 제가 보기엔 가여운 사람들이었습니다. 왜냐고요? 그들은 자신들이 꽤나 괜찮은 삶을 살고 있음을 알지 못하고 있었기 때문입니다. 또한 그들은 성공이 역경의 모습으로 가장하고 찾아온다는 진리를 아직 깨닫지 못하고 있었습니다. 저는 아직까지도 자신이 가치 있는 경험을 많이 해보았다는 사람의 이야기를 들어본 적이 없습니다. 그래서 "축하한다!"고 말해 줄 기회가 좀처럼 없지요.

　몇 년 전에 남동생이 로스쿨을 졸업했습니다. 동생은 스스로 학비를 해결했는데, 낮에는 하루 종일 일하고 밤에는 학업을 위해 학교로 갔습니다. 마침내 동생이 로스쿨을 졸업하는 날, 당부의 말을 담아 편지 한 통을 써 보냈습니다.

졸업을 진심으로 축하한다!

이제야 비로소 법을 배울 준비가 되었으니, 오늘은 정말로 경사스러운 날이구나. 로스쿨에서 보낸 지난 4년은 네가 앞으로 쌓아 올릴 수많은 법의 체계에 훌륭한 토대가 될 것이다. 네가 대학을 다닌 4년이라는 시간이 결코 쉽지 않았음을 잘 알고 있다. 나의 진정한 바람은 다음 4년 동안 네가 씨를 뿌리는 일을 잘 마무리하고 진정한 변호사로 거듭나는 것이란다. 아마 처음부터 재정적으로 성공할 수는 없을 것이다. 그리고 그 기간은 너에게 필요한 많은 것들을 빼앗아 갈 수도 있단다. 네가 많은 사람들의 변호인으로서 책임감을 갖기 전에 반드시 인생의 쓴맛을 봐야만 한단다. 그러니까 앞으로 4년 동안은 배고픔이 무엇인지 알게 될 것이다.

하나님께서 더 긴 고난의 시간을 겪게 하지는 않을 것이니, 너무 겁먹지는 않았으면 한다. 모든 위인들이 겪었던 그런 고난을 너도 겪게 될 거라고 믿는다. 네가 선택한 직업에서 성공하려면 반드시 이 시험에 통과해야 해. 주변 사람들은 네가 별다른 어려움을 겪지 않고 성공하길 바라겠지만, 형은 네가 아주 어렵게 성공하기를 바란다. 아마 나 말고는 이렇게 말해 주는 사람이 없을 거야. 너를 아끼는 형으로서, 그리고 인생 선배로서 당부하는 말이니 잘 이겨내기 바란다. 졸업을 다시 한 번 축하한다.

동생에게 보내는 편지 치고는 너무 비정하게 보일지도 모릅니다. 최소한 아직 고난의 가치를 경험해 보지 못한 사람의 눈에는 그렇게 보일 것입니다. 그러나 자신을 위해 고군분투한 가치 있는 경험을 해본 사람은 내 말을 잘 이해할 것이라 생각합니다.

저는 여러분이 생각하는 것처럼 '편하고 좋은 시절'을 보낸 적도 없지만, 그렇다고 엄청난 고생을 겪지도 않았습니다. 그래서 저에 관한 이야기가 아닌, 제가 하려는 말의 취지에 더 맞는 이야기를 들려주고자 합니다.

이 강연을 준비하면서 밑바닥부터 역경을 극복하고 정상에 선 사람들에 대해서 곰곰이 생각해 보았습니다. 그리고 그 많은 사람들 중에 「레이디 홈 저널」 발행인 '에드워드 복 Edward Bok' 씨의 이야기를 선택했습니다. 언젠가 그에게 본인 이야기를 들려 달라고 요청했더니, 제게 자신이 직접 쓴 글을 보내주었습니다. 이 자리에서 그가 쓴 글을 소개할 텐데요. 여러분께서 이야기를 듣는다면, 가난의 경험이 가져다주는 의미를 알 수 있을 거라 생각합니다.

어린 소년에게 가난이 가장 가치 있는 경험인 이유

안녕하세요. 저는 「레이디 홈 저널」 발행인입니다. 저의 잡지를 사랑해 주시는 여러분 덕분에 저는 성공한 사람으로 이름을 알리게 되었습니다. 그래서 많은 분들이 제게 편지를 보냅니다. 그리고 그중에는 제가 꼭 정정해 드리고 싶은 충동이 느껴지는 의견들이 있는데, 오늘 그 충동을 해소해 보려 합니다. 그분들의 의견은 모두 다양하지만 요점은 간단하더군요.

"당신이 경제에 대해 아무것도 모르기 때문에, 오히려 경제에 대해 이래라 저래라 설교하기가 쉬운 것입니다. 예를 들어, 당신이 수천 달러 이하의 생활비로 살아가는 것이 어떤 일인지 감도 잡을 수 없을 때, 우리 집은 800달러도 안 되는 남편 연봉으로 생활해야 합니다. 금수저를 물고 태어나서 나 같은 생활을 해본 적이 없는 당신의 이론적인 글들은 허망하기 그지없습니다. 입에 풀칠하기도 어려운 나 같은 사람들에 대해 당신이 뭘 안다는 건가요?"

입에 풀칠하기도 어려운 생활에 대해 당신이 뭘 안다는 거죠? 과연 그럴까요?

제가 '금수저'라는 사실을 부인할 생각은 없습니다. 제가 부유한 부모님을 뒀던 건 사실입니다. 그러나 제가 여섯 살 되던 해에 아버지께서는 모든 생계 수단을 잃고 마흔다섯 나이에 빈털터리가 되어 낯선 나라의 길거리에 나앉게 되었습니다. 마흔다섯 살의 어떤 남자가 '낯선 나라에서 돌아오지 못하는 것'이 어떤 의미인지 아는 아이들과 아내가 있었습니다!

그 당시에 저는 영어를 한 마디도 할 줄 몰랐습니다. 공립학교에 다니면서 배울 건 배웠지만, 그것들은 너무나 사소한 것이었

2. 기회가 없었던 사람들

습니다. 학교 친구들은 그 또래 아이들이 으레 그렇듯이 거칠었고, 선생님들은 일에 치여 피곤한 사람처럼 인내심이 없었습니다.

아버지는 어디서도 자기 자리를 찾을 수 없었습니다. 그리고 여태껏 손에 물 한 방울 묻혀 본 적이 없던 어머니는 손수 집안 살림을 해야 했습니다.

저는 돈 한 푼 없는 빈털터리였습니다!

저와 형은 학교가 끝나면 점점 쇠약해져 가는 어머니를 돕기 위해 곧장 집으로 돌아와야 했습니다. 다른 아이들이 한창 포근하고 따뜻한 이불 속에서 잠들어 있을 새벽 시간에, 우리 형제는 며칠이 아닌 몇 년을 잠에서 깨어나야 했습니다. 그리고 어제 피워 둔 난로를 뒤적여 미처 타지 못한 석탄을 찾아내 불을 피웠습니다. 그래야만 조금이나마 몸을 녹일 수 있기 때문이었죠. 그러고 나서 부족한 아침 식사를 준비하고 학교에 갔다가 수업이 끝나면 곧장 집으로 돌아와 청소와 설거지를 해야 했습니다.

우리 가족은 세 가구가 함께 생활하는 공동주택에 살았는데, 3주에 한 번씩 1층에서 3층까지 계단과 복도 전체를 청소해야 했습니다. 가장 힘들었던 건 일요일에 이웃집 아이들이 공터에서 공놀이를 하고 있을 때, 그 소리를 들으며 청소를 했던 일이었죠.

다른 아이들이 책상에서 공부하고 있을 저녁 무렵에 우리 형제는 바구니를 들고 공터에 나가 나무 조각이나 석탄을 주워 와야 했습니다. 이웃들이 공터에 석탄을 잠시 쌓아 두었다가 다시 가져가곤 했는데, 우리는 바닥에 떨어진 석탄 조각을 찾아 헤맸던 것입니다. 하루 종일 석탄 조각을 주울 생각만 했다고 해도 과언이 아닐 정도였습니다. 우리는 이웃사람들이 떨어진 석탄 조각을 주워 가지 않기만을 바랐습니다.

입에 풀칠하기도 어려운 생활에 대해 당신이 뭘 아느냐고요? 저도 그런 생활을 해봤습니다!

저는 열 살이 되었을 때, 1주일에 50센트를 받고 은행에서 창문 닦는 일을 시작했습니다. 그리고 1주일에 한두 번 창구 뒤에서 빵이나 케이크를 팔 수 있도록 허락 받았는데, 이 일을 하면서 1주일에 1달러를 벌 수 있었습니다. 또 갓 구운 케이크와 따뜻하고 맛있는 냄새가 나는 빵을 팔면서 가끔은 떨어진 부스러기를 주워 먹을 수도 있었습니다. 그러고 나서 토요일 아침에는 주간지를 돌리고 남은 부수를 길거리에서 팔았습니다. 그러면 그날 일당으로 60~70센트 정도를 벌 수 있었습니다.

제가 뉴욕 브루클린에 살던 시절, 코니아일랜드로 가는 주요 교통수단은 마차였습니다. 사람들은 저희 집 근처에서 말에게 물을 먹였고, 남자들은 마차에서 내려 물을 마셨습니다. 그러나 여자들은 갈증을 해소할 수단이 마땅치 않았습니다. 저는 이것을 보고 즉시 들통을 구해 와서 물과 얼음을 채웠습니다. 토요일 오후와 일요일 내내 유리잔을 들고 마차에 뛰어올라 한 잔에 1센트를 받고 팔았습니다. 저의 이런 행동이 2달러 혹은 3달러의 돈이 된다는 것을 알아차리고 경쟁자가 생기자, 저는 들통에 레몬 한두 개를 넣어 레모네이드를 만들었습니다. 그러고는 한 잔에 2센트를 받고 팔았습니다. 그렇게 해서 저는 일요일에 무려 5달러를 벌 수 있었습니다.

그리고 나이가 들면서 저녁에는 기자가 되었다가, 낮에는 사환으로 일했고, 한밤중에는 속기를 배웠습니다.

저에게 편지를 보내온 여성은 1년에 800달러로 가족을 부양한다며 저에게 그런 생활을 알지 못한다고 항의했습니다. 그러나 저는 1주일에 6달러 25센트로 세 가족을 부양했습니다. 그녀가 말한 생활비의 딱 절반에 불과한 돈이었습니다. 저와 형이 합쳐서 마침내 800달러를 벌게 되었을 때, 우리는 마치 부자가 된 것처럼 행복했습니다!

제 이야기를 먼저 말하는 이유는, 제가 이론에만 빠삭해서 서민들의 애환을 전혀 모르는 바보가 아님을 알려 주기 위함입니다. 적어도 가난에 대해서 제가 경험하지 못한 것은 단 하나도 없습니다. 가난을 겪는 사람들의 모든 생각, 감정, 어려움을 저 역시 모두 경험해 보았습니다. 그리고 오늘, 저는 저와 같은 길을 걷고 있는 모든 소년들에게 축하의 마음을 전하고자 합니다.

이 말은 제가 극도로 어려웠던 시절의 배고픔이 별것 아니었다고 깎아내리려는 것이 아닙니다. 또한 그 시절을 잊지도 않았습니다. 그러나 저는 어떤 마법이 일어나 다시 어린 그 시절로 돌아갈 수 있다 해도 과거를 바꾸지 않을 것입니다. 왜냐하면 그때 제가 겪은 경험들이 지금의 내가 될 수 있었던 유일한 길이었기 때문입니다. 저는 1달러가 아닌 2센트를 버는 것이 무엇을 의미하는지 알고 있습니다. 저는 다른 방법으로 그것을 배웠거나 알기 때문에 돈의 가치를 잘 알고 있습니다. 저는 그보다 더 확실할 수 없는 방식으로 삶과 일에 대해 훈련을 받아왔습니다.

제가 일찍이 가난을 겪지 않았더라면, 한 푼도 없이 하루를 맞이하는 것이 어떤 것인지, 집에 먹을 빵과 난로를 피울 석탄도 없으며, 어머니가 쇠약해져 가는 모습을 속수무책으로 바라볼 수밖에 없었던 그 심정을 알 수 없을 것입니다.

입에 풀칠하기도 어려운 생활에 대해 당신이 뭘 아느냐고요?
아직도 제가 가난을 모른다고 하실 건가요?

저는 지금도 가난했던 경험들에 감사하고 있습니다. 아까도 말씀드렸지만, 저는 저와 같은 길을 걷고 있는 소년들이 부럽기까지 합니다. 가난이 소년에게 의심의 여지가 없는 축복이라는 저의 강한 믿음의 바탕은 '가난은 그곳에 머물러 있어야 할 상태가 아니라, 경험하고 겪어 본 뒤에 빠져나와야 하는 상태'라는 것입니다. 아마도 혹자는 '말은 쉽지, 그래서 대체 어떻게 그 생지옥에서 벗어날 수 있다는 건데?'라고 반문할지 모릅니다. 그것은 누가 말해 줄 수 있는 문제가 아닙니다. 저 역시 누군가에게서 방법을 듣고 가난의 굴레에서 빠져나온 건 아니었습니다. 모두에게 적용할 수 있는 규칙 같은 건 없습니다. 따라서 문제를 해결하느냐, 하지 못하느냐는 전적으로 자기 자신에게 달려 있는 것입니다. 저는 쇠약해져 가는 어머니가 가난으로 고통 받는 모습을 더 이상 지켜볼 수 없었기 때문에, 가난에서 벗어나기로 결심했습니다. 바로 이것이 내가 가난에서 벗어나기 위한 첫 번째 필수 요소인 '목적'이었습니다.

저는 가난에서 벗어나겠다는 목적에 노력과 의지를 더해 제 앞에 닥친 일들을 헤쳐 나갔습니다. 그것이 '탈출구'라고 생각되면 가리지 않고 무슨 일이든 했습니다. 저는 일을 고르거나 선택하지 않았습니다. 제 앞에 놓인 일이 무엇이든 내가 알고 있는 최고의 방식으로 해냈습니다. 설사 좋아하는 일이 아닐지라도 책임을 맡고 있는 동안에는 어떻게든 해내려고 노력했습니다.

그러던 어느 순간, 내가 맡은 일에 대해 반드시 해야만 하는 수준 이상으로 하지 않고 있다는 사실을 깨닫게 되었습니다. 저는 올라갈 수 있는 사다리란 사다리는 모두 다 올라갔습니다. 눈앞에 또 다른 사다리가 나타나면 그것도 올라갔습니다. 이것이 바로 '노력'이었습니다. 바로 이 노력과 함께 제 일은 단순 작업이 아니라 경험이 되었고, 경험이 쌓이자 저는 발전했습니다.

그때서야 저는 소년에게 찾아오는 그 거대한 유산의 정체를 깨달았습니다. 가난이 아닌, 세상의 그 어떤 것들도 소년의 심장을 불타게 만들지는 못할 것입니다.

저는 이런 이유로 가난의 힘을 강력히 믿습니다. 그것은 소년이 겪을 수 있는 최고의 가치 있는 경험이니까요. 하지만 다시 한 번 강조하겠습니다. 가난 자체에 가치가 있는 것은 아니니, 그곳에 절대로 오래 머물지는 마세요. 가난은 빠져나와야만 하는 상태일 때 가치가 있는 것입니다.

여러분은 지금 '기회가 없었던 사람들'에 대한 이야기를 들었습니다. 아마도 부와 성공을 이룬 그 남자를 질투한 사람들이 많았나 봅니다. 물론 저도 그랬습니다. 에드워드 복은 인생 초기의 역경을 극복하고 크게 성공한 남자입니다. 그에게 가난은 그 모습을 위장하고 찾아온 축복이었습니다. 저는 그가 역경을 극복해 낸 과정을 참으로 좋아합니다. 그래서 그가 쓴 글을 읽고 또 읽었습니다.

이 이야기는 저에게 새로운 용기와 결단력을 갖게 해주었고, 제가 지쳐 쓰러지지 않도록 도와줍니다. 또한 이 이야기는 저를 용감한 기사로 만들어 악마와 같은 역경을 무찌를 수 있게 해줍니다. 그의 이야기는 저를 낙담으로부터 벗어나게 했고, 인생에 빛이 되어 주었습니다. 그렇게 해서 저는 세상을 더욱 사랑하게 되었고, 더 나은 시민이 될 수 있었습니다. 그의 짧은 이야기가 저에게 그랬듯이, 저 역시 수백만 명의 가슴을 뛰게 만들 거라고 확신합니다.

> 역경은 내가 세상을 더 사랑하고,
> 더 나은 사람이 되도록 만들었다.

여러분이 좋아할 만한 또 다른 사람의 이야기를 소개하겠습니다. '레디 존슨Reddy Johnson'이라는 사람인데, 그 역시 밑바닥에서부터 성공한 사람입니다. 몇 년 전까지만 하더라도 그는 기계 공장에서 하루 일당 1달러 60센트를 받는 임시직이었습니다. 그러나 지금은 자기 회사를 운영하면서 상당한 부를 축적한 경영자가 되었습니다. 익명의 작가가 쓴 레디 존슨의 자전적 이야기에는 제가 말하고자 하는 성공철학의 핵심이 들어 있습니다. 여러분은 그가 어떻게 자신의 서비스를 판매해서 성공했는지 잘 기억해 두시기 바랍니다.

요즘은 성공 스토리에 관한 책들이 아주 많다. 그중에서 몇몇은 꽤나 괜찮은 것들이므로, 그 책들을 통해 여러분이 다듬어질 필요가 있다고 생각한다. 여러분은 예전의 나와 마찬가지로 문제의 본질을 잘 알아보지 못하는 경향이 있다. 아마도 여러분은 요즘은 좋은 사람들이 별로 없다거나, 현장 안전관리 감독으로부터 닦달을 당했다거나, 영업사원이 돈으로 따지면 얼마의 가치가 있다거나 하는 뜬구름 잡는 얘기들을 늘어놓을 것이다.

이런 종류의 수다는 이미 인생의 자리를 잡아 스스로 자기 발전이 가능한 사람들에게는 도움이 될지 모르지만, 문제의 본질을 건드리지는 못한다. 그리고 이런 수다는 언젠가 머리가 희끗희끗해진 우리들의 자리를 대신할 어린 새싹들을 올바르게 인도하지도 못한다. 나는 이제 그런 일들에 연연하지 않는다.

나는 고된 노동을 하다 돌아와서 직업 훈련을 받고 있는 젊은이들을 고용하고 있다. 그들 중 일부를 다른 회사에 보내 주기도 하고, 그들에게 돈을 빌려 주기도 한다. 그들이 일에 숙달되면 그 돈은 곧바로 되돌려 받을 수 있다. 여러분이 맞이하는 수천 명의 사람들 중에서 무작위로 한 사람을 뽑는다면, 세일즈맨이나 현장 관리자로 키워 낼 수 없을 것이다. 그러나 제대로 가르치기만 하면 수많은 젊은이들을 훌륭한 인재로 키워 낼 수 있다. 물론 그들은 내가 예전에 그랬듯이 적절한 정신 훈련과 연습을 해야 한다.

어느 날, 빨강머리 소년 기능공이 내게 물었다.

"제가 성공할 수 있는 방법을 알려 주세요. 저는 돈을 더 벌고 싶은데 방법을 잘 모르겠어요."

나는 소년에게 이렇게 말해 주었다.

"훨씬 이전에 나도 너처럼 기계 공장에서 일하던 빨강머리의 건방진 꼬마일 뿐이었단다. 그때 나는 열여덟 살이었고, 대부분의 시간을 현장감독 직을 원하며 보냈지. 나는 정말로 그 자리를 원했단다. 아마 네가 듣기에 어린나이에 겨우 현장감독이 되고 싶었다니 우스울 수도 있겠지. 그러나 그 어리고 애송이였던 나에게는 정말로 환상적인 일이었단다. 아마 사람들이 너에게 그렇게 말해 주지는 않을 거야. 하지만 네가 지금 품고 있는 희망은 좋은 야심이란다."

그러고는 소년에게 젊은 시절의 내 이야기를 들려주었다.

예전에 내가 일하던 공장에 '번'이라는 사람이 있었어. 언젠가 그의 소식을 들었는데, 공장 일을 그만두고 자신이 좋아하는 일을 하며 큰돈을 번다고 했어. 그는 출장을 떠날 때마다 우리 공장에 들러서 현장감독과 건물 관리인에게 담배를 나눠 주고, 공장에 있는 모든 사람들에게 인사를 하며 악수를 나누었어. 그러고는 사장과 함께 돌아다니며 일에 대한 얘기도 나누고 주문을 확인하기도 했지. 누가 보면 번이 사장이고, 우리 사장은 건물 관리인처럼 보였을 거야.

그 당시 내 눈에는 번이 왕자님처럼 보였어. 내가 현장감독이 되고 싶다는 꿈만 꾸다가 지쳐갈 때, 가끔 내가 과연 번처럼 큰돈을 버는 사람이 될 수 있을지 생각해 보곤 했어.

어느 날 아침, 나는 왠지 성질이 잔뜩 나 있었어. 그런데 동료 중 누군가가 썰렁한 농담을 했고, 나는 거기에 불같이 화를 냈어. 그때 누군가가 내 뒤로 와서 시꺼먼 담배 연기를 내뿜었어. 나는 콜록콜록 기침을 하면서 발끈한 상태로 렌치를 집어 들고 일어섰어. 그리고 뒤돌아 봤을 때, 그곳엔 번이 서 있었지. 나는 슬머시 렌치를 내려놓으며 멋쩍게 웃었어. 우리 공장에서 번에게 화를 낼 수 있는 사람은 아무도 없었거든. 그가 내 옆에 앉더니 말을 걸었어.

"얘, 레디야, 넌 언제쯤에나 현장감독이 될래? 사람을 잘 다루는 법을 익히면, 넌 여기가 아니라 다른 어떤 곳에서도 현장감독이 될 수 있을 거야. 현장감독, 시설 관리인, 세일즈맨은 어디서나 필요한 직업이니 너는 그런 사람이 되기만 하면 돼."

"어떻게 하면 되죠? 여기서는 애송이 취급이나 받고 있을 뿐이에요. 매일 나보고 '이거 해라, 저거 해라' 지시만 하고, 나는 그 지시를 받아서 일해야만 해요. 그 사람들이야 나를 데리고 사람 다루는 법을 연습할 수 있겠지만, 나는 아니라고요. 내가 누굴 데리고 연습할 수 있겠어요?"

"글쎄, 사실은 네가 데리고 연습할 사람이 하나 있긴 한데, 그 사람 이름은 바로 '레디 존슨'이야."

"저요?"

"하하…… 그래 너도 존슨이지. 하지만 네가 아니라, 다른 존슨이란다. 모든 사람들은 두 개의 자아를 가지고 있어. 첫 번째는 활기차고, 야심이 있고, 올바른 일을 좋아하고, 사람들과 잘 어울린단다. 그게 너야. 두 번째는 부주의하고, 의욕도 없고, 게으르고, 쾌락만 추구하지. 그게 바로 내가 말한 '존슨'이란다. 너는 이제 그 두 번째 존슨 다루는 법을 배우기만 하면 돼. 그게 너에게 많은 도움이 된다는 것을 결국은 알게 될 거야. 네가 존슨을 잘 다룰 수 있게 되면, 항상 그가 컨디션이 좋고 사람에게 친절할 수 있도록 유지시켜야 해. 그러고 나면, 너는 이제 여러 명을 다룰 수 있게 될 거야. 자, 어떠니? 해 볼래? 싫다고? 저런, 그렇다면 내가 여기 1주일 동안 머무르면서 너를 도와주마. 내가 너에게 할 일을 말해 줄 테니, 너는 존슨을 불러서 사장님이 현장감독에게 지시하듯 말을 해 보렴. 그럼 너는 현장감독으로부터 받은 그 일을 하면 된다. 그러면 우리 사이에는 이제 연쇄 작용이 일어나게 될 테고, 이렇게 이어진 우리의 연결고리를 가지고 한 번 잘 해보자꾸나!"

당시 나는 철이 없었기 때문에 번의 제안이 그저 유치하다고만 생각했단다. 그런데 다음 날부터 번은 정말로 나를 찾아와서 말했어.

"레디야, 존슨에게 와서 이것 좀 하라고 시켜라. 그리고 걔가 딴 짓 못하게 잘 감시해야 한다."

그렇게 1주일이 지나자, 나는 이 게임에 흥미를 느끼기 시작했어. 그리고 예전에는 생각도 못했던 것들을 깨달을 수 있었단다. 노동자로서 존슨은 게으름뱅이였기 때문에 관리 감독자인 레디는 힘이 들었어. 번이 출장을 가면 나는 존슨을 낮이고 밤이고 감시했단다. 존슨에게 잠을 자고 일어나는 것까지 지시했어. 감독자 레디의 눈에 노동자 존슨은 정말 형편 없었어.

그로부터 6개월 후, 나는 사장님이 어느 순간 나를 주의 깊게 살피고 있다는 사실을 눈치 채고 존슨이 해고당하지 않을까 걱정하기 시작했단다. 그래서 나는 어느 때보다 더 존슨을 닦달했어.

그러던 어느 날 밤, 나는 공장에 들렀다가 가려진 커튼 뒤에서 두 명의 남자가 나누는 이야기를 듣게 되었단다.

"레디 존슨은 어때?"라고 한 사람이 묻자, 다른 한 사람이 이렇게 대답했어.

"현장감독 보조인데, 10여 명 정도 되는 부하직원을 두고 조립하는 일을 담당하고 있어. 일을 참 잘하더군."

내가 현장감독이라고? 도대체 언제부터?

6개월 전, 나는 새로 들어온 보조 직원들에게 일을 시키는 현장감독 보조가 되었어. 임금도 인상되었고. 내가 존슨을 관리하는 데 너무 몰두한 나머지 미처 그걸 인식하지 못하고 있었던 거야.

그로부터 다시 6개월이 지났을 때, 다른 공장으로부터 지금 받는 월급의 두 배를 줄 테니 현장감독을 맡아 달라는 제안을 받았어. 회사에서는 갔다가 싫으면 언제든지 돌아오라는 말과 함께 제안을 받아들이라고 권했어. 나는 심각한 고민을 한 끝에 나에게 가장 좋은 선택을 내렸어.

나는 세일즈맨이 될 때까지 존슨을 관리했어. 이제 나는 내 회사를 소유하고 있고, 번이 버는 돈보다 훨씬 더 많은 돈을 벌고 있지. 또한 현장감독 자리를 얻을 수 있을 때까지 훈련을 받고 있는 많은 젊은이들을 데리고 있지. 그들 중 몇몇은 경험을 쌓기 위해 여러 분야에 흩어져 나가 있고, 내가 필요해지면 언제든지 돌아올 수 있어.

존슨 전략은 나에게 그랬듯이 그들에게도 잘 들어맞고 있단다. 사장과 노동자를 가르는 차이가 바로 이것이란다. 자신을 관리할

2. 기회가 없었던 사람들

수 있는 사람은 사장이 되고, 그렇지 못한 사람은 노동자가 되는 것이지. 성경에 '자신을 잘 관리하는 것이 도시를 잘 관리하는 것보다 더 위대한 일이다.'라는 말이 있는 것처럼 말이지.

"빨강머리 소년! 임금을 더 많이 받고 싶다고 했나? 그렇다면 임금을 받지 않아도 되는 그때를 위해 지금부터 노력하는 건 어떨까? 그리고 자기 안의 존슨을 낮이고 밤이고 관리해야 한다는 것도 잊지 말아야 해!"

여러분, 만약 지금까지 '자기 안의 존슨을 관리하는 방법'을 몰랐다면 지금부터라도 시도해 보세요. 그러면 여러분은 자기 분야에서 두각을 나타내기 시작할 것이고, 얼마 지나지 않아 성공한 자신의 모습을 보게 될 것입니다.

가끔 대학을 나오지 못해서 잘 살지 못한다고 불평하는 청년들로부터 편지를 받습니다. 그런 불평을 들을 때마다 대학을 다니지 않았음에도 불구하고 성공한 네 사람이 떠오릅니다.

그들 중 한 사람은 제가 직장생활을 할 때, 제 일을 도와주던 비서였습니다. 그의 첫 월급은 75달러였습니다. 그는 비즈니스 스쿨을 다녔는데, 뛰어난 속기사도 아니었습니다. 심지어 고등학교도 다니지 않았습니다. 하지만 6개월이 지난 후, 그의 월급은 150달러로 올랐습니다. 그리고 제가 그만두었을 때, 그는 아주 높은 급여를 받으며 내 자리를 물려받았습니다.

그리고 지난 크리스마스에 나머지 세 사람에게서 편지를 받았습니다. 그들은 저와 같은 시기에 비즈니스 스쿨을 다녔습니다. 그들 중 한 사람은 뉴욕의 대형 백화점에서 홍보부장으로 일하고 있으며, 그의 연봉은 1만 달러나 됩니다. 또 한 사람은 US스틸에서 연봉 6천 달러를 받으며 비서로 일하고 있고, 나머지 한 사람은 미국에서 가장 큰 자동차 회사에서 비서로 일하며 연봉 8천 달러를 받고 있습니다. 그들과 저는 같은 해에 같은 비즈니스 스쿨에서 시작했으며, 모두 별 볼일 없는 교육을 받은 사람들입니다. 우리는 비즈니스 스쿨을 졸업한 후, 속기사와 회계 담당자로 일을 시작했습니다.

저는 그들이 교육을 제대로 받지 못했다고 괴로워하는 모습을 본 적이 없습니다. 물론 그들이 대학을 다녔더라면 더 좋았을지도 모릅니다. 하지만 그들이 과연 현재와 같이 행복했을지는 알 수 없는 일입니다. 왜냐고요? 대학 졸업장을 가진 사람들은 속기사와 같은 미천한 직업으로 직장생활을 시작하지 않을 테니 말입니다.

예전에 교육과 성공의 인과관계를 정리한 굉장한 기사를 읽은 적이 있습니다. 과학 잡지(「The Scientific American」, by Mr. C. A. Munn)에 실린 기사인데, 읽어 볼 가치가 충분하여 소개해 드릴 테니 잘 들어보시기 바랍니다.

고등 교육을 받는다는 것의 중요성은 이미 우리 사회에서 널리 인정받고 있지만, 이에 반대하는 사람들은 이렇게 묻는다.

"교육이 사람들에게 어떤 가치를 주나요? 우리는 교육을 받지 못한 사람이 교육이란 교육은 다 받은 사람과의 경쟁에서 이기는 걸 봐오지 않았나요? 게다가 교육이 장애물로 작용한 사례들은 셀 수도 없이 많아요. 교육이 기회를 알아보지 못하게 눈을 가려 교육을 덜 받은 이들에게 기회를 뺏겨 버리는 일들은 또 얼마나 많습니까? 학식은 조금 부족할지라도 훨씬 더 실용적인 능력을 갖춘 사람들이 물질적으로 풍요를 누릴 때, 교육을 잘 받은 사람들이 꿈만 좇고 있는 사례를 많이 봐 오지 않았습니까? 다시 묻겠습니다. 교육이 정말로 우리를 성공으로 이끄는 게 맞나요?"

그것이 이상적인 교육이라면 우리는 당연히 '그렇다'고 일말의 망설임도 없이 자신 있게 대답할 것이다. 그러나 실제로 교육은 이상과는 멀리 떨어져 있고, 최고의 성공에 도달할 수 있는 징검다리 역할을 제대로 수행하지 못하고 있다.

이 문제에 대해 타당한 결론을 내리기 위해 특정 개인에 대해서든, 아니면 우리 자신에 대해서든 개인적 관점을 배제해야 한다. 우리는 제대로 된 관점에서 문제를 파악할 필요가 있다.

교육자라 함은 어린 세대를 도와 그들의 미성숙함을 보완하는 사람이며, 이런 점에서 교육자는 개인의 모임을 집단적으로 바라볼 수 있어야 한다. 교육자는 이런 관점을 명백히 숙지하고 있어야 한다. 만약 교육자가 책임지고 가르친 몇몇 제자들이 수년이 흐른 뒤, 동료를 희생시킴은 물론이고 정당한 보상도 없이 부당한 이득을 취했다고 생각해 보자. 그렇다면 그 교육자가 사용한 방법이나 자료들이 불완전하다는 사실이 명백히 드러나는 것이 아닌가? 그럼에도 이제껏 그는 우리 사회의 법과 관습을 잘 지켜 왔으며, 계속 교육 활동을 하고, 많은 사람들에게 '성공한 사람'으로 여겨진다. 왜냐하면 사람들은 오로지 개인의 관점으로 사건을 바라보고, 그 과정에서 '공동체의 이익'이라는 관점을 놓쳐 버리기 때문이다.

위에 언급한 것처럼, 다른 사람을 희생시켜 사익을 취하는 식으로 원칙을 위반하는 것은 모두에게 '범죄'라고 인식된다. 반면에 개인적인 관점에서 보았을 때만 '성공'인 것은, 사실은 실패인데도 그 점은 일반적으로 이해되지 못한다. 그러나 누군가는 '일부 예외적인 경우를 제외하면 한 사람에 대한 세간의 평가는 꽤나 진실에 가깝지 않을까?'라고 의문을 품을 수도 있다.

맞다. 한 사람에 대한 세상의 평판은 넓게 보았을 때, 대부분 진실에 가깝다. 그러나 우리는 지금 어떤 법칙에 대해 말하고자 하는 것이 아니다. 많은 사람들이 고등 교육은 성공으로 가는 지름길이라고 생각한다. 이런 일반적인 생각은 사회에서 하나의 법칙처럼 작용한다. 그러나 우리가 지금 눈여겨보려고 하는 부분은 교육이 개인에게 장애물로 작용하는 예외적인 경우다. 이런 사례들 중 최소한 일부는 제공되는 서비스의 가치와 시장 가격 사이의 불균형 때문에 발생한다.

여러분은 시장 가격이 사람의 판단에 의해서 결정되고, 사람의

2. 기회가 없었던 사람들

판단은 언제든지 틀릴 수 있으며, 절대적인 가치는 자연 법칙에 의해 고착화된다는 점을 반드시 기억해야 한다. 분명 성공한 사람이지만, 잘못된 관점을 들이대는 바람에 실패한 사람으로 간주된 사람들도 있지 않은가? 반대로, 어떤 사람이 우리 사회에 어떤 기여를 했는지 전혀 고려하지 않은 채, 그저 축적한 재산 때문에 성공한 사람이라고 성급하게 결론을 내리는 경우도 있지 않은가?

그렇다면 결론은 무엇인가? 의심의 여지없이 교육은 더 큰 성공을 거두는데 도움이 된다. 그러나 이는 '성공'이라고 여기는 것들에 대해 우리가 올바른 생각을 가지고 있을 경우에만 유효한 명제다. 성공은 한 사람이 세상에서 성취한 것만으로 평가되지 않는다. 그가 세상에 얼마나 기여했는가를 통해서도 평가된다.

> 성공은 한 사람이 성취한 것뿐만 아니라,
> 그가 세상에 기여한 것으로도 평가된다.

자신에 대해 '잘 알게' 되기까지는 많은 교육이 필요합니다. 또한 교육을 통해서 본인이 되고자 하는 훌륭한 모습을 머릿속에 그려볼 수도 있습니다. 하지만 제가 여기서 말하려는 '교육'은 책을 보며 공부하는 것이 아닙니다. 아이는 시를 외워 완벽하게 암송하는 반면, 그 시에 감추어져 있는 참된 의미는 모를 수 있습니다.

최근에 길에서 구걸하는 사람을 만난 적이 있는데, 놀랍게도 그는 열 개도 넘는 언어를 구사하는 사람이었습니다. 그는 우리가 흔히 말하는 '교육'을 받은 사람이었지만, 결국 교육은 그에게 하등의 도움이 되지 않았던 것입니다. 반면에 책을 읽지도 않고 쓰지도 않지만 수백만 달러를 번 사람들도 있습니다. 그들 또한 교육을 받긴 받았지만 매우 실용적인 교육을 받은 사람들입니다. 이런 사실은 우리에게 아주 흥미로운 질문을 던집니다.

"대체 교육이란 무엇인가? 그리고 교육을 어떻게 받을 수 있는가?"

저는 1천 명 중에 단 한 사람도 올바른 교육에 대한 정의를 내릴 수 없을 거라고 확신합니다. 1만 명이라도 마찬가지입니다.

교육을 받고 싶어 하는 평범한 사람들은 아마 처음에 직업 전문대학이나 기술대학을 떠올릴 것입니다. 이 기관들이 학생들을 '교육시켜 줄 것'이라고 잘못 생각하면서 말입니다. 하지만 그것은 절대로 사실이 아닙니다. 지구상에 존재하는 모든 학교가 할 수 있는 것이라곤 우리가 교육을 잘 받을 수 있도록 '준비시켜 주는 것'밖에 없습니다. 한 가지 예외가 있다면 인간의 경험이라는 가이드북을 통한 학교생활일 것입니다.

이러한 사실을 잊어서는 안 됩니다. 교육은 돈을 주고 살 수 없다는 것을 단 한순간도 잊지 마세요. 교육은 여러분 스스로가 노력해서 얻어야만 하는 것입니다. 게다가 4년 동안 대학을 다녔다고 해서 교육이 습득되는 건 아닙니다. 만약 우리가 성실한 학생이라면, 평생을 학교에 가야만 합니다. 인생 그 자체가 졸업이 없는 학교이기 때문입니다. 우리는 이 위대한 대학을 통과했을 때, 자신이 하는 일에 의지하는 그런 종류의 학생인 것입니다.

최근에 「시카고 이그저미너 Chicago Examiner」지의 사설에서는 교육을 습득하는 방법에 관해 내가 읽은 그 어떤 사설보다 훌륭한 관점을 제시했습니다. 내용이 너무 좋아서 읽어 볼 테니, 잘 들어주시기 바랍니다.

교육이란 무엇인가?

교육은 선물이 아니라 성취다. 그리고 여러분은 그것을 스스로 성취해야 한다. 그리고 교육을 손에 넣는 방법은 그것을 얻기 위해 일하는 것이다. 여러분은 열심히 일을 해야 한다. 그것을 계속 유지하기 위해서도 열심히 일해야 한다.

교육은 자아 발견이다. 다시 말해 여러분은 누구인지, 여러분이 이해할 수 있는 것, 그리고 여러분이 할 수 있는 것을 찾아가는 과정인 것이다. '교육'이라는 단어의 의미는 '잠재력을 이끌어 내어 발휘하고, 성장하고, 발전하는 것'이다. 근육을 강화시키는 방법이 운동밖에 없듯이 정신도 마찬가지다. 뇌도 결국은 우리 몸속에 있는 기관이고, 계속 건강하게 유지하기 위해서는 운동을 해야 한다. 우리는 공부하고, 사색하고, 일을 함으로써 뇌를 단련할 수 있다. 어떤 것이든 하루에 30분씩 공부하면, 몇 년 안에 교육적인 사람이 될 것이다.

'교육의 완성'이라는 것은 없다. 모든 것은 상대적이다. 어떤 면에서 교육의 목적은 결국 사람들이 아직 얼마나 부족한지를 알려주는 것이다.

가장 쓸모 있는 사람이 가장 교육을 잘 받은 것이다. 가장 강력하고, 가장 영향력 있는 인물들 중 대부분은 어떤 '이점'도 가지고 있지 않은 사람들이었다. 물론 대학을 졸업한 사람들 상당수가 성공한다. 그러나 대학이 유능함을 보장해 주지 않는다는 것도 사실이다. 대학 교육을 받지 않은 사람이 성공한 사람들 반열에 오르는 반면, 대학 교육을 받은 사람이 소리 소문 없이 사라지는 경우도 많다. 그래서 '교육의 과학'이라는 것이 아직은 진리로 증명되지 않았음을 기꺼이 인정할 수 있을 것이다.

대학을 나온 성공한 사람들 중에 자신의 성공이 대학을 나왔기 때문이라고 말하는 사람이 있을까? 그렇지는 않다. 그런데도 많은 사람들은 '내가 대학교만 다녔어도!'라며 울부짖는다. 만약 성공이 대학을 다닌 덕분이라면, 그것은 모든 개성을 다림질해 버렸을 것이다.

열여덟 살 정도 되는 젊은이를 일에서 떼어내어 '교육'이라는 명목 하에 4년 동안 일을 하지 못하게 하는 것은 언젠가 가장 멍청한 일이라고 여길지도 모른다. 철학자들에 의해 젊은이들은 '고귀한' 사상을 훈련 받고 숙달되어야 한다는 생각이 자리를 잡자, 교육은 선택 받은 사람들만을 위한 독점적이고 배타적인 것이라는

2. 기회가 없었던 사람들

고정관념이 생겨났다.

젊은이들은 추상적인 관념이나 이론을 배우며 어떤 유용한 일도 하지 않으며, 몇 년 동안이나 실용적인 세상으로부터 분리되었다. 그들은 그렇게 노동과 유용성의 세상에서 불구가 되어 갔다. 그들은 더 이상 생산자가 아니며, 교회나 세금으로 지원을 받아야 했다.

소규모 단과 대학에는 일을 하며 어렵게 공부하는 학생들이 많다. 이들은 모든 것을 제공 받으며 실용적인 일들을 하지 않아도 되는 사람들보다 성공할 기회를 훨씬 더 많이 갖는다. 스스로를 단련하는 책임감을 갖는다는 것은 인간의 진화에 있어서 필수적인 요소다. 열여덟 살부터 스물두 살까지의 청년을 실제적인 세상으로부터 면제된 것처럼 떼어놓는 것은 인생을 망치는 것과 같다. 이는 그에게서 기회를 빼앗고 단순히 암기하는 기계로 만들 뿐이다.

"인생을 위해 준비하라!"고 말하는 사람들이 있다. 인생을 위한 최고의 준비는 삶을 살아가는 것이다. 학교는 인생이어야 한다. 세상을 잘 살아 갈 준비를 하려고 세상으로부터 단절되는 것은 난센스다. 여러분 또한 대장장이 공방에서 아이를 학교로 데려와 대장장이가 되는 법을 가르쳤을 것이다. 열네 살이 되는 시점부터 학생들은 단순한 시간낭비가 아니라, 자신이 뭔가 유용한 일을 하고 있다고 느껴야 한다. 그러므로 일과 교육은 손에서 손으로, 직접적인 경험으로 전수되어야 한다.

교육을 받은 사람은 유용한 사람이다. 얼마나 많은 학위를 가지고 있느냐와 상관없이 진실한 삶을 살지 못한다면 교육을 받은 것이 아니고, 어제와 다를 게 없다. 교육의 단순 훈련은 사람을 덧없는 죽음으로 이끌 뿐이다.

지난 30년 동안, 아이를 가르치는 방법에 있어서 혁신적인 변화가 일어났습니다. 그리고 변화는 너무나 대단한 것이어서 혁명과도 같았습니다. 변화는 '프리드리히 프뢰벨'이라는 남자에 의해 갑자기 일어났는데, 그는 유치원을 처음으로 만든 사람입니다. 유치원은 19세기의 가장 위대하고, 가장 중요하며, 가장 유용한 발명이었습니다.

인간을 이곳에서 저곳으로 번개같이 수송해 주는 발명품도, 수천 킬로미터나 떨어진 사람과 대화할 수 있는 발명품조차도 야만과 공포와 절망을 사랑과 믿음과 희망으로 바꾼 가치와는 비교될 수 없습니다.

유치원! 이곳은 어린 영혼들이 끊임없이 꽃을 피우고 또 피우는 '아이들의 정원'입니다. 여러분이 비록 식물을 꽃피우게 할 수는 없을지 몰라도 충분한 햇빛과 영양분과 물은 줄 수 있습니다. 나머지는 자연이 다 알아서 할 것입니다. 교육도 마찬가지입니다. 우리가 할 수 있는 모든 일은 아이들의 발달에 보조를 맞춰 주는 것이고, 나머지는 신의 영역입니다.

> 우리는 본성과 결합할 때
> 강인한 힘을 발휘할 수 있다.

    우리는 본성과 결합할 때 강인한 힘을 발휘할 수 있습니다. 그래야만 우주의 힘을 무한대로 공급 받으며 진보를 이룰 수 있습니다. 나무와 새가 그러하듯 우리 인간도 자연의 일부입니다. 모든 동물이나 생명체들은 뭔가를 할 때 자신에게 최선인 것을 발휘합니다. 프뢰벨은 모든 요소에서 인간의 본성은 거짓이 없고, 본성의 오류는 다른 측면을 가지고 있다고 생각했습니다.

    유치원 시스템은 교육의 주된 요소로 놀이를 활용합니다. 프뢰벨은 놀이가 아이들을 가르치기 위한 신의 계획이라는 걸 간파했고, 그래서 교육을 위해 놀이를 채택했습니다.

    프뢰벨이 각광을 받기 전까지 아이들에게 놀이는 시간낭비일 뿐이고, 어른들에게 있어서는 죄악이라고 여겨졌습니다. 그러니까 즐거움을 나쁜 것이라고 생각했던 것이죠. 어떤 사람은 지금까지도 그런 생각을 가지고 있고, 결과적으로 그들은 외로운 사람으로 성장하지요. 프뢰벨이 죽기 1년 전인 1850년 어느 날, 그는 "세상이 내 이론의 가치를 알아보기까지 100년이라는 시간이 걸릴 것"이라고 말했습니다. 그러나 75년 만에 우리는 유치원의 가치를 알아보았고, 모든 교육 이론에 적용하고 있습니다. 물통에 떨어진 한 방울의 아닐린처럼 확산되어 모든 면에서 영향을 미치고 있는 것입니다.

  교육 받을 능력이 된다면, 모두가 교육 받는 미래를 한 번 생각해 볼까요. 그렇게 되면 '교육 받은 사람들', '우월한 사람들'과 같은 분류는 더 이상 존재하지 않을 것입니다. 모두가 자신만의 우월함을 느끼며, 출생과 불행에 의해 누군가에게 금지되었던 것들을 마음껏 누리게 될 것입니다.

  다른 사람이 차별을 당하는 한, 우리 역시 그것으로부터 결코 자유로울 수 없습니다. 그러나 사회는 점점 더 나아지고 있습니다. 근처의 공립학교를 한 번 방문해 보세요. 그리고 지금의 학교와 20년 전의 학교를 비교해 보세요. 오늘날의 학교 담장에는 아름다운 그림이 그려져 있고, 깨끗하고 질서가 있으며, 공기는 신선하고, 빛과 온화함이 느껴집니다. 물론 아직도 갈 길이 멀지만 말입니다.

  인생에서 가장 중요한 것은 자신에게 필요한 것과 교육을 제공하는 것입니다. 발전을 의미하는 교육은 맨손으로 뭔가를 일궈 내고, 뭔가를 만들며, 자신이 가지고 있지 않은 것들에 대해 이야기하는 것으로 시작됩니다. 이는 어떤 부자들이 무료로 제공하는 도구나 재료를 사용하는 것보다 훨씬 더 대단한 일이지요. 모든 것이 공짜로 주어진다면, 우리는 스스로를 위해 많은 일을 하지 않을 것입니다.

  돈을 벌어 생계를 유지한다는 것은 대학에서 그리스어를 배우는 것만큼이나 중요합니다. 직업 전문학교가 지금까지 발전하지 못한 이유는 교육과 산업 모두를 책임질 인재를 충분히 육성하지 못하고 있기 때문입니다. 우리에겐 직업 전문학교를 이끌어 갈 만한 사람들은 넘치도록 많지만, 젊은 청년들의 에너지를 유용한 수단으로 옮기는 동시에 그들의 커져만 가는 생각을 채워 줄 만한 사람은 별로 없습니다. 여기서 우리는 한계에 직면하게 됩니다. 생계를 위해 돈을 버는 것과 정신적 성장까지 충분히 이끌어 줄 사람이 없기 때문입니다.

만약 삶과 교육을 접목할 수 있는 사람이 있다면, 그에게는 월계관이 씌워질 것입니다. 직업 전문학교의 가장 큰 오류는 노동의 세계와 문화의 세계를 단절시킨다는 점입니다. 그들은 장식품과 실용품을 구분해야 한다고 주장하며, 노동을 할 사람과 교육을 받은 사람은 구분해야 한다는 잘못을 되풀이하고 있는 것입니다. 교육은 특권을 가진 소수를 위한 것이 아니라, 모두의 손에 닿는 것이어야 합니다.

교육은 유용한 삶을 사는 사람에게 적합한 자질이지, 진실에 대한 정신적 소유가 아닙니다. 필요한 정보만 전달하는 것이 아니라, 개성을 길러 주는 것이 바로 미래가 원하는 전문학교(기술대학)입니다. 이렇게 각자의 개성을 길러 주는 학교가 세상에 단 한 곳이라도 있나요?

대학을 졸업한 사람들이 큰 자부심을 느끼는 '고등 교육'이 쓸모없다는 것을 주장하려는 게 아닙니다. 한 분야에서 전문가로 성장하고 싶어 하는 모든 젊은이들에게 대학은 올바른 길이 맞습니다. 대학을 졸업한 사람들도 대학을 다니지 못한 더 축복 받은 사람들에 대해 우월감을 느끼지는 않습니다. 또한 그들이 대학 교육을 받았다고 해서 개성을 상실하는 것도 아닙니다.

저는 고등 교육을 받지 못했음에도 대학을 졸업한 사람들의 훌륭한 경쟁자가 될 수 있다는 지금의 깨달음을 얻기까지 오랜 시간이 걸렸습니다. 저는 고등 교육을 받지 못했기 때문에 기회를 얻지 못했고, 유용한 방식으로 세상에 쓰이지 못하고 있다는 잘못된 믿음을 가지고 살아왔던 것입니다.

좌절, 역경, 가난

인간이 받을 수 있는 최고의 교육은 '좌절과 역경, 가난'으로부터 비롯됩니다. 어떤 대학이 이보다 더 남을 배려할 수 있도록 만들까요? 대학 교육이 사람들로부터 동정심을 앗아간다는 말을 하고 싶은 게 아닙니다. 단지 가난과 인생의 쓴 맛이 타인에 대한 동정과 배려를 키우는 확실한 방법이라는 걸 강조하고 싶을 뿐입니다.

제 첫 아이가 이제 막 다섯 살이 되었습니다. 아이가 거의 말을 하지 못했을 때는 아이의 말이라면 무엇이든 다 들어주었습니다. 아이가 말을 알아듣기 시작하면서부터 자동차를 사 달라거나 놀이공원에 데려가 달라고 요구하기 시작하더군요. 그날부터 엄청난 과제가 내 앞에 놓여 있음을 느끼게 되었습니다. 바로 내 어린 아들에게 현 세대가, 엄청난 부를 보유하고 있는 이 나라가 위험한 방향으로 나아가고 있다는 것을 말입니다. 즉 부를 쉽게 손에 넣을 수 있는 것으로 착각하게 할 수 있다는 것입니다. 향후 10년 동안 내 재정적인 상황과 관계없이, 내 아들에게 사람이 돈을 쓰기 위해서는 먼저 돈을 벌어야 한다는 사실을 가르쳐야만 했습니다.

모든 부모와 마찬가지로 저 역시 아들을 '편하게' 해주고 싶은 마음이 있습니다. 하지만 내 판단과 실제 경험에 근거하여 먼저 '어렵게' 가기로 결심했습니다. 두 아들이 작은 돈을 '하찮게' 생각해서 5센트로 충분할 때조차도 25센트 이상을 달라고 해서 정기적으로 용돈을 주기로 계획을 세웠습니다. 그래서 1주일에 큰 아이에겐 25센트를, 작은 아이에겐 10센트를 주었습니다.

아이들은 용돈을 받기 전날인 토요일 밤까지 신문을 가져다주거나 엄마를 도와 집안일을 해야 했는데, 엄마가 흡족해야만 용돈을 주었습니다. 혹시라도 말을 듣지 않으면 용돈에서 5센트를 깎았고, 심각한 말썽을 일으키면 한 주 내내 용돈을 주지 않기도 했습니다.

요즘 우리 가족의 일상은 이러합니다. 그러나 아이들이 자라면서 좋은 직업을 갖고, 또 세상에 기여하도록 만들기 위해서는 실제적인 교육을 계속 해나가야 합니다. 자녀들에게 선의 가치와 유익한 일을 가르치지 않는 한 그것은 불가능할 것입니다.

저는 또 다시 가난을 겪고 싶지 않습니다. 물론 여러분도 마찬가지입니다. 노동의 가혹한 채찍질 아래에 있는 사람들은 그 마수에서 가능한 빨리 빠져나오고 싶을 것입니다. 하지만 저는 내 아이들이 가난의 가치를 알기를 원하고, 이러한 교육을 받아야 한다고 생각합니다. 그렇게 되면 대학을 가건, 가지 않건 대학 졸업자와 견주어도 손색이 없을 것입니다.

지금까지 '기회가 없었던 사람들'이라는 주제로 이야기했습니다. 이번 이야기의 메시지는 대학 교육을 받지 못한 절대 다수에게 희망과 용기를 주기 위함입니다. 만약 여러분이 그 절대 다수에 속한다면, 저는 여러분에게 용기와 희망을 기반으로 한 자신감이 대학 학위보다 훨씬 더 낫다고 장담할 수 있습니다. 인간에게 이런 필수 조건들이 없다면, 지구에 존재하는 어떤 학위도 의미를 갖지 못할 것입니다. 대학 졸업장은 그저 글자가 적힌 양피지일 뿐입니다.

만약 제가 큰 성공을 거둔 사람을 위해 잔을 들어야 한다면, '기회가 없었던 사람들'을 위해 건배하고 싶습니다. 세계의 운명은 그들의 손에 달려 있습니다. 그들은 상업적으로, 또 사회적으로 세상의 짐을 나르고 있습니다. 그들은 철도, 은행, 대기업에서 일하고 있습니다. 다시 말해서 그들은 세계 최강의 국가를 위해 일하고 있습니다. 우리는 기회가 없었던 사람들에게 경의를 표해야 하고, 그들에게 존중을 표할 의무가 있습니다. 그들은 유쾌하며, 동정적이며, 친절합니다. 또한 그들은 우리 중에 가장 소박하지만, 우리의 성공과 고난을 함께 나누는 사람들입니다.

　기회가 없었던 사람들을 가엾게 여기지 말고, 그들을 부러워하세요. 만약 여러분이 그들 계층에 속해 있다면, 가장 위대한 유산인 '전화위복'의 기회를 만드세요.

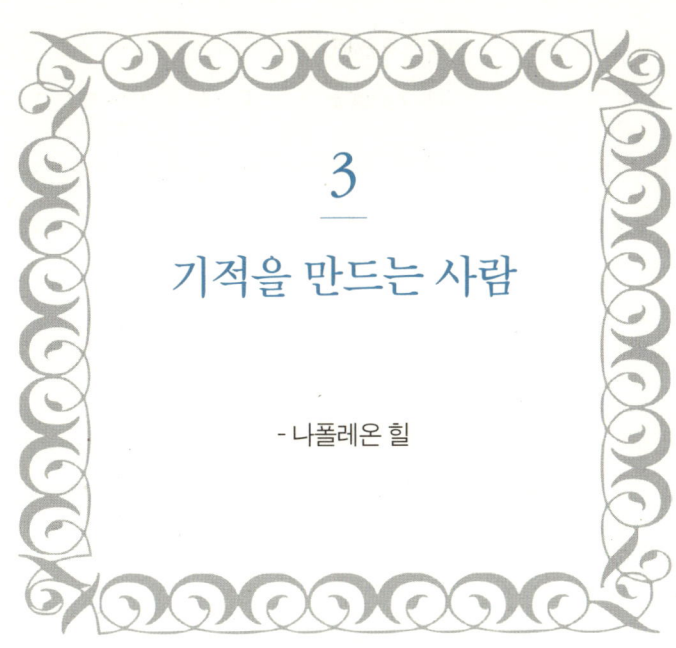

3
기적을 만드는 사람

- 나폴레온 힐

Napoleon Hill's Greatest Speeches

잠시 은퇴를 선언했던 나폴레온 힐은 1952년에 개최된 치의학 박람회에서 강연을 했다. 당시 그는 69세였지만, 시카고에서 강연할 수 있는 기회를 놓치고 싶지 않았다.

박람회에 힐 박사를 소개한 사람은 보험업계의 거물 클레멘트 스톤이었다. 젊은 시절 힐의 베스트셀러인『생각하라 그러면 부자가 되리라Think and Grow Rich』를 읽고 너무 큰 감동을 받은 나머지, 그는 책을 구입해서 모든 직원에게 나누어 주었다고 한다.

박람회에서 힐과 마주앉은 스톤은 은퇴할 것이 아니라 성공철학에 대한 강연을 하는 게 어떠냐고 제안했다. 힐 박사는 스톤이 자신의 매니저 역할을 해 준다면 고려해 보겠노라고 답했다. 그날 이후 두 사람은 5년 동안 함께 일하기로 의기투합했지만, 실제로는 10년을 함께 했다. 당시 힐 박사는 성공철학을 가장 잘 적용한 사례를 고르라고 하면 항상 스톤을 선택했다.

스톤과 힐 박사는 여러 도시를 함께 순회하며 강연을 했다. 스톤은 개인적인 면이나 재정적인 면에서 힐 박사에게 좋은 영향을 끼쳤고, 힐 박사는 백만장자로 은퇴할 수 있었다.

두 사람은 1960년에『성공을 위한 긍정적인 정신자세Success through a positive mental attitude』를 공동으로 집필했고, 출간 즉시 베스트셀러가 되었다. 이 책은 50여 년이 지난 지금도 미국과 전 세계에서 수많은 독자들에게 사랑을 받고 있다.

'기적을 만드는 사람Maker of Miracle Men'은 스톤과 힐 박사의 협업의 산물이다. 연설은 스톤이 힐 박사를 소개하면서 시작된다.

- (나폴레온 힐 재단 이사) 돈 M. 그린

Napoleon Hill

힐 박사를 소개합니다

안녕하십니까. 저는 보험 회사를 경영하고 있는 클레멘트 스톤입니다. 저는 오늘 여러분께 '기적'에 대해 말씀드리려고 합니다. 오늘 힐 박사님의 말씀을 계기로 여기 계시는 분들 중 단 한 분이라도 인생이 바뀔 수 있기를 기대합니다. 만약 그렇게 되지 않는다면, 저와 힐 박사는 여러분의 시간을 낭비한 결과가 될 테니까요. 하지만 그렇게 되지는 않을 것입니다. 왜냐하면 성공철학의 과학은 우리가 행동하도록 만들기 때문입니다.

1940년, 저는 세일즈 미팅에 참석하기 위해 솔트레이크 시티에 간 적이 있습니다. 미팅을 마치고 호텔로 돌아오던 길에 한 석탄 상점을 발견했습니다. 진열대에는 1미터 높이로 석탄이 쌓여 있었고, 그 앞에 책 한 권이 놓여 있었습니다. 제목은 『생각하라 그러면 부자가 되리라』였습니다.

저는 1938년에 그 책을 처음 읽었고, 주변 사람들과 직원들에게 수천 권을 구입해서 나누어 주었습니다. 그 결과 저는 수많은 기적을 목격할 수 있었습니다.

저는 석탄 상점 안으로 들어가 주인을 만나보기로 했습니다. 여기 계신 분들 중 고향이 솔트레이크 시티이거나 이 도시를 방문해 본 사람이 있다면, 아마 '마틴 석탄상점'을 아실 거라고 생각합니다.

저는 단도직입적으로 마틴 씨에게 왜 이 책을 여기에 놓아두었느냐고 물었습니다. 그리고 이 책을 읽은 수많은 사람들이 인생의 어려운 문제들을 해결할 수 있었고, 자신들의 골칫거리를 장점이자 자산으로 활용할 수 있게 되었다는 걸 그에게 알려 주었습니다.

또한 나폴레온 힐 박사의 명언 '모든 역경은 그것과 동등한 이익을 가져다 줄 씨앗을 품고 있다.'는 말을 인용하면서, 성공한 사람들은 자신이 처한 상황을 비관하지 않고 적극적으로 활용하였고, 고난과 역경을 기꺼이 받아들이며 극복해 냈다고 말해 주었습니다. 그러자 마틴 씨가 이렇게 말하더군요.

"저는 원래 처음 만난 사람에게 절대로 이런 이야기를 하지 않습니다. 하지만 우린 너무나 공통점이 많아 말씀 드려야 될 것 같습니다. 몇 년 전, 저와 제 파트너는 두 개 상점을 운영하고 있었습니다. 석탄 상점과 건축 자재 상점이었는데, 둘 다 사정이 좋지 않았어요. 그래서 하나를 팔려고 했는데 사정이 생겨 그것마저 어렵게 되었죠. 바로 그때 누군가가 저에게 이 책을 건네주었죠. 원래 저는 이런 말을 잘 안 하는데, 놀랍게도 지난 몇 년 사이에 두 상점이 적자에서 벗어났어요. 지금은 재고를 제외한 현금 자산이 2만 달러나 됩니다."

그러더니 장부를 꺼내 내게 보여주었습니다.

작년 8월, 시카고 엣지워터 비치 호텔에서 『생각하라 그러면 부자가 되리라』 책에 대해 강연을 한 적이 있습니다. 저는 평소처럼 사람들에게, 특히 인생의 변화를 맞을 준비가 된 사람들에게 책을 나눠 주었습니다. 그중 한 사람이 바로 젊은 치과 의사인 허버트 구스타프슨 박사였습니다. 그는 한 달쯤 지나서 내게 전화를 걸어 나폴레온 힐 박사를 만나보겠느냐고 물었습니다. 마침 힐 박사가 시카고 치과 의사 모임에서 강연을 하기로 했다고 하면서 말입니다. 힐 박사가 이미 작고하신 줄로만 알았던 나로서는 놀랍고도 기쁜 소식이었습니다.

그렇게 해서 점심 모임에 참석해 힐 박사 옆자리에 앉게 되었습니다. 성공철학에 대해 얘기를 나누던 중, 저는 프랭크 베트거 Frank Bettger의 영화 「실패에서 성공으로 How I raised myself from failure to success in selling」를 언급하며 『생각하라 그러면 부자가 되리라』를 영화로 만들어 보는 건 어떠냐고 물어보았습니다. 오랜 시간 이야기를 나눈 후, 힐 박사는 다시 시카고를 방문할 테니 좀 더 깊이 얘기를 나눠 보자고 하더군요.

그로부터 2~3일이 지난 후, 힐 박사는 은퇴를 미루고 5년 더 일하기로 결정했습니다. 하지만 거기에 조건이 있었습니다. 저

더러 본인의 매니저 역할을 해 달라는 것이었습니다. 그런 연유로 오늘 제가 여러분 앞에 서게 된 것입니다.

저에 앞서 이미 '나폴레온 힐 협회'에 대해 설명해 드렸듯이 협회의 목표는 앤드류 카네기가 나폴레온 힐 박사에게 전수한 성공철학을 널리 알리는 것입니다.

협회가 설립된 지 불과 1년밖에 되지 않았지만, 그동안 우리는 많은 기적을 목격했습니다. 개인적으로 제가 몸담고 있는 보험 업계에서는 평범함 세일즈맨이 슈퍼 세일즈맨으로 성장하는 모습을 직접 보기도 했습니다. 한 주에 125달러를 벌던 세일즈맨이 300, 400, 500달러까지 수입을 늘리더군요. 실로 불가능이 가능으로 바뀌는 순간이었습니다.

지금 이 자리에는 우리 협회에서 야간 수업을 듣는 수강생들도 일부 와 있습니다. 우리는 수강생들이 스스로 깨우치고 성장하도록 영감을 불어넣음으로써 도움을 주고 있습니다. 방법을 알면 문제를 현명하게 해결하는 건 결코 어려운 일이 아닙니다.

유명한 강연가이자 저술가인 얼 나이팅게일Earl Nightingale도 저에게 말했지만, 힐 박사의 가르침이 훌륭한 이유는, 성공철학을 간단명료하게 정리해서 보통 사람들은 물론이고 고교생들까지도 쉽게 따라할 수 있도록 했다는 것입니다.

수강생들에 대한 일화를 몇 가지 소개할까 합니다. 제가 가장 좋아하는 이야기는 '그로마이어'라는 청년에 관한 이야기인데, 여기 계신 분들 중에 알고 있는 분도 계실 것입니다. 그는 음악을 가르치는 교사입니다. 17주 교육 과정 중 수업이 3주차에 접어들었을 때입니다. 수업 중에 그가 '음악 교사가 1주일에 100달러 이상을 버는 것은 불가능한가?'라는 문제에 대해 이야기를 듣고 싶다고 하더군요.

수업 중에 이런 유형의 사람을 만났을 때는 아무런 문제없이 순탄하게 교육 과정을 끝내기보다, 수강생들 중 단 한 사람이라도 문제를 완벽히 해결할 수 있도록 돕는 것이 모두에게 더 이롭다는 것입니다. 그래서 그로마이어의 문제에 대해 한 시간 동안 이야기를 나누며 조언을 해주었습니다.

그후 그로마이어로부터 한 통의 편지를 받았습니다. 편지에서 그는 교육 과정에 등록한 후로 훨씬 더 편안하게 잠들 수 있게 되었고, 불안감이 해소되었다고 하더군요. 그러고는 나폴레온 힐 협회에 평생 고마운 마음을 가지고 살겠다는 말도 덧붙였습니다. 또한 저에게 '음악 교사로 1주일에 100달러 이상을 버는 것은 불가능하다'고 말했던 것을 기억하느냐고 물으면서, 편지에 이렇게 썼더군요.

'두 달 전부터 주급이 380달러로 올랐답니다.'

우리 협회의 교육 과정을 거치는 동안, 이런 기적 같은 일이 매일 일어나는 것을 볼 수 있습니다. 자, 그렇다면 지금 제가 이런 이야기를 하는 이유는 무엇일까요? 그것은 저와 힐 박사가 5년 동안 함께 일하기로 했을 때, 우리는 50년이 걸릴 일을 5년, 아니면 10년 또는 1년 안에 끝내기로 다짐했기 때문입니다. 그렇게 하기 위해서는 여러 명의 나폴레온 힐과 여러 명의 선생님이 필요할 것입니다. 또한 여러 명의 조정자가 필요합니다. 그리고 원하는 사람들 모두에게 나폴레온 힐의 성공철학을 전할 수 있도록 잘 짜여진 조직도 필요할 것입니다.

오늘 여러분은 '생각하고, 믿고, 성취하라'는 문장 하나만 마음에 새길 수 있다면, 원하는 것은 모두 이룰 수 있는 능력을 갖게 되는 것입니다. 한 나라의 리더가 생각하고 믿는 것은 모두 성취할 수 있으며, 이는 신에게 부여 받은 권한이라는 걸 믿고 실천한다면 어떻게 될까요? 여러분 또한 다른 사람을 돕고, 그 일에서 기쁨과 희열을 느끼며, 결국 스스로를 돕게 된다는 사실을 깨닫게 될 것입니다.

힐 박사를 소개할 때, 늘 하는 말이 있습니다. 힐 박사의 철학과 교육의 효과는 여러분이 직접 판단하세요. 저는 오늘 저녁 내내 여러분을 붙잡아 두고 더 많은 기적의 이야기를 들려주고 싶습니다. 그리고 왜 제가 힐 박사를 '기적을 만드는 사람'이라고 부르는지 설명해 주고 싶습니다.

이제부터 힐 박사의 강연을 직접 들어보시기 바랍니다. 집중해서 들으시고, 힐 박사가 전하는 메시지를 가슴에 새겨 보시기 바랍니다. 감사합니다.

기적 같은 일

여러분, 안녕하십니까. 먼저 '모든 사람은 제대로 알고 나면 모두가 훌륭하다'는 말부터 드리고 싶습니다. 지금 제가 하고 있는 일 중의 하나는, 좋은 환경 아래 사람들을 모아 서로의 장점을 배우도록 하는 것입니다.

앞으로 3일간 여러분과 함께 할 텐데, 오늘은 제가 전 세계를 돌아다니며 하고 싶었던 일을 어떻게 시작할 수 있었는지에 대해 말씀드리겠습니다. 이 모든 모든 것은 제가 태어난 곳, 버지니아 주 남서부에 위치한 와이즈 카운티의 방 한 칸짜리 오두막에서 시작되었습니다.

아주 오래전, 그 집에 어떤 것들이 있었는지 아직도 생생히 기억하고 있습니다. 필요할 때만 내려서 쓸 수 있도록 벽에 고정된 테이블이 하나 있었고, 침대와 옥수수 껍질로 만든 매트리스도 있었습니다. 물론 지금 우리가 쓰는 스프링 매트리스와는 상당히 달랐지요. 불을 지펴 빵을 굽는 큰 오븐도 하나 있었습니다. 그리고 할머니, 할아버지로부터 물려받은 말과 소, 돼지도 한 마리씩 있었습니다. 제 아버지와 어머니는 그렇게 삶을 시작했습니다.

제가 태어났을 때, 우리 집은 네 가지 어려움에 맞닥뜨렸습니다. 가난과 두려움, 미신과 문맹이었죠. 내가 태어난 마을이었지만, 아무리 생각해 봐도 옥수수로 만든 럼주와 방울뱀, 사람들간의 불화로 유명했던 와이즈 카운티를 벗어나는 건 불가능에 가까워 보였습니다. 하지만 암담한 현실을 한순간에 바꿔 준 정말로 기적 같은 일이 일어났습니다. 친어머니가 돌아가신 후, 슬퍼하던 제가 이제껏 만난 사람들 중에서 가장 훌륭한 분을 새어머니로 맞은 것입니다.

성공과학

새어머니는 간절히 필요로 하던 적절한 시기에 제 곁에 와 주셨습니다. 이 자리에서 여러분을 위해 저의 새어머니가 얼마나 훌륭한 분이었는지 들려 드리려고 합니다.

새어머니는 이미 그때부터 성공철학을 실천하고 계셨습니다. 물론 저는 그런 사실을 전혀 알지 못했습니다. 새어머니는 틀니를 끼고 계셨는데, 당시에는 그게 무엇인지 몰랐습니다. 물론 나이가 들고서 무엇인지 알게 되었지요.

하루는 새어머니가 아침 식사를 준비하다가 접시를 깨뜨렸습니다. 깨진 접시 조각을 치우던 아버지는 잠시 멈추더니 이렇게 말씀했습니다.

"여보, 틀니를 만들 방법이 생각났어요."

그 말을 들은 새어머니는 들고 있던 냄비와 프라이팬을 내던지더니 아버지를 껴안으며 "여보, 저는 당신이 틀니를 만들 수 있다는 걸 알고 있었어요!"라고 말씀하시더군요. 그때 저는 새어머니가 얼마나 훌륭한 분인지 알 수 있었습니다.

'아버지가 틀니를 만든다고?'

이건 아무리 생각해 봐도 말이 안 되는 것 같았습니다. 물론 아버지는 말발굽을 끼울 수는 있었죠. 하지만 틀니라니? 완전히 말도 안 되는 것 같았습니다.

'대체 어디서 뼈를 구해 와서 치아를 만든다는 말인가?'

그로부터 얼마 후, 학교에서 돌아왔을 때 마당에서 한 번도 맡아 보지 않은 특이한 냄새가 나는 걸 느꼈습니다. 집 안으로 들어갔더니 이상한 주전자가 난로 위에서 끓고 있더군요. 새어머니에게 물어보았더니, '가황장치加黃裝置'라고 말씀해 주었습니다. 그리고 거기 있던 장치를 이용해서 아버지는 새어머니의 치아 모형을 본떴고, 지금은 주전자 안에서 틀니가 만들어지고 있다고 하셨습니다.

잠시 후, 부모님은 난로에서 주전자를 집어 들고 냇가로 가서 식혔습니다. 그런 뒤 주전자에서 석고 조형을 꺼냈습니다. 아버지는 도구를 꺼내 석고 조형을 벗기고 말굽갈이를 꺼냈습니다. 여기 계신 분들은 아마 말굽갈이가 뭔지 잘 모르실 것 같은데, 말굽갈이는 말발굽에 편자를 끼운 후 남는 부분을 갈아내는데 쓰는 도구입니다. 아버지는 말굽갈이의 날카로운 부분을 이용해 고무의 남은 부분을 떼어 내고 에머리보드를 꺼내 가장자리를 부드럽게 다듬은 후, 그것을 새어머니 입에 넣었습니다. 치과 의사들은 믿기 힘들겠지만, 틀니는 거의 완벽하게 들어맞았습니다.

아버지가 치과를 시작하시고 나서 3년쯤 지났을 때, 한 신사가 커다란 법률 책을 옆에 끼고 집으로 찾아왔습니다. 그러고는 아버지께 말하더군요.

"선생님, 버지니아 주 법령 506조와 540조를 보니 면허증 없이 치과 치료를 하는 것은 위법입니다. 계속 진료를 하면 체포될 수 있어요."

그 길로 아버지는 해결 방법을 찾기 위해 카운티 사무소로 갔습니다. 잠시 후 말을 타고 돌아오는 아버지 모습을 보니 아무런 성과도 없었다는 걸 직감했습니다. 말에서 내린 아버지는 새어머니에게 치과 치료를 하려면 시험을 봐서 면허를 취득해야 하는데, 그건 너무 어렵다고 말씀하시며 모든 게 끝났다고 하셨습니다. 그러자 새어머니가 이렇게 말씀하시더군요.

"힐 선생님, 잘 들어보세요. 이렇게 끝날 것이라면 시작은 왜 했어요? 치과 의사가 되기 위해 시험을 봐야 한다면 다른 사람들처럼 당신도 마땅히 봐야지요. 대학에 들어가세요."

저는 또 한 번 새어머니가 얼마나 대단한 분인지 알 수 있었습니다. 늙은 아버지에게 대학이라뇨? 아버지는 대학 입학은 둘째로 치고 문턱도 못 넘으실 분이었습니다!

여러분, 제 아버지는 결국 새어머니 때문에 루이빌 치과대학에 입학하셨고, 4년의 학업 과정을 모두 마치고 졸업하셨습니다. 아버지는 입학 첫 해에 상이란 상은 모조리 수상했지만, 졸업하는 해에는 어떤 대회에도 참가하지 못했습니다. 어차피 아버지가 수상할 것이기 때문에 학교에서 참가를 불허한 것입니다. 아버지는 입학했을 때부터 이미 다른 학생들보다도 뛰어났습니다. 재혼하신 새어머니는 전 남편이 세상을 떠나면서 받은 보험금으로 아버지 학비를 지원하셨습니다.

여기 계신 여성분들께 한 말씀 드리자면, 방금 제가 들려 드린 새어머니 이야기를 통해 여러분도 남편을 성공으로 이끌 수 있다는 사실을 알아주시면 좋겠습니다. 절대로 가볍게 드리는 말씀이 아닙니다. 남편이 하는 일에 관심을 가지고 영감을 불어넣을 수 있도록 아내들이 돕는 것이야말로, 제가 추구하는 성공철학의 가장 놀라운 일이 아닐까 싶습니다.

시골 농부를 치과 의사로 만든 위대한 새어머니는 제 손을 잡고 말씀하셨습니다.

"너는 이 집안의 맏아들이니, 이제 너의 미래를 결정해야 한다."

그러시고는 저를 신문기자의 길로 이끄셨습니다. 그 결과, 저는 한 번에 16개 신문에 글을 기고하기도 했습니다. 기사거리가 없는 날에는 직접 칼럼을 썼고, 글로 쓸 만한 것은 차고 넘칠 정도로 많았습니다. 마을 간의 다툼이라든가 밀주 업자와 단속반의 대치 상황 등 글을 쓸 소재는 너무 많았습니다. 하루는 이웃집 농장에서 있었던 수색 작업에 대한 글을 기고했습니다. 너무

자세히 글을 쓴 나머지 수색에서도 들키지 않았던 밀주 제조 장치가 들통나고 말았습니다. 단속반들이 다시 들이닥쳤지만 농장주가 잘 감춘 덕분에 밀주 장치를 발견할 수 없었습니다. 그 일로 농장주가 아버지를 찾아와 한 번만 더 밀주에 관한 기사를 쓰면 마을에서 쫓아내겠다고 으름장을 놓았습니다. 그 후로는 한 번도 밀주업과 관련된 기사를 쓰지 않았습니다.

여러분, 기자로서 쌓아 온 경험 덕분에 위대한 철학자이자 자선가이며 기업가인 철강왕 앤드류 카네기를 만난 이야기를 들려드리겠습니다.

당시 저와 제 동생은 변호사가 되기 위해 조지타운 법대에 입학한 상황이었습니다. 우리 형제에게 돈은 없었지만, 저에게는 글재주가 있었습니다. 그래서 성공한 사람들에 관한 글을 잡지에 기고해서 받은 원고료를 학비에 쓰기로 했습니다. 그 첫 번째 취재 상대가 피츠버그에 살고 있던 앤드류 카네기였습니다.

카네기 씨는 인터뷰에 세 시간을 할애해 주었고, 주어진 시간이 다 지났을 때 제게 이렇게 말씀하더군요.

"이 인터뷰는 시작에 불과하다네. 이제 집으로 돌아가서 저녁을 먹고 다시 인터뷰를 이어가도록 하세."

그리고 우리는 3일 동안 이야기를 나눴습니다. 저로서는 너무도 영광스러운 일이었고, 도대체 어떻게 이런 일이 일어났는지 알 수 없을 정도로 놀라운 경험을 하게 되었습니다.

보통 사람을 위한 경제철학

카네기 씨는 주로 새로운 철학의 필요성에 대해 이야기했습니다. 소크라테스와 플라톤에서부터 윌리엄 제임스와 에머슨까지 수많은 철학자가 있지만, 그들은 삶의 도덕적 규범에만 치중하고 있다고 말하더군요. 그러면서 우리에게 필요한 것은 평범한 보통 사람들을 위한 경제철학이라고 하더군요. 이를 통해 자신과 같은 사람들이 평생에 걸쳐 터득한 노하우를 보통 사람들과 공유하고 싶다는 희망을 가지고 있었습니다.

저에게는 꿈만 같은 이야기였습니다. 하지만 도대체 어떤 철학을 말하는 것인지 명확하게 알지 못했습니다. 드디어 3일째 되던 날, 카네기 씨가 이렇게 말했습니다.

"이보게, 자네와 새로운 철학의 필요성에 대해 3일 동안 이야기를 하지 않았는가? 그래서 한 가지 묻겠네. 내가 자네에게 나처럼 성공한 사람들을 소개해 줄 테니 향후 20년 동안 이 철학을 연구하고 집필하는 일에 전념하라고 한다면, 어떻게 하겠는가? 나는 어떤 금전적 도움도 주지 않을 것이며, 필요한 돈은 자네가 벌어야 하네. 이 과업을 맡아 볼 의향이 있는가?"

여러분, 저는 인생을 살면서 수많은 어려운 일과 어려운 결정들을 마주해 왔습니다. 하지만 내 인생에서 이 순간보다 더 부끄러웠던 적은 없습니다. 왜냐하면 카네기 씨가 내게 제안하던 그 순간, 집으로 돌아갈 차비만 들어 있는 내 주머니 속을 만지작거리고 있었기 때문입니다. 만약 지난 3일 동안 카네기 씨의 집이 아닌 호텔에 묵었더라면 주머니 속에 있는 돈은 그보다 더 적었겠지요.

당시에는 그가 말한 철학의 정확한 의미가 무엇인지도 잘 몰랐습니다. 생각해 보세요. 그런 나에게 세상에서 가장 부자인 사람이 무급으로 20년 동안 성공철학을 연구해 보라고 권유한 것입니다. 여러분이 저였더라도 쉽게 결정할 수 없었을 것입니다.

저는 그 상황에서 여러분과 나, 혹은 누구라도 할 법한 대답을 하려고 입을 뗐습니다. 제가 무슨 말을 하려고 했을까요? 만약 여러분이었다면 세계에서 가장 부자인 사람이 아무런 보상 없이 20년 동안 일을 해 달라고 했다면, 어떻게 하시겠습니까?

저 역시 여러분이 생각하는 대로 대답하려고 했습니다. 하지만 어떤 연유에서인지 도통 입 밖으로 꺼낼 수가 없더군요. 그러다 문득 이런 생각을 했습니다.

'카네기 씨가 3일 동안 나를 붙잡아 둔 데에는 이유가 있지 않을까? 그는 나도 모르는 내 능력을 보았을지도 모른다. 그는 인재를 고르는 일이라면 타고난 재주를 가진 사람이다. 그런 분이 나를 택한 데에는 이유가 있을 것이다.'

그게 무엇인지 알 수 없었지만, 저의 내면 깊은 곳에서 '하겠다고 말해!'라고 계속 속삭였습니다.

잠시 침묵이 흐른 후, 마침내 저는 이렇게 대답했습니다.

"카네기 씨의 제안을 받아들이겠습니다. 믿고 맡겨 주시면 성공적으로 완수하도록 노력하겠습니다."

카네기 씨는 마지막 부분을 특히 마음에 들어 하시며, 저의 능력을 충분히 믿는다고 말씀하셨습니다. 그후 20년 동안 함께 일하면서 카네기 씨가 저에게 도움을 주신 것은 말로 다 설명할 수 없을 정도입니다. 그는 제가 평생 만나볼 수 없을 법한 미국의 거부들을 소개해 주었습니다. 물론 보수는 없었고, 일을 시작한 직후에 필요한 비용을 조금 보태주었을 뿐입니다.

그가 가장 먼저 소개해 준 사람은 자동차왕 헨리 포드였습니다. 카네기 씨가 이렇게 말씀하더군요.

"디트로이트로 가서 헨리 포드를 만나게. 포드 씨는 머지않아 미국 자동차 업계를 거머쥘 사람이고, 자동차는 철강 다음으로 강력한 산업이 될 것이니 그를 잘 관찰해 보게."

그때가 1908년 늦은 가을이었습니다. 이틀에 걸쳐 수소문한 끝에 마침내 포드 씨를 만나러 갔을 때, 그는 낡은 멜빵바지에 작업모를 쓰고 손에 기름을 묻힌 채 정비소 뒷문으로 나오는 중이었습니다. 그와 악수를 나눌 때 셔츠 소매에 묻어 있던 기름때가 기억납니다. 포드 씨와 마주 앉아 30여 분간 대화를 나눴는데, 그는 내 질문에 대부분 '예', '아니오'로 대답하더군요. 그와 대화를 나누면서 이런 생각이 들었습니다.

'카네기 씨처럼 위대한 분이 이런 사람이 자동차 업계를 거머쥘 거라고 착각할 수 있을까?'

포드 씨가 업계의 리더가 된다는 것은 상상하기 어려웠습니다

다. 하지만 정작 착각을 한 사람이 누구였는지는 말씀드리지 않아도 여러분이 잘 아실 것입니다.

그 후로도 수많은 성공한 사람들을 직접 만나면서 그들의 삶 속으로 들어가 그들이 어떤 장점과 약점을 가지고 있으며, 어떤 실수를 하고 어떤 실패를 경험했는지 배울 수 있었습니다. 그리고 정확히 20년 후인 1928년에 카네기 씨가 제게 의뢰했던, 내가 보고 듣고 겪은 바를 『성공의 법칙The Law of Success』이라는 8권의 책을 집필할 수 있었습니다. 이 책은 코네티컷 주의 메리든Meriden 출판사에서 출간되어 전 세계로 판매되었습니다.

이후에도 성공철학의 일부를 담고 있는『생각하라 그러면 부자가 되리라』를 집필했고, 이 책 또한 전 세계에서 판매되고 있습니다. 인도에서는 마하트마 간디의 도움으로 출판되어 1백만 부가 넘게 판매됐습니다. 또한 포르투갈어로 번역되어 브라질에서도 출간되었고, 영국에서는 특별판이 제작되어 출간되기도 했습니다. 책을 집필하는데 있어서 저만큼 다른 사람의 도움을 많이 받고, 그들과의 대화를 기반으로 성공철학을 연구해서 완성한 사람은 없을 거라 생각합니다.

제가 지금까지 경험한 것들 중에서 가장 의미 있는 것이 하나 있습니다. 그것은 제가 어린 나이에 변변한 교육도 받지 못했고, 누구의 도움도 받지 못한 채 시작했다는 사실입니다. 불과 1년 전에 클레멘트 스톤 씨를 만나기 전까지만 하더라도 누구의 도움이나 후원도 받지 않고 혼자 일했습니다. 하지만 제가 집대성한 성공철학의 메시지는 너무나 강력해서 전 세계로 퍼져 나갈 수 있었고, 수많은 사람들에게 성공에 대한 열망과 영감을 주었습니다. 여러분에게도 깊은 감사를 드리고 싶습니다.

다만 이 모든 것이 제가 뛰어난 사람이라서 성취할 수 있었다고 생각하지는 마세요. 지금까지 제가 이룬 성과는 보이지 않는 곳에서 나를 인도하고 이끌어 주신 어떤 힘에 의해 가능했던 것입니다. 그게 무엇인지는 여러분도 나도 잘 알고 있습니다.

정말로 미쳐 버렸군!

3일간 계속된 카네기 씨와의 인터뷰를 마치고 난 후, 워싱턴으로 돌아와 제게 일어났던 일을 동생에게 말해 주었습니다. 동생은 이야기를 마칠 때까지 한 마디도 하지 않더군요. 잠시 생각에 잠겨 있던 동생이 자리에서 일어나 다가오더니 두 팔로 내 어깨를 당기며 말했습니다.

"형, 우리가 와이즈 카운티에서 맨발로 뛰어다니던 어린 시절부터 어쩐지 형이 이상하다고 생각했어. 그런데 앞으로는 절대로 이상하다는 의심을 하지 않을게. 왜냐하면 형은 정말로 미친 게 맞으니까."

동생의 말을 듣고 나니, 카네기 씨의 뛰어난 성품이 저에게 미쳤던 영향은 온데간데없이 사라지고 다시 현실로 돌아온 느낌이었습니다. 동생 말이 논리적으로 더할 나위 없이 맞는 말처럼 들렸으니까요. 그 후 제가 내린 결정에 대해 주변 사람들은 하나같이 저를 꾸짖었습니다. 형제자매와 친척들은 물론이고, 친구들도 동생과 똑같은 말을 했습니다. 하지만 "너는 해낼 수 있어!"라고 말해 준 단 한 사람이 있었습니다. 그분은 바로 새어머니였습니다.

사실, 제 인생에는 뛰어난 여성이 두 사람 있습니다. 한 사람은 새어머니이고, 다른 한 사람은 나의 또 다른 자아라고 할 수 있는 제 아내입니다. 아내는 저의 가장 소중한 친구이자 비평가입니다. 제가 다른 사람을 돕기 위해 해온 일들을 앞으로도 계속해 나갈 수 이유는 바로 이 두 여성들 덕분입니다.

여러분, 이제부터 성공철학을 적용하는 방법 몇 가지를 알려 주고자 합니다. 여러분 앞에 놓여 있는 자료를 펼치면 17가지 성공 원칙 중 6가지가 나열되어 있는 것을 보실 수 있습니다. 이제 하나하나에 대해 구체적으로 예를 들어 설명할 테니, 역사적으로 이 원칙들이 어떻게 활용되어 왔는지 깊이 있게 생각해 보시기 바랍니다.

첫 번째 원칙은 명확한 목표입니다.

명확한 목표가 없으면 그 누구도 가치 있는 성과를 이뤄 낼 수 없습니다. 저는 여러분께 큰 틀에서 어떻게 목표를 세워야 하는지 알려 드릴 것입니다. 물론 각각의 상황에 맞는 세부적인 목표가 있을 것입니다. 하지만 성공하기 위해서는 큰 틀에서 미래의 목표를 세워야 합니다. 여기서 미래의 목표는 여러분이 아직 성취하지 못한, 여러분 개인에게 성공을 의미하는 그 뭔가를 기반으로 한 목표를 말합니다.

두 번째 원칙은 남들보다 한 걸음 더 나아가는 것입니다.
정확하게 말하면 다른 사람이 보상 받은 만큼만 일할 때, 자신은 즐겁고 기꺼운 마음으로 자신이 할 수 있는 일보다 더 많이, 더 나은 서비스를 제공하라는 뜻입니다. 하지만 요즘 사람들이 어디 그런가요? 받은 것보다 더 일하기는커녕 받는 만큼도 일하지 않는 사람들이 태반입니다. 이 시대의 가장 큰 문제가 바로 이런 것입니다. 한 걸음 더 나아가기는커녕 한 걸음도 제대로 가지 않으려는 사람들이 너무 많습니다.

게다가 아무 일도 하지 않으면서 보조금에 의존하는 사람들은 또 얼마나 많습니까? 지금 제가 하는 말을 받아 적지는 마세요. 누군가가 저를 정치인으로 오해할 지도 모르니까 말입니다. 실제로도 많은 사람들이 마땅히 해야 할 일을 하지 않고 공짜로 대가를 받으려고 합니다. 이는 우리 경제 시스템이 직면하고 있는 큰 문제라고 생각합니다.

이 나라는 개척자들에 의해 세워졌습니다. 기회가 왔을 때 놓치지 않고 자신만의 신념을 가지고 적극적으로 미래를 개척한 용감하고 두려움 없었던 개척자들 말입니다. 저는 성공철학을 통해 미국을 건국한 바로 그 정신을 다시 한 번 되살리고자 합니다.

세 번째 원칙은 마스터 마인드입니다.

'마스터 마인드Master Mind'란 하나의 명확한 목표를 달성하기 위해 여러 재능이 모여 완벽한 조화를 이루면서 함께 일하는 것을 말합니다. 하나의 분명한 목표를 가지고 함께 일하는 조직은 많습니다. 하지만 여기서 가장 중요한 것은 '완벽한 조화'입니다. 완벽한 조화가 없는 마스터 마인드는 단순한 협력에 불과합니다.

네 번째는 신념의 적용입니다.

여러분께서 너무나도 잘 알고 계실 거라 믿기에 더 이상의 설명은 하지 않겠습니다. 다만 제가 말하는 것은 신학적인 신념, 즉 신앙 그 이상의 신념이라는 것을 기억하시기 바랍니다.

다섯 번째 원칙은 자기 단련입니다.

여섯 번째 원칙은 우주 습관의 힘Cosmic Habitforce입니다.

'우주 습관의 힘'이란 모든 자연법칙을 지배하고, 모든 습관을 만들어 내는 힘입니다. 인간이 가진 독특한 점은 지구상에서 우주 습관의 힘을 이겨내는 유일한 존재라는 것입니다. 이를 통해 인간은 자신이 원하는 자신만의 습관들을 만들어 냅니다. 지구상의 다른 모든 생명체는 인간보다 지능이 낮고, 자신이 가지고 태어난 습성과 습관을 버리지 못합니다. 이것을 '본능'이라고 하지요. 하지만 인간은 자신만의 습관을 만들어 낼 수 있고, 자신의 운명을 개척할 수 있습니다. 즉 인간은 자신의 미래를 만들어 나갈 수 있는 존재라는 것입니다.

또한 인간은 자신의 직업도 만들어 낼 수 있습니다. 『급여를 올리는 법How to Raise Your Own Salary』이라는 책을 읽어 보시면 제목이 결코 과장이 아니라는 걸 확인할 수 있을 것입니다. 인간이 이루어 낼 수 있는 것들에 비하면 그 정도는 오히려 소극적인 표현이라고 할 수 있지요. 제가 이 책을 언급하는 이유는 거기에서 제시하는 내용을 따르면, 자신의 급여를 높일 수 있을 뿐만 아니라 인생에서 원하는 모든 바를 이룰 수 있기 때문입니다.

지금이야말로 이 나라의 모든 사람들이 자신 안에 있는 내면의 힘을 깨닫고 두려움과 좌절감을 떨쳐 낼 때입니다. 너무나 많은 사람들이 아직도 대공황의 두려움에 떨고 있습니다. 또 다른 대공황, 또 다른 세계전쟁이 일어날지 모른다며 전전긍긍하고 있습니다. 하지만 이제는 우리 안에 내재된 내면의 힘을 모아 하나의 명확한 목표, 원대하고 훌륭한 목표를 세워야 합니다. 더 이상 두려움에 빠져 허우적대서는 안 됩니다.

우리 인간의 이상한 점 하나를 이야기해 볼까 합니다.

우리들은 태어나고 성장하면서 고통과 실패를 반복하며 보내고 있다는 점입니다. 자신이 원하는 것을 얻는 것이 손바닥을 뒤

3. 기적을 만드는 사람

집는 것처럼 쉬운 일이라는 걸 알지 못한 채, 원하는 것을 얻지 못하며 살아갑니다. 자신이 생각하는 대로 이루어진다는 사실을 깨닫지 못하고 있는 것이죠. 가난과 실패와 패배를 계속 생각하면 여러분의 인생은 가난과 실패와 패배로 얼룩질 것입니다. 하지만 성공과 성취와 부유함에 대해 계속 생각한다면, 여러분은 그것을 얻게 될 것입니다.

심리적, 정신적인 면역

제 인생에서 가장 힘들었던 시기는 1908년부터 1928년까지 20년간 계속되었습니다. 그 20년은 끊임없이 "넌 실패할 거야!", "그건 절대로 이룰 수 없는 꿈이야!", "죽기 전에 끝내지 못할 거야!"라고 말하는 사람들에 맞서 심리적, 정신적 면역력을 키워야만 하는 시기였습니다. 적어도 내 에너지의 절반은 내 인생의 실패를 예상하는 사람들과 맞서 싸우는데 써야만 했습니다.

몇 년 전, 제 생일에 제자들이 돈을 모아 꽤 큰 사전 한 권을 선물해 준 적이 있습니다. 학생들이 나를 단상으로 불러내 선물을 건네더군요. 그때 저는 작은 주머니칼을 꺼낸 후, 이렇게 말했습니다.

"여러분, 선물은 감사히 잘 받겠습니다. 하지만 이 안에 있는 단어 하나 때문에 이 선물을 받을 수 없습니다. 그건 내가 개인적으로 아주 싫어하는 단어거든요."

그러고는 '불가능impossible'이라는 단어를 찾아 도려냈습니다.

그리고 말했습니다.

"이제야 선물을 받을 수 있겠군요. 하지만 앞으로도 '불가능'이라는 단어가 포함된 책은 받지 않겠습니다. 왜냐하면 살아오면서 불가능이 가능으로 바뀌는 일들을 너무 많이 봐 왔기 때문입니다."

여기 계신 분들 중 라디오 진행자 얼 나이팅게일Earl Nightingale의 프로그램에 대해 알고 계시는 분이 있을지 모르겠네요. 몇 분이나 계신가요? 얼은 여기에도 친구들이 많군요.

1년 전에 얼 나이팅게일이 저를 찾아왔는데, 시카고에 살면서 이보다 더 즐거운 만남은 없었습니다. 그는 나와 마주앉아 내 성공철학이 자기 삶에 얼마나 극적인 변화를 가져왔는지에 대해 말해 주었습니다.

얼은 평범한 수입을 올리는 자영업자였는데, 사업이 생각만큼 잘 되지 않아 굉장히 의기소침한 상태였다고 합니다. 바로 그때 누군가가 제가 쓴 책을 건네주었다고 합니다. 책을 받아든 얼은 침대로 가서 책을 읽다 불현 듯이 어떤 깨달음을 얻었다고 합니다. 그러고는 큰 소리로 아내를 불렀다고 합니다.

"여보, 드디어 찾았소!"

얼의 아내는 무슨 일이 생긴 줄 알고 급히 침실로 뛰어 들어가 도대체 뭘 찾았느냐고 물었고, 얼은 이렇게 말했다고 합니다.

"내가 오랫동안 찾으려고 했던 걸 찾은 것 같아요. 나와 성공 사이를 가로막고 있던 그 뭔가를 말이오. 당장 내일부터 나폴레온 힐의 가르침을 시험해 보기로 결심했소. 1주일 안에 수입을 두 배로 늘리기로 말이오."

얼은 눈을 크게 뜨고 저를 바라보면서 이렇게 말했습니다.

"믿으실지 모르지만, 그때의 결심은 내가 한 일 중에서 가장 쉬운 일이었습니다. 내가 원하는 것을 정하고 간절히 기도했어요. 그랬더니 그것이 이루어졌습니다."

그는 말을 이어갔습니다.

"사실 처음엔 조금 두려웠습니다. 바로 결과가 나타난 것이 말이죠. 그래서 조금 기다렸다가 다른 목표를 또 시험해 보았습니다. 역시 그것도 이루어지더군요."

이제 얼은 수입을 걱정할 필요가 없습니다. 사업이 꽤 잘 되고 있거든요. 그가 원하는 최고 성과를 내고 있어요. 그는 그 무엇보다도 대단한 자기 자신, 즉 진정한 얼 나이팅게일을 발견하게 된 것입니다. 그는 자신이 두려워하는 것에 집중하지 않고, 원하는 목표를 이루는 것에 집중하고 노력했습니다.

여러분, 이것이야말로 우리 모두에게 필요한 태도가 아닐까요? 우리에겐 더 많은 지식도, 더 많은 교육도 필요하지 않습니다. 우리가 이미 가지고 있는 것을 잘 활용하는 것이야말로 지금 우리에게 가장 필요한 것입니다.

여러분에게는 이미 내재된 힘이 있습니다. 그 힘을 받아들이고 활용한다면, 여러분이 선택한 어떤 분야에서든 뛰어난 성과를 거둘 수 있습니다. 우리가 두 개의 봉인된 봉투를 가지고 세상에 태어난다는 사실을 알고 있습니까? 한 봉투에는 내면의 힘을 최대한 활용할 수 있을 때, 우리가 누릴 수 있는 부와 혜택들이 적혀 있는 목록이 들어 있습니다. 다른 봉투에는 여러분이 이를 무시하고 활용하지 않을 때 치러야 하는 무시무시한 대가가 적혀 있습니다. 만약 절대자가 생각이 가진 심오하고 놀라운 힘을 최대한 활용하길 바라지 않았다면, 애초부터 우리에게 그런 선물을 주지 않았을 것입니다. 제가 만들어 낸 말이라고 자랑하고 싶을 정도로 훌륭한 어느 철학자의 말을 인용해 보겠습니다.

"무엇을 가졌더라도 활용하지 못하면 무용지물일 뿐이다."

이 말은 모든 것에 적용할 수 있는 말이지만, 특히 생각의 힘에 적용할 수 있는 말입니다. 생각의 힘을 활용하지 못하면 자기 안에 내재된 힘을 잃어버리고 말 것입니다.

40년 전, 이곳 시카고에 자리를 잡고 나서 10년째 되던 해에 라살 대학교 La Salle Extension University에서 홍보 담당자로 일하게 되었습니다. 일을 시작하고 3개월쯤 지났을 때, 학교가 많은 빚을 지고 있어서 가진 돈이 하나도 없다는 사실을 알게 되었습니다. 그래서 급여 수표를 받을 때마다 잔고가 없어 출금이 안 될까 봐 다른 사람보다 먼저 은행으로 달려가서 확인하곤 했습니다. 상당히 번거로운 일이었죠. 그렇게 어느 정도 시간이 지나고 문득 카네기 씨의 말이 떠올랐습니다.

"문제가 있으면 그것을 여러 개의 작은 부분으로 나눠서 하나씩 해결해 나가면 된다네."

그래서 라살 대학교의 수입과 지출을 하나하나 분석해 보았습니다. 그 결과 문제가 무엇인지 알아 낼 수 있었습니다. 등록금 부서 담당자가 등록금을 제때 납부하지 못하는 학생들을 협박하거나 행정적 불이익을 주고 있었는데, 이에 반발한 학생들이 등록금을 제때 내지 않고 있었던 것입니다.

결국 이런 사실을 학교 경영진에 보고하여 담당자를 다른 곳으로 이직시켰습니다. 과정이 쉽지는 않았지만, 어쨌든 기존 담당자를 내보내고 학생들에게 평판이 좋은 교직원을 임명했습니다. 또한 두 가지 해결 방안을 도입하여 라살 대학을 최고의 대학 중 하나로 만들었습니다.

첫째로, 학교에 반발하던 학생들에게 학교 주식 8%를 매각해서 주주가 되도록 했습니다. 둘째로, 그 학생들을 학교 홍보대사로 임명했습니다. 그 결과 학생들은 등록금을 제때 납부하게 되었고, 친구들에게 학교를 적극적으로 홍보했습니다. 당연한 결과지만, 그 후 라살 대학은 5년간 전무후무한 성장세를 보여 지역 사회를 깜짝놀라게 했습니다. 만약 제가 카네기 씨에게 배우지 못했더라면 라살 대학의 본질적인 문제를 파악하지 못했을 것이고, 문제를 세부적으로 나누어 해결하지도 못했을 것입니다.

성공철학의 실제적인 활용 사례를 보여주는 이야기를 하나 더 소개하겠습니다.

아내와의 결혼을 위해 웨스트버지니아 주 럼버포트에 있는 처가를 방문했을 때의 일입니다. 그 당시에 저는 스물한 살이었고, 처가 식구들을 만난 적이 없었기 때문에 아내가 저를 소개하려고 데려간 것이지요. 길을 떠나기 전, 처가 식구들에게 좋은 인상을 주기 위해 정장 한 벌을 장만했습니다. 저와 아내는 럼버포트, 아니 럼버포트에서 4킬로미터 정도 떨어진 곳에 있는 헤이우드 역에 도착했을 때였습니다.

우리를 기다리고 있어야 할 마차는 보이지 않고, 세찬 비가 내리고 있었습니다. 마차가 오지 않았던 것이죠. 결국 우리는 큰 짐 가방 두 개를 끌면서 빗속을 걸어야 했습니다. 처가에 도착했을 때, 말쑥했던 정장과 함께 제 기분은 엉망진창이 되고 말았습니다.

결과적으로 이 사건은 저에게 행운의 선물이 되었습니다. 왜냐하면 이 일을 계기로 1백만 달러 이상의 가치를 얻는 결과를 만들어 냈기 때문입니다. 그리고 더 놀라운 건 카네기 씨로부터 가르침을 받은 지 6개월도 안 돼서 그의 성공철학을 효과적으로 활용할 수 있었다는 점입니다.

처가에 도착하자마자 처남에게 이렇게 말했습니다.

"열차 회사에 제안해서 철도를 건설하는 게 어떨까요? 그러면 여기까지 오려고 진흙탕 위를 걷지 않아도 될 텐데요."

처남은 모노가헬라 강 때문에 불가능하다고 말하더군요. 10년이 넘도록 철로를 연장하려고 시도했지만, 실패했다고 합니다. 그래서 이렇게 말했습니다.

"10년이라고요? 제가 6개월 안에 가능하도록 만들어 볼게요."

그러자 처가 식구 중 한 사람이 이렇게 말하더군요.

"대단한 사위가 들어오셨군. 안 그래?"

비가 그친 후 처남과 함께 문제의 강으로 나가 보았습니다. 강을 가로지르는 다리를 짓는 데만 10만 달러가 필요한데, 그건 열차 회사가 전체 프로젝트에 투입할 비용보다 많을 거라고 하더군요. 그 얘기를 듣고는 어떻게 하면 몇 분 전으로 돌아가 내가 한 말을 거두어 들일 수 있을지 궁리하며 방정맞은 제 혀를 탓했습니다.

여러분이 이해할 수 있도록 그 강에 대해 설명을 드리자면, 강둑 높이는 대략 30미터 정도였습니다. 강둑 아래로 마을길이 지그재그로 나 있었는데, 낡고 허름한 다리가 놓여 있었습니다. 그리고 강둑 위와 옆으로는 10여 개의 열차 변경로가 교차하고 있었습니다. B&O 철도 회사의 열차가 오갔고, 석탄 열차가 지나는 곳이었습니다.

망연자실한 채 강을 내려다보던 저에게 위급할 때마다 나타나는 그분이 나타나셨습니다. 나 혼자 해결하기 어려운 문제에 직면할 때마다 나를 돕기 위해 나타나는 과묵한 절대자 그분 말입니다. 내 귀에 대고 이렇게 속삭이더군요.

'저기 농사꾼이 보이는가? 저 농부는 석탄 열차가 멈추고 고속

도로가 뚫리길 바라고 있어.'

그렇습니다. 석탄 열차가 고속도로를 막고 있었던 것입니다. 저는 속으로 대답했습니다.

'네, 보입니다. 그리고 해결책도 보이네요. 세 개의 각각 다른 주체가 다리와 도로를 원하고 있습니다. B&O 철도 회사는 철도 위로 나 있는 길을 없애버리고 싶어 합니다. 왜냐하면 사고라도 나면 많은 피해 보상을 해야 할 테니까요. 그건 다리를 놓는 것보다 훨씬 더 많은 비용이 들어갑니다. 마찬가지로 지방 공무원도 같은 이유로 시골길을 없애버리고 싶어 합니다. 열차 회사도 럼버포트에서 새로운 수익을 낼 수 있기 때문에 시골길을 없애고 다리를 놓고 싶어 할 겁니다.'

그로부터 1주일도 지나지 않아 저는 세 개의 주체, 즉 B&O 철도 회사, 지방 정부, 그리고 열차 건설사의 동의를 받아냈습니다. 약속했던 6개월이 지날 즈음, 저는 럼버포트까지 운행하는 최초의 열차를 타고 처가에 도착할 수 있었습니다.

1934년 말, 열차가 없어지고 버스가 그 자리를 대신하기 전에 마지막으로 그 열차를 타보았습니다.

풍부한 자원

카네기 씨는 제게 성공철학이 위급한 상황에서 힘을 발휘해 문제 해결에 필요한 능력을 발휘할 수 있는지를 가르쳐 주었습니다. 저는 이것이야말로 성공철학의 가장 큰 강점이라고 생각합니다. 여러분이 막막한 장벽에 부딪혔을 때, 할 수 있는 모든 것을 다 했을 때, 당신이 쓸 수 있는 모든 지식과 경험을 총동원했음에도 해결책이 나오지 않을 때 성공철학이 해결책을 찾을 수 있도록 여러분을 도울 것입니다. 저는 그런 사례를 수없이 목격했습니다.

라살 대학 홍보 담당자로 일을 시작하고 얼마 되지 않아 에드윈 C. 반즈 씨를 만났습니다. 그는 에디슨의 유일한 파트너였던 분입니다. 반즈 씨와 저는 쉐라톤 호텔에서 식사를 함께 하면서 에디슨에 관한 이야기를 나누고 있었습니다. 그는 자신과 에디슨의 관계에 대해 언급하면서 기차표 살 돈이 없어 화물 열차를 타고 뉴저지 주 웨스트 오렌지를 방문했던 이야기, 어떻게 해서 에디슨의 파트너가 될 수 있었는지, 5년이라는 긴 시간 동안 단순 노동만 하며 위대한 에디슨의 파트너가 될 기회만 기다렸던 이야기를 들려주었습니다. 그리고 또 다른 이야기를 시작했는데, 처음에는 단순한 자기 자랑이라고 생각했습니다. 그가 이렇게 말하더군요.

"저는 이제 꽤 잘 살고 있습니다. 1년에 1만2천 달러 이상을 벌고 있으니까요."

"1만2천 달러라고요?"

저는 놀라서 되물었습니다.

"위대한 에디슨의 파트너라면 최소한 5만 달러 이상은 벌었을 것 같은데요? 저는 그렇게 생각해요."

그러자 반즈 씨가 "도대체 어떻게요?"라고 묻더군요.

여러분은 누군가가 정확히 입증할 수 없는 말을 했을 때, '어떻게?'라는 반문이 가진 힘에 대해 생각해 본 적이 있습니까? '어떻게?'라는 말을 해 본 적이 있습니까? 적시에 누군가가 '어떻게요?'라고 물었을 때, 사람들이 얼마나 당황하는지 저는 자주 보았습니다. 저 역시 반즈 씨가 "도대체 어떻게요?"라고 말했을 때, 무척 당황했습니다. 하지만 저는 진지한 태도로 카네기 씨의 성공 철학을 적용해 보기로 했습니다. 먼저 반즈 씨에게 여러 가지 질문을 던졌습니다. 그리고 식사가 끝날 즈음에 반즈 씨의 수입을 늘릴 계획을 완성했습니다.

우선, 반즈 씨 회사의 모든 세일즈맨과 시카고를 포함한 인근 지역 내 모든 타자기 회사의 세일즈맨, 책상과 사무용품을 판매하는 세일즈맨들을 모아 교환국을 설치하라고 조언했습니다. 이 부서를 통해 고객이 반즈 씨 회사의 세일즈맨으로부터 녹음기를 구입할 때, 책상이나 기타 사무용품이 필요하다면 녹음기 세일즈맨은 교환국으로 전화를 걸어 사무용품 세일즈맨과 고객을 연결해 주는 것이죠. 그리고 같은 원리로 다른 세일즈맨들이 영업을 하다가 녹음기가 필요한 고객을 만나면 반즈 씨 회사의 세일즈맨과 연결해 주는 것입니다. 다시 말해, 반즈 씨는 150여 명 남짓한 세일즈맨을 데리고 추가비용 없이 잠재 고객을 확보할 수 있게 되는 것이었죠.

반즈 씨 사례는 모피 값이 폭등했던 1차 세계대전 당시, 고양이 사육장을 열었던 저의 독일 친구 사례와 비슷합니다. 그 친구는 사육장을 연지 얼마 되지 않아 문제에 직면하게 됩니다. 고양이 사료 값이 크게 오른 것이죠. 그러나 제 성공철학을 공유하고 있었고, 동시에 매우 구두쇠였던 그 친구는 고양이 사육장 옆에 쥐 사육장을 만들었습니다. 그러고는 고양이에게 쥐를 먹여 키웠고, 고양이 가죽을 벗긴 후에는 사체의 일부를 다시 쥐에게 먹였습니다.

비용이 전혀 들지 않는다는 점에서 반즈 씨에게 추천한 방법도 비슷했습니다. 제가 제안한 계획을 도입한 첫 해에 반즈 씨는 5만 달러 이상의 수입을 올렸고, 이듬해에는 10만 달러, 그리고 다음 해에는 15만 달러 이상의 수입을 올렸습니다. 그 이후에는 얼마나 벌었는지 모르지만, 엄청난 금액이었을 거라고 확신합니다. 요즘은 반즈 씨가 무엇을 하고 있는지 궁금하지 않나요? 작년 여름에 그를 만났는데, 억만장자 대부호가 되어 플로리다 주 브래든턴에 살고 있더군요. 그는 자신이 이룬 성공의 토대는 제가 연구 분석한 성공철학 덕분이었다고 말합니다.

많은 사람들이 말합니다. 지구상에 저보다 더 많이 성공한 사람들을 만들어 낸 사람은 없다고 말입니다. 정확한 수치가 없기 때문에 사실인지는 알 수 없습니다. 하지만 제가 살아오면서 도와 준 수많은 사람들을 보면 대부분은 무일푼으로 시작해서 백만장사가 되었고, 그중 일부는 백만장사는 아니지만 실질적으로 엄청난 성공을 거두었습니다. 이 사실만 보더라도 박애주의자였던 카네기 씨의 가르침으로 시작된 제 성공철학이 현재를 살고 있는 사람들뿐만 아니라, 미래 세대에도 큰 도움이 될 거라고 확신합니다.

카네기 씨가 제게 성공철학을 완성해 보라고 제안했을 때, 그는 이렇게 말했습니다.

"어떤 피해도 주지 않는 선에서 내 재산을 나눠 줄 수 있는 방법을 찾는 즉시 내가 가진 모든 재산을 기부할 계획이라네."

그리고 여러분도 잘 아시다시피 그분은 정말로 그렇게 하셨습니다. 교육 사업에, 도서관에, 평화재단에, 그리고 다른 가능한 모든 곳에 재산을 기부했습니다. 그분은 그렇게 많은 훌륭한 일을 했음에도 불구하고 제게 이렇게 말했습니다.

"내가 이룬 가장 훌륭한 업적은 자네를 통해 내가 부를 쌓을 수 있었던 모든 노하우를 세상과 공유할 수 있게 되었다는 점일세. 나는 자네를 믿고 있으며, 언젠가 이 일을 완수해 낸다면 자네는 나보다 훨씬 더 큰 부를 거머쥐고 나보다 훨씬 더 많은 성공 신화를 만들어 낼 수 있을 걸세."

저는 카네기 씨의 과찬에 몸 둘 바를 몰랐습니다. 그리고 이런 생각을 했습니다.

'카네기 씨는 내게 한 번도 칭찬을 해 준 적이 없어. 그리고 그분의 말씀 중 현실로 이루어지지 않은 건 없었지. 하지만 오늘

말씀은 예외가 될 수도 있겠군.'

하지만 카네기 씨의 말은 맞았습니다. 저는 이미 카네기 씨보다 몇 천배나 더 많은 성공 신화를 만들어 냈습니다. 그리고 여전히 성공 신화를 써 내려가고 있습니다.

심오한 사실과 진실

지난 20여 년 동안 성공철학을 연구해 오면서 몇 가지 심오한 사실과 진실들을 마주할 수 있었습니다. 그중 하나는 세상에 큰 위기가 닥치면 새로운 누군가가 나타나서 해결 방법을 제시한다는 것입니다. 링컨 대통령을 한 번 보십시오. 그분은 나라가 내전으로 산산조각 날 뻔 했을 때, 홀연히 우리 앞에 나타났습니다. 링컨 대통령 이전에는 조지 워싱턴 대통령이 있었습니다. 프랭클린 D. 루즈벨트 대통령도 사람들이 대공황의 공포에 떨면서 맡겨 둔 돈을 찾으려고 은행 앞에 줄을 섰을 때, 우리 앞에 나타났습니다.

가끔 긴 팔을 가진 운명의 손이 내 고향처럼 외진 곳에는 왜 팔을 뻗쳐 주지 않는지, 왜 가난과 미천함에서 꺼내 주지 않고 고통을 주는지, 왜 평생 동안 일할 수 있는 일자리를 주지 않는지 궁금하게 생각했습니다. 만약 그랬더라면 사람들은 절대자의 존재를 깨달았을 것입니다. 동시에 하느님이 부여하신 생각의 힘을 인지하고 적절히 사용할 때, 어떤 일이 일어날 수 있는지 분명한 교훈을 얻게 되었을 텐데 말입니다.

우리는 위대한 나라에 살고 있습니다. 정부에 반대하는 분들도 물론 계시겠지요. 하지만 현 정부 또는 과거나 미래의 어떤 정부에 대해, 예산을 집행하는 방식에 대해, 또는 정책에 대해 공적인 자리나 사적인 자리에서 비판할 수 있다고 해도 이 나라는 신이 만든 세상에서 가장 위대한 나라인 것만은 확실합니다.

1922년에 시카고를 떠났을 때는 「나폴레온 힐의 골든 룰 매거진」을 발행한 직후였습니다. 사실 시카고는 저에게 모든 실패와 좌절을 경험하게 한 곳입니다. 저는 이곳을 떠나면서 다시는 돌아오지 않겠다고 다짐했습니다. 여러분도 알다시피 이런 극단적인 다짐을 할 때는 주의해야 합니다. 언제 번복될지 모르니까요.

회사를 설립할 때, 본사를 시카고에 두고 싶지 않았습니다. 세계 어느 곳이라도 상관없지만, 시카고만은 아니었습니다. 하지만 지금은 시카고에서 행복합니다. 왜냐하면 나에게 인생의 기회를 준 곳은 이곳뿐이기 때문입니다. 누군가 나에게 이렇게 말한 적이 있습니다.

"신은 알 수 없는 방법으로 당신에게 놀라움을 보여주신다."

저는 이 말을 끊임없이, 그것도 매일 목격하고 있습니다. 만약 내가 전 세계를 떠돌며 스톤 씨만큼 나를 도울 수 있는 사람을 찾아야 했더라면, 아마 오늘과 같은 성공을 거둘 수는 없었을 것입니다. 하지만 스톤 씨를 찾아 헤맬 필요가 없었습니다. 그가

3. 기적을 만드는 사람

나를 찾아와 주었기 때문입니다.

여러분이 정말로 준비되어 있다면, 그 어떤 것도 받아들일 준비가 되어 있다면 나아갈 길은 직간접적으로 모습을 드러낼 것입니다. 여러분이 스승과 제자로 저와 관계를 맺고자 한다면, 그리고 진실로 그 관계를 받아들일 준비가 되어 있다면 오늘밤은 아마도 여러분 인생에서 가장 큰 전환점이 될 것입니다.

언젠가 로스앤젤레스를 방문했을 때, 강연이 끝난 후 한 남성이 제게 다가와 악수를 청하며 이렇게 말하더군요.

"힐 박사님, 박사님께서 쓴 책을 모두 읽어 보았습니다. 대부분 다 암기했고, 밑줄도 쳤죠. 중요한 부분은 메모해 두기도 했습니다. 그래서 질문이 하나 있습니다. 너무 언짢게 듣지 않으셨으면 합니다. 책에서 배운 것 말고 박사님 강연을 통해서만 배울 수 있는 것들은 무엇인가요?"

그 순간 뭐라고 답해야 할지 당황했지만, 제가 연구한 성공철학에서 돌파구를 찾기로 했습니다. 즉시 답이 떠오르더군요.

"대답해 드리죠. 책에는 없고 내 강연을 통해서만 얻을 수 있는 것은 바로 '나폴레온 힐'입니다. 당신은 나를 직접 보고 열정과 신념을 얻을 수 있습니다. 내 열정과 신념에는 강력한 전파력이 있습니다."

제 대답을 들은 그가 이렇게 말하더군요.

"제가 듣고 싶었던 대답이군요. 수강 신청을 하겠습니다."

어느덧 오늘 강연도 막바지에 다다랐습니다. 만약 여러분이 제 강연을 제대로 들으셨다면, 그 남자에게 해주었던 내 대답이 무슨 뜻인지 알 수 있을 것입니다. 여러분이 저의 신념과 열정의 원천을 파악하고, 저의 성공철학에 대해 믿음을 갖는다면 어떤 일을 하든, 어떤 것을 성취하고 싶든, 그 방법은 언제나 여러분을 향해 열려 있다는 사실을 알게 되실 것입니다.

감사합니다.

4

한 걸음 더 나아가라

: '무한 성공 클럽'에서의 강연

- 나폴레온 힐

Napoleon Hill's Greatest Speeches

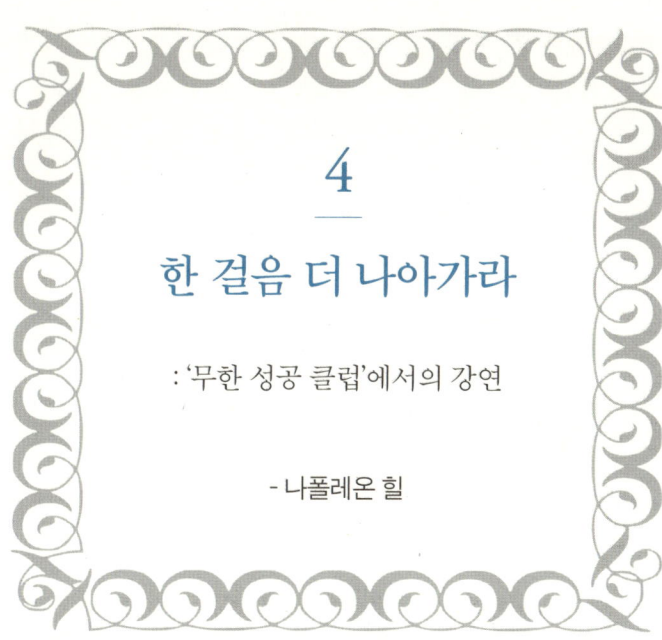

나폴레온 힐은 자신의 성공철학 중에서도 '한 걸음만 더 나아가라'는 원칙을 가장 크게 강조했으며, 이것이야말로 남들보다 먼저 더 많이 앞서나갈 수 있는 단 하나의 방법이라고 믿었다. 자연의 섭리 안에서 '수익 증가의 법칙'은 올바른 마음가짐으로 일할 때 노력에 상응하는 보상뿐만 아니라, 그것의 몇 배가 넘는 보상으로 돌아오는 방식으로 작용한다.

- (나폴레온 힐 재단 이사) 돈 M. 그린

Napoleon Hill

  사회자님, 무한 성공 클럽 회원 여러분, 이 자리에 참석해 주신 여러분, 그리고 라디오 청취자 여러분, 오늘 이야기할 주제는 '한 걸음 더 나아가라'는 원칙입니다. 우선 시작하기에 앞서 '한 걸음 더 나아간다'는 것이 정확히 무엇을 의미하는지 정의할 필요가 있을 것 같습니다. 이 원칙은 그동안 연구하고 분석한 성공철학의 큰 축으로서, '즐겁고 기쁜 마음으로 남들이 자신에게 기대하는 것보다 더 많이, 그리고 더 나은 서비스를 제공하라'는 뜻입니다.

  물론 여기 계신 분들은 무슨 의미인지 다 아실 거라 생각합니다. 이미 실천하고 있다고 믿으실 수도 있습니다. 하지만 정말로 그럴까요? 우리가 살고 있는 이 혼란한 시대가 안고 있는 문제점 중 하나는 대부분의 사람들이 '한 걸음 더 나아가는 것'은 차치하고, 마땅히 해야 할 제 몫조차 하지 않는다는 데 있습니다.

  저의 성공철학 원칙들 중에서도 '내가 무엇으로 보상받을 것인가?'에 대해 생각하지 않고, 다른 사람을 돕는 것만큼 가장 빨리, 가장 멀리, 가장 확실하게 다른 사람들보다 우위에 서는 방법은 없습니다. 다만 기억할 것은 이를 실행하면서 어떤 태도로 임하느냐가 매우 중요합니다.

지난번에 이 주제로 강연했을 때, 연필 두 자루를 깎아 1만2천 달러를 번 남자 이야기를 해 드리겠다고 약속했는데, 지금 그 이야기를 들려 드릴까 합니다.

연필 두 자루를 깎아서 1만2천 달러를 벌었다는 것은 굉장히 성공적인 거래라고 생각하실 것입니다. 이 이야기는 꽤 오래 전에 '캐롤 다운스'라는 남자에게 일어난 일입니다. 훗날 그는 제너럴모터스 창업주가 되었는데, 당시는 '듀란트모터스'라는 회사를 운영하던 윌리엄 C. 듀란트 씨 밑에서 일하고 있었습니다.

듀란트 씨가 이용하던 뉴욕의 한 은행 창구에서 일하던 직원이 바로 다운스 씨였습니다. 그날은 모든 은행 업무가 종료되어 이미 문이 닫힌 어느 토요일 오후였습니다. 그런데 몇 분 후 듀란트 씨가 꽤 큰 금액의 수표를 현금화하기 위해 은행을 방문합니다. 하지만 은행 문은 이미 닫혀 있었고, 듀란트 씨는 동전 하나를 꺼내 문을 두드렸습니다. 그때 나온 사람이 바로 다운스 씨였죠. 그는 듀란트 씨를 확인하고 문을 열어 안으로 들어오게 했습니다. 그러고는 이렇게 말했죠.

"듀란트 씨, 은행 문은 닫았지만 아직 금고는 열려 있습니다. 제가 처리해 드리죠."

다운스 씨는 규정에 따라 거절해도 되는 사안이었지만, 문을 열고 듀란트 씨의 요청을 들어주었습니다. 게다가 귀찮은 내색을 하지 않고 친절히 응대했다고 합니다. 그의 긍정적인 태도는 듀란트 씨에게 깊은 인상을 남겼죠. 듀란트 시가 볼일을 보고 나가는 길에 이렇게 말했다고 합니다.

"이야기를 나눠 보고 싶은데, 다음 주 수요일 오전에 내 사무실로 방문해 줄 수 있겠소?"

약속한 날에 캐롤 다운스 씨가 방문했을 때, 듀란트 씨는 이렇게 말했습니다.

"오래 전부터 은행에서 일하는 당신을 지켜봤어요. 굉장히 예의바른 분이더군요. 늘 즐거운 마음으로 남들보다 더 봉사하는 모습이 인상 깊었어요. 은행에서 일하는 것보다 더 좋은 기회를 드리고 싶은데, 어떤가요? 우리 회사로 와서 함께 일해 보지 않겠소?"

그러자 다운스 씨는 이렇게 대답했습니다.

"더할 나위 없이 기쁜 마음으로 받아들이겠습니다. 저 역시 사장님이 일하시는 방식을 오랫동안 지켜 봐왔고, 존경해 왔습니다."

이렇게 해서 다운스 씨는 듀란트 씨 회사에서 일하기로 했습니다. 하지만 급여에 대해서는 어떤 이야기도 오가지 않았습니다.

언제 어디서든
최선을 다하는 태도

다운스 씨가 듀란트 씨 회사로 첫 출근한 날이었습니다. 오후 5시가 되자 큰 종이 울렸고, 100명 남짓한 직원들은 앞 다투어 퇴근했습니다. 모두가 한꺼번에 엘리베이터 앞으로 달려 나갔습니다. 많은 인파에 놀란 다운스 씨는 자리에 좀 더 앉아 있기로 했습니다. 직원들이 모두 퇴근한 후, 다운스 씨는 곰곰이 생각해 보았습니다.

'듀란트 씨처럼 훌륭한 분 밑에서 일하는 사람들이 왜 퇴근 종이 울리자마자 저리도 급히 빠져나가려는 걸까?'

이런 생각을 하고 있는 와중에 듀란트 씨가 다가왔습니다.

"우리 회사는 5시에 퇴근한다고 알려 주지 않던가요?"

"네, 물론 알고 있습니다. 하지만 제가 방금 본 광경에 대해 생각하고 있었습니다. 퇴근 종이 울리자마자 너나 할 것 없이 뛰쳐나가더군요. 사람이 너무 몰려서 조금 기다리고 있었습니다. 혹시 저에게 부탁하실 일이 있으면 말씀해 주시죠?"

듀란트 씨는 밝은 미소를 지으며 이렇게 말했습니다.

"아, 그렇다면 연필 한 자루만 가져다주겠나?"

다운스 씨는 즉시 비품실로 가서 연필 한 자루가 아닌, 두 자루를 꺼내 와 정성스럽게 깎았습니다. 듀란트 씨에게 연필을 건네고 돌아설 때, 듀란트 씨가 자신을 특별하게 쳐다보고 있다는 사실을 알아차렸습니다.

그리고 바로 그때, 다운스 씨는 깨달았습니다. 듀란트 씨가 한 자루를 달라고 했을 때, 두 자루를 가져다 준 것이 그의 관심을 끌었다는 사실을 말입니다. 그리고 즉시 결심했다고 합니다. 앞으로 퇴근 시간이 몇 시이던 간에 듀란트 씨가 자리를 뜰 때까지는 자신도 퇴근하지 않겠노라고 말입니다. 다운스 씨는 내게 이렇게 말했습니다.

"듀란트 씨에게 필요한 일이 생겼을 때, 그게 연필이 되었든 다른 무엇이 되었든 부를 사람이 저밖에 없길 바랐습니다. 다른 사람들은 모두 퇴근한 후이니까요."

이 부분에서 한 번 묻고 싶습니다. 여러분 주위에 상사가 시킬 일을 수행하기 위해 퇴근 시간 후에도 자리에 남아 있는 사람이 얼마나 있나요? 그런 사람을 몇 명이나 알고 있나요?

다운스 씨가 일을 시작하고 5개월이 지날 무렵, 연봉이 정해졌습니다. 그렇게 많지도 않고 적지도 않은 액수였지요. 그리고 어느 날, 듀란트 씨는 다운스 씨를 불러 이렇게 말합니다.

"이보게, 뉴저지에 자동차 공장을 새로 짓기로 했다네. 조립 공장이지. 자네가 설립 계획서를 가져가서 기계들을 어디에 어떻게 배치할지 감독하게. 기계는 월요일에 설치하게 될 걸세. 할 수 있겠나?"

순진하게도 다운스 씨는 할 수 있다고 대답했습니다. 그는 설립 계획서를 들고 와서 한참을 들여다봤지만, 도무지 뭐가 뭔지

4. 한 걸음 더 나아가라

알 수가 없었습니다. 당연하지 않습니까? 은행원 출신이 무슨 방법으로 공장 설립 계획서를 볼 수 있겠습니까? 이때 다운스 씨는 남들이 생각하지 못한 것을 떠올리게 됩니다. 한 걸음 더 나아가는 습관을 갖지 못한 사람들은 절대로 생각해낼 수 없는 바로 그런 일이었습니다. 그는 스스로에게 말했습니다.

'듀란트 씨는 내게 이 일을 맡겼고, 나는 할 수 있다고 했어. 나는 할 수 없지만, 할 수 있는 누군가를 찾을 수는 있을 거야.'

그는 곧바로 일에 착수한 뒤, 자신을 도울 엔지니어를 고용했습니다. 게다가 듀란트 씨가 3주 이상 걸릴 거라고 했던 일을 다운스 씨는 2주 만에 끝내고 뉴욕 사무실에 보고했습니다. 그리고 뉴욕 사무실로 돌아오자마자 듀란트 씨와 미팅을 하게 되었습니다. 미팅에서 듀란트 씨는 이렇게 말했습니다.

"다운스, 뉴저지 공장에 가 있는 동안 자네 자리는 사라졌네."

"네? 무슨 말씀이신지? 제가 해고되었다는 말씀인가요?"

"음, 해고라고 할 수는 없지만 자네 일자리는 사라졌네. 가서 책상부터 치우게."

"제가 무슨 실수라도 한 건가요? 지시 사항을 잘 처리하고 돌아왔는데 갑자기 일자리가 없어졌다니······. 이유라도 말씀해 주십시오."

그러자 듀란트 씨가 대답했습니다.

"자네 자리에 개인 사무실을 새로 만들었다네. 사무실 문에는 자네를 대신할 사람의 이름이 붙어 있을 걸세. 가서 물건을 챙기고 책상을 치우게."

다운스 씨가 사무실 앞에 도착해서 보니, 문에 '캐롤 다운스 부사장'이라고 쓰인 명패가 붙어 있었습니다. 그는 곧장 듀란트 씨에게 달려가서 어찌된 영문인지 물었습니다. 그러자 듀란트 씨는 이렇게 말했습니다.

"자네는 오늘부터 부사장일세. 연봉도 5만 달러로 올렸다네."

여러분, 상상이 되나요? 해고된 줄만 알았다가 연봉 5만 달러의 부사장이 된 다운스 씨의 기분을 말입니다. 듀란트 씨는 그에게 월가의 뛰어난 펀드 매니저들을 소개해 주었고, 다운스 씨는 주식과 채권 거래를 통해 이후 5년 동안 1천2백만 달러를 벌게 됩니다.

이 모든 것은 보통 사람들은 눈치 채지 못하고 알지도 못했을 아주 사소한 일에서 비롯되었습니다. 한 젊은이가 업무 시간이 끝났음에도 불구하고 은행 문을 열어 기쁜 마음으로 고객을 맞이한 바로 그 순간에 시작된 것입니다. 여러분께 한 가지만 말씀드리겠습니다.

> **❝** 어떤 직종에 있든, 무슨 일을 하든,
> 어떤 목적을 가지고 있든, 한 걸음 더 나아가는 습관,
> 언제 어디서든 최선을 다하는 습관을 기르지 못하면
> 성공은 늘 먼 곳에서 아른거릴 뿐이다. **❞**

지금으로부터 40년 전, 조지타운 법대를 중퇴하고 철강왕 앤드류 카네기와 처음으로 인터뷰를 했습니다. 인터뷰가 진행되던 3일에 걸쳐 카네기 씨는 제게 개인의 성공철학을 연구하라는 제안을 했고, 저는 그의 제안을 받아들였습니다. 그때부터 성공철학 연구를 시작했고, 카네기 씨의 위대한 철학을 가까이서 들을 수 있었습니다. 또한 그분 소개로 수많은 성공한 사람들을 만날 기회도 얻었습니다. 하지만 그분은 한 가지 조건을 내걸었습니다. 그것은 바로 내 임무를 완수하기까지 20년 동안 어떤 보수도 지급하지 않는다는 것이었습니다.

3일 후, 집으로 돌아와 동생에게 카네기 씨와 있었던 일을 이야기하자 동생은 이렇게 말하더군요.

"나는 지금까지 형이 미친 건 아닐까 생각해 왔어. 그런데 오늘 보니 의심할 필요가 없어졌어. 형은 정말로 미쳤으니까. 완전히 돌았다고. 세상에서 가장 부자인 사람을 위해 20년 동안 무보수로 일한다고? 어쩌려고 그래? 돈이 없으면 뭘 먹고 살 거야?"

저는 1908년부터 카네기 씨와 함께 일했습니다. 그리고 그 일은 20년 후인 1928년에 끝났습니다. 카네기 씨는 20년 동안 내게 한 번도 급여를 주지 않았습니다. 이제부터는 그분을 위해 일했던 20년 동안, 제가 무엇을 얻게 되었는지 말씀드리겠습니다.

먼저 현재까지 6천5백만 명이 내 책을 사서 읽었습니다. 『생각하라 그러면 부자가 되리라』를 출판해서 3백만 달러 이상의 돈을 벌었고, 앞으로도 많은 수익이 예상됩니다. 미국뿐만 아니라 해외에서도 내 책들이 출판되고 있습니다. 최근에는 『무한 성공』이라는 신간을 집필했는데, 이 책 역시 엄청난 인기를 얻을 것으로 기대하고 있습니다. 지난 20년 동안 한 걸음 더 나아가는 원칙을 꾸준히 실천한 결과, 글을 써서 저와 처가 집안을 통틀어 다섯 세대가 모은 돈보다 더 많은 부를 쌓았습니다. 참으로 놀라운 일 아닙니까?

카네기 씨가 제안했던 일에 처음 착수했을 때, '철학'이라는 단어조차 생소했던 저는 도서관에 가서 단어의 의미를 찾아봐야 했습니다. 그러나 지난 20년 동안 연구하면서 철학이 무엇인지 충분히 이해했을 뿐만 아니라, 전 세계 모든 사람들에게 혜택을 가져다 줄 철학을 집대성할 수 있었습니다.

누군가가 저의 정립한 공철학을 실천하여 성공한 사람들, 즉 내 책을 읽고 성공을 일궈 낸 모든 사람들의 금전적 성공을 측정해 보았다고 합니다. 영적인 성공과 그 밖의 성과들은 차치하고, 제 가르침에 영향을 받고 벌게 된 금액만을 합산해 보았다고 합니다. 그의 조사에 따르면, 사람들이 번 돈을 모두 합치면 최소한 시간 동안은 미국 연방정부를 운영할 수 있는 돈이라고 합니다. 내 생각에는 조금 과소평가된 것이 아닌가 하는데, 여러분은 어떻게 생각하세요?

작년 여름에 동생과 점심을 함께 했습니다. 동생은 워싱턴에서 가장 좋은 식당으로 저를 데려갔습니다. 단 한 번도 그런 적이 없었기 때문에 이상하다 생각했습니다. 동생은 늘 구내식당

같은 곳으로만 데려가곤 했거든요. 물론 계산은 항상 제가 했습니다. 그래서 동생의 행동이 이상하다고 생각했던 거죠. 동생은 나와 아내를 위해 근사한 테이블을 예약해 두었더군요. 테이블 위에는 커다란 꽃병도 놓여 있었습니다.

"이게 다 뭐야? 무슨 일 있어?"

저는 놀란 눈으로 동생을 바라보며 물었습니다. 동생은 조용히 자리에서 일어나더니 이렇게 말했습니다.

"형, 그리고 형수님. 할 얘기가 있어요. 40년 전에 내가 형에게 심각한 표정으로 정신과 상담을 받아보라고 권한 적이 있는데, 기억 나? 형이 20년 동안 무보수로 카네기 씨를 위해 일한다고 했을 때, 형은 미친 게 틀림없다면서 제발 검사를 받아보라고 했었잖아. 이제 그 말을 취소할게. 오히려 나 자신에게 했어야 할 말이었어. 정신과 검사가 필요한 사람은 나였던 것 같아."

동생은 내 책 『생각하라 그러면 부자가 되리라』로 우리 조상들이 번 돈을 모두 합친 것보다 더 많은 돈을 벌었다는 사실을 알게 되었고, 그래서 그런 말을 했던 것이죠. 제가 인생을 살면서 남들보다 앞서기 위해 여러 가지 일들을 할 수도 있었습니다. 하지만 한 가지만 말씀드리겠습니다.

제가 일궈 낸 그 어떤 성과도, 앞으로 성취하고 싶은 그 어떤 것도 '남들보다 한 걸음 더 나아가는' 원칙을 믿고, 그것을 습관처럼 실천하는 정신적 태도와 의지가 없었다면 불가능했을 거라는 점입니다. '남들보다 한 걸음 더 나아가는 원칙'은 여러분이 할 수 있는 그 어떤 노력보다도 여러분의 인생이 앞서 나갈 수 있도록 도와 줄 것입니다.

질과 양, 그리고 마음가짐

여러분께 공식 하나를 알려 드리겠습니다. 지금 필기하시는 분들은 이 부분을 놓치지 마시고 꼭 메모하시기 바랍니다.

나는 이 공식을 'QQMA 공식'이라고 부릅니다. 'Q + Q + MA'는 여러분이 인생을 살면서 받는 보상의 양을 뜻입니다. 첫 번째 Q는 퀄리티Quality, 즉 여러분이 제공하는 상품이나 서비스의 질을 말합니다. 두 번째 Q는 퀀티티Quantity, 즉 여러분이 제공하는 상품이나 서비스의 양을 뜻하고, MA는 정신 자세Mental Attitude, 즉 상품이나 서비스를 제공하는 마음가짐을 뜻합니다. 이 세 가지를 합한 것이 바로 여러분이 남들에게 제공하고 받는 보상의 양입니다.

여기서 말하는 보상은 급여나 통장의 잔고처럼 금전적인 것만을 뜻하지 않습니다. 여러분이 세상을 살아갈 때 꼭 필요한 여러 가지를 뜻합니다. 즉 마음의 평화, 여러분이 자기 자신과 맺고 있는 관계, 그리고 다른 사람과 맺고 있는 관계를 어떻게 이해하고 어떻게 조화를 이루고 있는가 하는 것들이 모두 포함됩니다. 사실 인생에서 이런 가치들이 돈보다 훨씬 더 중요합니다.

'한 걸음 더 나아가는' 원칙의 가장 뛰어난 점 중의 하나는 그것을 실천하는 데는 단지 여러분의 결정만 필요하다는 것입니다. 그 누구의 허락도 필요 없습니다. 여러분은 그저 자신이 결정한 것을 실행에 옮기기만 하면 되는 것이지요. 여러분이 속한 조직에서 주는 보수보다 더 많은 일을 해 달라고 할 수도 있습니다. 하지만 자신이 스스로 생각하고 선택할 능력이 있고, 과거에 성공한 모든 사람들을 본받으려고 최선을 다하는 것에는 그만큼의 가치가 있다는 사실을 깨닫게 될 것입니다.

어떤 일을 하든 올바른 마음가짐으로 최선을 다하세요. 이 원칙을 실천하다 보면 '증가하는 수익의 법칙'이 실제로 일어나는 것을 목격하게 될 것입니다. 즉 여러분이 제공하는 최선의 서비스는 그만큼의 보상을 가져다 줄 뿐만 아니라, 예상치 못한 곳에서도 보상이 생길 수 있다는 뜻입니다.

모든 자연의 법칙에는 보상과 벌이 함께 내재되어 있습니다. 그렇다면 이 원칙을 적용하지 않았을 때, 어떤 벌을 받게 될까요? 벌은 바로 '수익 감소의 법칙'이 작용한다는 것입니다. 즉 여러분의 수익이 감소하게 된다는 뜻이지요. 결국에는 일한만큼 돈을 받지 못할 뿐만 아니라, 직장에서 쫓겨날 수도 있다는 것입니다. 그런 일이 실제로 일어나는 것을 자주 목격했으니까요.

물론 이 시대를 사는 많은 사람들이 일한 만큼 그에 상응하는 보수를 받지 못하는 것에 대해 많은 불만이 있다는 것도 잘 알고 있습니다. 만약 여러분이 그런 상황에 처해 있다면, 자신의 노력을 조금 더 알리세요. 예를 들어 어떤 회사에서 보수보다 더 많은 일을 하고 있다고 칩시다. 자신이 최선을 다해 얼마나 열심히 일하고 있는지, 익명으로 서신을 보내 경쟁사 사장이 알 수 있도록 해보세요. 의외로 좋은 결과를 가져올 수 있습니다.

받는 보수보다 더 많은 일을 하면서 자신의 노력을 다른 사람이 모르는 것이 당연하다고 생각하지 마세요. 그렇게 생각하면 평생토록 가난에서 벗어나지 못합니다. 다른 사람들이 자신의 노력을 알 수 있도록 해야 합니다.

카네기 씨가 맡긴 일을 모두 끝냈을 때, 그가 이렇게 말했습니다.

"그 결과물을 가지고 세상으로 나가 각기 다른 언어를 사용하는 모든 사람들에게 인생과 성공의 철학에 대해 알리게. 동시에 자네 스스로 이 철학의 효과성을 입증하게. 자네 인생으로 입증하지 못하면, 자네의 일은 끝난 게 아닐세."

여기 계신 빌 로빈슨 씨만큼이나 나를 잘 아는 사람들은 제가 성공철학을 적용함으로써 상상할 수 있는 모든 보상을 받았고, 원하는 모든 것을 얻었다는 사실을 잘 알 것입니다. 물론 제 수명을 50년 정도 더 늘릴 수 있다면 더할 나위 없겠지만, 지금으로도 만족합니다.

캘리포니아에 '클리포드 클린턴'이라는 분이 있습니다. 여러 식당을 운영하는 분이죠. 그는 10여 년 전에 아내와 함께 1만 달러의 돈과 『생각하라 그러면 부자가 되리라』 책 한 권을 들고 로스앤젤레스로 가서 허름한 음식점을 시작했다는 이야기를 들려주었습니다. 4년 전, 그를 만났을 때 이렇게 말하더군요.

"이제 저희 회사는 2백만 달러 이상의 자산을 보유하고 있습니다. 그리고 이 모든 것은 힐 박사님의 성공철학을 토대로 한 남다른 운영 계획 덕분이었습니다. 그의 계획은 손님이 음식에 불만이 있으면 음식 값을 받지 않거나, 원하는 만큼만 지불하도록 한 것이었죠."

그래서 이렇게 물어보았습니다.

"악용하는 사람은 없던가요?"

"글쎄요. 1년에 대여섯 번 쯤은 돈을 내지 않고 먹으려는 사람들이 있기는 합니다."

"그럴 때는 어떻게 하나요?"

"저희는 유니폼을 단정하게 차려 입은 웨이터에게 그들을 테이블로 안내하게 합니다. 그리고 만족할 때까지 서빙을 했지요. 그러자 대부분은 그만두더군요."

"친절로 그들을 이긴 것이군요."

"네, 그렇습니다."

"만약에 그들이 계속 돌아오면 어떻게 했나요?"

"저희는 계속 음식을 가져다주었어요. 하지만 그럴 때마다 신문기자들을 불러 사진을 찍고 기사를 쓰게 했어요."

이 사람이야말로 저의 성공철학을 완벽하게 이해하고 실천하는 특별한 능력을 가진 사람이었습니다.

또 다른 예를 소개하겠습니다. 애리조나 주의 작은 마을인 플랙스태프에서 있었던 일입니다. 이 일이 있던 당시, 그 동네는 아무것도 없는 허허벌판이나 마찬가지였습니다. 그곳에 있던 뉴욕 생명보험 회사에 보험 설계사가 한 명밖에 없었습니다. 그럭저럭 먹고 살만큼 벌던 보험 판매량이 어느 날부터 갑자기 급증하기 시작했습니다. 본사에서는 무슨 일이 일어났는지 조사하려고 그곳을 방문했습니다. 사건의 전말은 이러했습니다.

그 보험설계사는 『생각하라 그러면 부자가 되리라』를 여러 권 구한 후, 책에 다음과 같은 쪽지를 넣었습니다.

'이 책은 저에게 엄청난 가르침을 주었습니다. 우리 이웃들과 이 책의 혜택을 나누고자 각 가정에 이 책을 1주일간 빌려 드리려고 합니다. 1주일 후에 방문하겠습니다.'

그는 모든 책에 자기 이름을 쓴 후 책을 나누어 주었습니다. 그리고 무슨 일이 벌어졌을까요? 그가 책을 회수하러 갔을 때, 책을 읽은 이웃들은 그를 집 안으로 초대해 다과를 제공하며 이야기를 나누고 싶어 했습니다. 그는 자신이 팔고 있는 생명보험에 대해서도 자연스럽게 이야기할 수 있었지요. 이와 같은 작은 행동 하나로 그는 잠재고객을 끌어들일 수 있었고, 보험 영업에 대한 저항감을 없앴던 것입니다.

'생명보험'이라는 상품

여러분도 아시다시피 생명보험은 세상에서 가장 팔기 어려운 상품입니다. 생명보험은 어느 누구도 흔쾌히 사려고 하지 않죠. 그렇기 때문에 열과 성을 다해 팔아야만 하는 상품입니다.

제가 애리조나에서 있었던 일을 알게 된 것은 뉴욕 생명보험 회사가 직원들 모두에게 그 책을 필독서로 지정하고 난 후였습니다. 이 보험 회사는 출판사에 전화를 걸어 5천 권을 주문했습니다. 정말로 많은 양이었죠. 5천 권은 일반적인 자기계발서가 평생에 걸쳐 팔리는 것보다도 많은 양입니다. 이 모든 것은 한 남자가 '한 걸음 더 나아가는 원칙'을 실천하면서 시작되었습니다.

1차 세계대전 직후 「나폴레온 힐의 황금률」이라는 잡지를 발간했을 때, 오하이오 주 신시내티에 사는 '아서 내쉬'라는 사람으로부터 연락을 받았습니다. 내쉬 씨는 재단사였는데, 제게 금전적 어려움을 토로하는 편지를 보냈습니다. 그러면서 신시내티를 방문해서 상담해 줄 수 있느냐고 물었습니다.

저는 그의 요청에 따라 신시내티로 가서 며칠간 머물며 그와 이야기를 나누었습니다. 그리고 '한 걸음 더 나아가는' 원칙을 활용해서 그를 파산에서 구해 낼 방안을 강구했습니다. 당시에는 어떤 부정적인 기운이 그의 사업을 집어삼켜 직원들 모두가 수렁에서 벗어나지 못하고 있는 듯했습니다.

직원들의 업무 속도는 느렸고, 거래량은 대폭 감소했으며, 당장 직원들에게 지급할 돈도 없는 상황이었습니다. 그래서 우리는 계획을 세웠고, 내쉬 씨가 모든 직원을 불러 모아 이렇게 말했습니다.

"직원 여러분. 우리는 오랜 시간을 함께 일해 왔습니다. 여러분 중 몇몇은 25년 이상 일한 분도 있습니다. 사업이 잘 될 때도 함께 했죠. 그때 우리는 많은 돈을 벌었습니다. 단골손님도 많았죠. 그러다 갑자기 우리 사업이 흔들리기 시작했습니다. 그리고 이제는 손실을 보는 지경에 이르렀습니다. 솔직히 말씀드리면 파산 상태입니다. 그래서 여기 계신 나폴레온 힐 박사께서 한 가지 제안을 하셨습니다. 여러분이 제안을 받아들이고, 우리 사업을 살려내기 위해 함께 실천할 수 있기를 간절히 바랍니다. 이 제안은 여러분의 일자리를 지킬 것이고, 여기 있는 모두에게 도움이 될 것입니다."

내쉬 씨는 계속해서 말했습니다.

"제안은 바로 이렇습니다. 월요일에 출근해서 새로운 마음으로 시작하는 것입니다. 완전히 다른 태도로 말입니다. 친절한 마음가짐으로 남들보다 한 걸음 더 나아가고, 자기가 맡은 일에 최선을 다하는 태도 말입니다. 우리 모두가 이런 태도를 가진다면 사업은 다시 살아날 것입니다. 그러면 밀린 월급을 드릴 수 있고, 다음 달 월급을 먼저 드릴 수도 있습니다. 남는 수익은 연말에 여러분과 공평히 나눠 가질 것입니다. 달리 말하면, 오늘부터 여러분은 우리 사업의 파트너가 되는 것입니다. 당장 이번 주,

그리고 다음 주까지는 급여를 지불하기 어려운 상황입니다. 하지만 여러분과 제가 긍정적인 마음가짐의 힘을 믿고, 자신감과 믿음을 갖는다면 지금의 상황을 이겨낼 수 있다고 봅니다. 우리 모두 힘을 합쳐 이겨냅시다."

사실은 더 길게 말했지만, 이게 주된 내용이었습니다. 그러고 나서 덧붙였습니다.

"여러분, 지금 당장 결정하지 않아도 됩니다. 제가 여기서 나갈 테니, 충분히 생각하고 결정을 내리면 저를 찾아주세요. 저의 제안을 받아들일 것인지 결정이 되면 저를 불러주시기 바랍니다."

그리고 내쉬 씨와 저는 점심을 먹으러 나갔습니다. 두 시간 정도 지나서 사무실로 다시 돌아왔을 때, 직원들은 이미 결정을 내린 상태였습니다. 직원들은 내쉬 씨의 제안을 받아들이기로 결정했을 뿐만 아니라, 직원 몇 사람은 집에서 예금통장을 가지고 왔습니다. 한 여직원은 과일 통조림 병에 모아 두었던 돈을 들고 왔습니다. 지금까지 살면서 그렇게 많은 동전을 본 적이 없을 정도였습니다. 직원들이 이렇게 말하더군요.

"사장님 제안을 받아들이는 것은 물론, 저희가 모은 3천 달러를 투자하고 싶습니다. 사장님께 드릴 테니, 사업을 되살리는데 사용해 주세요. 다시 돌려받지 못하더라도 상관없습니다. 사장님과 함께 회사를 되살리기 위해 할 수 있는 모든 것을 한 것이니까요."

그날 이후 직원들은 새로운 마음가짐으로 일하기 시작했습니다. 그 결과 내쉬 씨의 사업은 과거 그 어느 때보다도 크게 성장했습니다. 내쉬 씨는 10여 년 전에 돌아가셨지만, 그때까지 엄청난 성공을 거두었습니다. 그의 회사는 아직도 성장하고 있으며, 이 모든 것은 직원들의 마음가짐 때문이었습니다.

이제는 그런 시대가 이미 우리 앞에 와 있습니다. 무슨 의미인가 하면, 이제 모든 회사가 직원들과 함께 '한 걸음 더 나아가는' 철학을 사훈으로 삼아야 할 시대가 되었다는 것입니다. 그리고 이 원칙은 직원들뿐만 아니라, 경영자에게도 똑같이 적용되어야 하는 철학입니다.

저는 미국 전역을 돌아다니며 수익을 분배하는 방식으로 경영자가 직원들을 파트너로 삼는 노력을 기울여 왔습니다. 그리고 저의 제안을 받아들인 모든 회사가 큰 수익을 올리고 있습니다. 또한 노사 분쟁도 거의 발생하지 않았습니다. 회사는 노동자들의 산업재해를 대비해 보험에 가입하고, 직원들은 행복해 합니다. 행복한 직원들로 가득 찬 회사에 노사 문제가 생길 수 없습니다. 마찬가지로 모든 사람들이 '한 걸음 더 나아가는' 원칙을 받아들여 삶에 적용한다면, 지금보다 더 살기 좋은 세상이 될 것입니다.

'한 걸음 더 나아가는' 철학을 받아들이고 실천한다면, 여러분에게도 예상치 못한 엄청난 기회들이 찾아올 것입니다. 상상하지 못한 곳에서 도움의 손길이 찾아올 것입니다. 단지 한 걸음 더 나아가려는 노력을 했을 뿐인데 말이죠.

여러분, 자연의 법칙은 실로 위대합니다. 그리고 그 법칙은 중요한 임무를 맡은 사람들일수록 한 걸음 더 나아가도록 설계되어 있습니다. 자연의 법칙은 인간을 여러 가지 방법으로 시험합니다. 여러분께 시 한 편을 읽어 드리겠습니다. 자연이 훌륭한 인간을 어떻게 시험하는가에 대한 내용을 담은 시입니다. 낭독하고 나서 이 시집을 갖고 싶은 분이 있으면 사인을 해서 드리겠습니다. 지금 읽어 드릴 작품은 안젤라 모건Angela Morgan이 쓴 「자연이 인간을 원할 때When Nature Wants a Man」라는 제목의 시입니다.

> 자연이 인간을 훈련하고
> 단련시키고
> 행복하게 만들고 싶을 때,
> 자연이 인간을 빚어 세상의 고귀한 일을
> 시키고자 할 때,
> 자연이 모든 세상이 우러러보는
> 강하고 위대한 인간을 만들고자 할 때,
> 그 방법을 보라.
> 자연이 선택한 사람을
> 얼마나 호되게 훈련시키는지 보라.
> 자연은 그에게 혹독하고 때로는 아프게 하지만
> 이를 통해 인간은 성장한다.

오직 자연만이 이해할 수 있는 진흙덩어리로 성장한다.

그가 고통에 몸부림치고 손을 들어 애원할 때

자연은 그를 달래지만 훈련을 멈추지 않는다.

그의 올바른 점을 칭찬한다.

자연은 선택한 인간을

모든 목적에 맞게 사용한다.

그가 가진 모든 능력을 사용하게 하고

자연은 그 목적을 분명히 안다.

자연이 인간을 훈련시킬 때

그를 흔들고

그를 깨운다.

자연이 인간에게

미래의 중요한 일을 시키고자 할 때,

자연이 가진 모든 능력과 영혼을 담아

인간을 완벽하고 위대하게 만들고자 할 때,

교묘한 방법으로 그를 훈련시킨다.

자연은 그를 못살게 굴고 자극하고 조마조마하게 한다.

그리고 그에게 가난을 선사한다.

자연은 신성하게 선택한 인간을

실망시키기도 하고

진실을 숨기기도 한다.

그에게 무슨 일이 일어나든

4. 한 걸음 더 나아가라

그가 얼마나 무시당하고 자존심에 상처를 입든
더 심한 역경을 선물한다.
그를 외롭게 만들어
신만이 그에게 도달할 수 있게 하며
그에게 자연의 서열을 깨닫게 한다.
그가 깨닫지 못하더라도
그로 하여금 열정으로 통치하게 한다.
다른 모든 것보다 인간을 소중히 여기면서도
자비 없이 박차를 가해
내면의 열정을 깨닫게 한다.
자연이 인간을 선택하고
명예롭게 하고
겸허함을 가르칠 때,
자연이 인간에게 수치심을 가르치고
그에게 최선을 다하도록 하며,
가장 어렵게 시험하여
깨달음을 얻고,
인간을 신으로, 왕으로 만들 때,
자연이 인간을 통치하고 통제하여
그가 육체로부터 자유로워질 수 있도록 할 때,
그에게 뜨거운 열정을 일깨우고
영감을 불어넣을 때!

인간이 끊임없이 목표에 다가가도록
열정이 식지 않도록 하고
그의 영혼을 꾀어내 갈기갈기 찢는다.
그의 영혼으로 하여금 어려움을 겪게 하고
비로소 그가 목표에 다가왔을 때
그를 이끌어 준다.
무성한 삼림을 뚫고 지나가게 하며
위협적인 사막을 그 앞에 펼쳐 놓아
정복하도록 한다.
자연이 인간의 영혼을 시험할 때
그 앞에 태산과 같은
어려운 결정을 앞에 놓고
그를 내려다보며
'그 산을 오르지 못하면 너는 사라지리라'라고 말한다.
자연의 위대한 목적과 방법을 목격하라!
자연의 위대한 계획을
어찌 우리가 이해할 수 있을까.
무지한 자만이 자연을 무시한다.
인간의 육체가 찢기고 피를 흘리지만
영혼만은 하늘 높이 솟아 있을 때
초자연적인 힘이 그를 이끌고
새로운 길을 개척할 것이다.

신성한 힘은
모든 실패를 기회로 바꿀 것이며
그의 열정은 그를 도울 것이다.
실패 속에서도
사랑과 희망을 볼 것이다.
아, 위기여!
아, 지도자를 찾는 함성이여.
인간이 구원을 찾을 때
신성한 선택을 받은 인간이 그들 앞에 나서리라.
그리고 세상이 그를 알아볼 때
비로소 대자연의 계획을 깨달으리라!

정말로 시의적절한 시 아닙니까? 지금이야말로 미국뿐만 아니라, 세계 전체를 이끌 지도자가 나타날 때입니다. 한 명이든, 그 이상이든 우리를 이끌 지도자가 나타나면, 그는 많은 역경을 견뎌 낸 사람일 것입니다. 실패와 실망, 고통과 좌절을 느껴 본 사람일 것입니다. 그런 어려움을 이겨 낸 사람이 아니고서는 이 세상 모든 사람을 위해 한 걸음 더 나아가지 못할 테니까 말입니다.

한 걸음 더 나아가는 습관의 힘

'한 걸음 더 나아가는' 것을 습관화하고, 인생 철학의 일부로 받아들이는 것이 왜 중요한지, 이제부터 말씀드리겠습니다.

첫째, 한 걸음 더 나아가는 원칙은 수입을 높여 줄 것입니다. 이건 정말 멋진 일 아닌가요? 수입이 늘어나는 건 결코 쉽게 얻어질 수 있는 게 아니기 때문입니다.

얼마 전, 신문에서 이런 기사를 읽었습니다. 캔자스 주에 사는 한 농부가 자연에서 얻는 수입이 어떻게 늘어나는지 알아보는 실험에 관한 기사였습니다. 그는 소량의 밀알을 땅에 심고 밀이 여물었을 때쯤 추수한 뒤, 그 밀알 전부를 다시 심었습니다. 또다시 수확할 때가 되자, 그는 잘 익은 밀알을 모두 거두어 다시 땅에 심었습니다. 그는 5년 동안 다섯 번을 반복했다고 합니다. 그의 수입은 모두 얼마가 되었을까요? 16만 달러였습니다.

이것이 마땅히 해야 할 일을 한 농부에게 자연이 선물하는 수입입니다. 자연의 법칙을 이해하고 따르고 적응하면서 마땅히 해야 할 일을 했을 때, 자연은 보상을 줍니다. 자연의 법칙 중에서도 한 걸음 더 나아가면 그만큼 보상이 주어지는 것보다 참된 진리는 없습니다. 언제나 계획했던 것보다 더 많이, 더 좋은 씨앗을 심으세요.

둘째, 한 걸음 더 나아가는 습관을 들이면 자신에게 더 많은 기회를 가져다 줄 수 있는 영향력 있는 사람의 관심을 받게 될 것입니다. 남들보다 한 걸음 더 나아가고, 자신이 할 수 있는 일보다 더 많이 일하는 습관을 기르는 것은 급여를 받는 직장인들에게는 더욱 큰 도움이 될 것입니다.

윌리엄 C. 듀란트 씨 회사에서 일했던 다운스 씨 사례로 돌아가 봅시다. 그에게 기회가 찾아왔을 때, 다운스 씨는 이 습관과 원칙에 대해 알지 못했습니다. 하지만 나중에 그는 제가 가르치는 수강생들 중에서 가장 뛰어난 사람이 되었습니다. 그런 인연으로 그의 이야기를 듣게 된 것입니다.

제가 마지막으로 다운스 씨의 소식을 들었을 때, 그는 조지아주 애틀랜타에 살고 있었습니다. 그는 무보수로 남부 주지사협회의 자문위원으로 활동하고 있었습니다. 여전히 남들보다 한 걸음 더 나아가는 습관을 실천하면서 말이죠. 그가 제게 이렇게 말하더군요.

"돈은 벌만큼 벌었습니다. 이제는 스스로의 만족을 위해 한 걸음 더 나아가면서 남들보다 더 열심히 일하고 있습니다."

다운스 씨는 헌신과 열정을 다해 일함으로써 이미 남부 지역에 1백만 달러가 넘는 규모의 회사를 만들어 냈습니다. 많은 전문가들이 머지않아 기업 활동에서 남부가 북부를 뛰어넘을 거라고 예상합니다. 그들의 믿음은 다운스 씨의 남다른 헌신과 열정, 그리고 남들보다 한 걸음 더 나아가는 습관 덕분에 가능해진 것입니다.

셋째, 한 걸음 더 나아가는 원칙의 본질을 이해하고 실천하며 인생의 지침으로 삼고, 삶의 일부로 받아들인다면 자신의 앞날에 무궁무진한 일들이 일어날 것입니다. 한 걸음 더 나아가는 습관을 가진 사람은 인간관계에서 대체 불가능한 존재가 되어 평균적인 사람들보다 더 많은 보수를 받게 될 것입니다. 솔직히 누가 대체 불가능한 사람인지는 완벽히 확신할 수 없습니다. 하지만 확실한 것은 이 세상에는 대체 불가능한 사람들이 존재한다는 것입니다. 만약 당신에게 대체 불가능성이 존재한다면, 이 원칙을 실천함으로서 더 쉽게 얻어 낼 수 있을 것입니다.

넷째, 한 걸음 더 나아가는 습관을 통해 정신적으로 성장하는 것과 동시에 자신의 신체를 더욱 단련할 수 있습니다. 그렇게 되면 맡은 일을 더욱 잘 해낼 수 있는 능력과 기술을 연마할 수 있게 됩니다. 저는 지금까지 책을 쓰고 강연을 하면서 매번 이전보다 더 잘 쓰고, 더 잘 가르치려고 노력해 왔습니다. 물론 늘 성공한 건 아니지만 매번 노력하고 있습니다. 그리고 하는 일에 최선을 다하는 습관은 매번 저를 성장시켜 주었습니다. 늘 남들보다 한 걸음 더 나아가고, 최선을 다해 도움을 주려는 저의 원칙, 바로 이러한 노력이 자기 분야에서 세계 최고가 될 수 있었던 원천이었습니다.

한 걸음 더 나아가는 습관은 여러분이 해고될 위험을 현저히 줄여 주고, 여러분으로 하여금 원하는 직업과 업무 환경을 선택할 수 있는 여유와 자신을 알릴 수 있는 기회를 선사할 것입니다. 비교 우위의 원칙, 즉 평범한 사람들이 하지 않는 것을 함으로써 더욱 눈에 띄고 뛰어난 사람으로 보이게 할 것입니다.

여러분 주위를 둘러보십시오. 남들보다 한 걸음 더 나아가는 습관을 실천하고 있는 사람이 몇 명이나 있나요? 이 원칙을 실천하기 시작하면 많은 사람들이 관심을 보여 줄 것입니다. 그중에는 달갑지 않은 시기어린 질투의 관심도 있을 것입니다. 그렇다고 해서 절대로 멈추지 마세요. 인내심을 가지고 계속 실천하고 습관으로 만드세요. 그러면 매사에 긍정적이고 즐거운 태도를 갖게 될 것입니다. 이러한 태도와 성격은 자신뿐만 아니라 주변 사람들까지 행복하게 해 줍니다. 또한 그런 성격은 자신의 상상력을 더욱 높여 줄 것입니다. 왜냐하면 늘 남들보다 한 걸음 더 나아갈 수 있는 방법을 찾기 때문입니다.

매번 책을 집필하고 강연을 할 때마다 이전에 몰랐던 새로운 것들을 배우곤 합니다. 한 예로 지난주에는 강연에 대한 새로운 사실을 알게 되었습니다. 여러분이 지난주 강연을 듣고 남겨 주신 후기를 읽기 전까지 모르고 있었던 사실입니다. 오늘 강연 후반부에 말씀 드리도록 하겠습니다. 모두에게 도움이 될 거라고 생각합니다.

방금 또 떠오른 생각이 있습니다. 자신이 너무나 완벽해서, 너무나 뛰어나서, 또는 너무나 성공해서 더 배울 것이 없다고 생각해서는 안 됩니다. 여러분의 마음이 열려 있고 배우고자 하는 마음이 있는 한, 여러분 스스로 파릇파릇한 새싹이라고 생각하는 한, 언제나 성장할 여지는 남아 있습니다. 하지만 완벽히 익었다고 생각하는 바로 그 순간, 여러분은 썩어 들기 시작할 것입니다. 한 걸음 더 나아가는 습관을 가짐으로써 여러분은 깨어 있고 기발한 상상력을 배양할 수 있습니다.

기억하세요. 여러분이 늘 남들보다 한 걸음 더 나아가고자 노력한다면 여러분은 항상 깨어 있을 것이며, 기발한 상상을 하게 될 겁니다. 상상력이 없으면 남들보다 뛰어날 수 없습니다.

또한 한 걸음 더 나아가는 습관을 들여 놓으면, 성공을 위한 필수 요소인 능동적으로 행동하는 사람으로 거듭나게 될 것입니다. 수동적인 사람은 중요한 직책을 맡을 수 없으며, 경제적 자유도 얻을 수 없습니다. 능동적으로 행동하지 않고 시키는 대로만 행동하거나 남들이 하는 것을 답습하기만 해서는 절대로 성공을 거머쥘 수 없습니다.

기쁜 마음으로 사는 것

여러분이 남들보다 한 걸음 더 나아가는 습관을 가지고 기쁜 마음으로 실천한다면, 자연스럽게 능동적이고 주도적인 태도를 갖게 될 것입니다. 자신이 할 일을 스스로 찾는 것에서 기쁨을 발견하게 될 것입니다. 자연의 법칙은 모든 인간에게 한 가지를 부여했는데, 그건 바로 '자신의 정신을 통제할 수 있는 권리'입니다. 이를 통해 문제를 스스로 해결할 수 있고, 정신의 힘을 이용해서 자신에게 주어진 운명을 설계할 수 있습니다. 이 모든 것은 여러분이 얼마나 능동적인 태도로 삶을 살아가느냐에 달려 있습니다. 또한 이 모든 것은 스스로 해야 하는 일이며, 어느 누구에게도 맡길 수 없는 일입니다.

물론 세상에는 다른 사람의 결정에 자기 인생을 맡기는 사람들도 많습니다. 하지만 그렇게 행동한다면, 절대자가 우리에게 선물한 가장 숭고한 권리, 즉 정신의 힘을 통제하고 올바른 방향으로 이끌고 이용하며, 그에 따라 행동할 수 있는 권리를 포기한 것이나 마찬가지입니다.

삶을 능동적으로 이끌어 가는 것은 성공한 사람들이 가지고 있는 공통점입니다. 예를 들어, 미국은 능동성에 의해 지탱되는 나라라고 할 수 있습니다. 인간이 알고 있는 가장 숭고한 문서라 할 수 있는 '미국독립선언문'에 서명했던 56명이 없었더라면, 우리는 지금 자유 시민으로서 이 자리에 없었을 것입니다. 이 땅에서 우리가 원하는 일을 하고, 우리가 하고 싶은 말을 할 자유도 없을 것입니다. 또한 위대한 사업가들의 능동성이 아니었다면 철도도 건설되지 않았을 것이며, 미국이 세계에서 가장 부유한 살고 싶은 나라가 되지도 못했을 것입니다. 성공한 사람들의 능동성 때문에, 미국은 세계에서 가장 삶의 질이 높은 나라가 된 것입니다.

스스로 생각하고 행동하는 인간, 즉 독립적인 인간은 실패할 줄도 알고, 뭔가를 잃을 줄도 알며, 동시에 성공을 즐길 줄도 압니다. 그리고 무엇보다 자기 행동에 책임을 질 줄 압니다. 이 세상에서 남들보다 앞서는 성공을 일군 사람들은 다른 사람에게 의존하거나 노년에 보조금을 기대하는 사람들이 아닙니다. 스스로 독립적으로 생각하고 실천하는 사람들입니다.

여러분, 완벽한 노후를 보장받을 수 있는 곳이 어딘지 아십니까? 여러분 중 누구도 거기서 살고 싶어 하는 사람은 없을 거라고 생각하는데, 그곳은 바로 교도소입니다. 들어가는 건 아주 쉬우니 너무 상심하지는 마세요. 들어가기만 하면 걱정거리가 전혀 없습니다. 하지만 이 방법보다는 자신만의 방식대로 인생을 살아야 하지 않을까요? 능동적인 태도로 자신의 삶을 받아들이고, 놀라운 자연의 법칙을 믿고 따르는 삶을 살아야 하지 않을까요?

한 걸음 더 나아가는 습관은 여러분을 자립적인 사람으로 만들어 줄 것입니다. 지난 밤 강연에서 여러분이 제 강연에서 가장 감명 받은 부분을 살펴보니, 세 부분이 있더군요. 첫 번째는 열정이었습니다. 완벽하다는 평을 해주셨더군요. 둘째는 자신감도 완벽하다는 평을 해주셨고, 셋째로 침착함도 완벽하다고 칭찬해 주셨습니다. 여러분 모두가 이 세 부분에서 저를 완벽하다고 평가해 주셨습니다. 여러분은 제가 어떻게 해서 그런 침착함과 자신감과 열정을 배웠다고 생각하세요?

저는 제가 하는 모든 일에 몸이 허락하는 최선을 다함으로써 이 세 가지 장점을 몸에 익힐 수 있었습니다. 저는 정신적인 면에서, 영적인 면에서, 그리고 육체적인 면에서 가능한 한 최선을 다하려고 노력합니다. 그리고 그 최선이 나에게 보답할 것이라는 믿음을 가지고 있습니다. 그 결과, 여러분들도 알다시피 실제로 보상을 받았을 뿐만 아니라, 제가 열망하는 모든 것을 얻었습니다.

한 걸음 더 나아가는 습관은 자신의 능력과 진실성을 신뢰할 수 있도록 만듭니다. 여러분이 일을 할 때, 또는 책임을 져야 할 때 최선을 다하는 모습만큼 다른 사람들에게 좋은 평가를 받는 것은 없습니다. 회사에서 일할 때 퇴근 시간을 기다리지 않고, 언제나 불평과 불만만 늘어놓지 않고, 자신이 할 수 있는 일보다 더 많은 일을 하려는 모습을 보여준다면, 높은 평가를 받을 수밖에 없습니다. 여러분이 당연하게 여길 수 있는 것은 단 하나 뿐입니다. 그건 매사에 최선을 다하는 태도입니다.

남들보다 한 걸음 더 나아가는 습관의 또 다른 혜택은 미루는 습관을 없앨 수 있다는 점입니다. 미루는 습관에 대해 들어는 보셨지요? 미루는 습관은 어떤 면에서 아무것도 성취하지 못한 게으른 중년 남자와 같습니다. 얼핏 보기에 아무것도 하지 않으면서 그냥 사는 것 같지만, 자기 자신에게 엄청난 피해를 주고 있는 것입니다.

한 걸음 더 나아가는 습관을 들이면 명확한 목표를 세울 수 있게 되므로, 성공을 꿈꾸는 사람들에게 반드시 필요합니다. 이런 습관을 가진 사람이라면 누구보다 먼저 연봉 인상이 이루어지고, 승진을 요구할 수도 있습니다. 지금까지 수많은 사람들이 여러 가지 이유로 연봉 인상을 요구하는 걸 지켜보았습니다. 예를 들어보겠습니다. 한 남성이 경영자에게 연봉을 올려 달라고 요구했습니다.

"사장님, 연봉을 올려 주십시오."

그러자 사장은 이렇게 대답했습니다.

"내가 왜 그래야 하지?"

직원은 이렇게 대답합니다.

"제 아내가 임신을 했거든요."

그러자 경영자는 이렇게 말합니다.

"나와 상관 없는 일이지 않은가? 그건 자네 일일세."

또 다른 경우, 가족이 아프다는 이유로 연봉을 올려 달라고 요구했다고 합니다. 그 경영자도 마찬가지로 당연히 자기 책임이 아니라고 말했겠죠. 하지만 여러분이 업무 성과를 보여주면서 요구한다면 이야기가 달라지지 않을까요?

"사장님, 제가 그 누구보다도 일을 많이 했다는 자료가 여기 있습니다. 저는 누구보다 회사에 기여했다고 생각합니다. 또한 저의 긍정적인 업무 태도는 모든 사람에게 좋은 영향을 주었다고 생각합니다. 이에 따른 보상이 있는지 궁금합니다. 만약 없다면 이직할 용의가 있습니다."

이런 태도로 임한다면 경영자는 여러분의 헌신과 재능을 알게 될 것입니다. 여러분이 늘 남들보다 한 걸음 더 나아가는 습관을 실천하면, 연봉 인상과 승진은 경쟁자보다 쉽고 빠르게 이루어질 것입니다.

여러분 모두가 '한 걸음 더 나아가는' 원칙을 마음 속 깊이 새기고 집에 돌아가시길 기대합니다. 여러분 자신의 원칙으로 만들고 종이에 적어 방과 책상 등 보이는 곳마다 붙여 두세요. 어느 곳을 둘러봐도 이 문구를 볼 수 있도록 해 두세요.

'자신이 할 수 있는 일보다 더 많이, 더 열심히 일하라.'

이러한 습관을 실천한다면, 여러분의 수입은 저절로 늘어날 것입니다.

5

1만 명을 분석한 후 알게 된 사실

- 나폴레온 힐

Napoleon Hill's Greatest Speeches

1917년, 나폴레온 힐은 시카고에서 '조지 워싱턴 학교George Washington Institute'를 운영하고 있었다. 힐이 학교에서 가르친 주제들은 '세일즈맨을 위한 강연', '응용 심리학', '1만 명을 분석한 후 알게 된 사실', '기회가 없었던 사람들'이었다. 힐은 자신의 강연 내용에 대해 매우 잘 알고 있었는데, '세일즈맨을 위한 강연'은 힐이 세일즈맨을 가르칠 때 습득한 경험이 기반이었다. 힐을 따르는 사람들은 그가 인생의 대부분을 세일즈 기술을 가르치며 살아왔다는 것을 알고 있었다. 베스트셀러『세일즈의 비밀을 담은 빨간 책Little Red Book of Selling』의 저자인 제프리 지토머Jeffery Gitomer와 같은 세일즈 업계의 거물들도 힐의 책을 극찬했다.

힐의 '응용 심리학' 강연은 그 기반이 워렌 힐튼Warren Hilton 박사의 방대한 연구에 있었다. 힐튼 박사는 1914년에 12권의 책을 썼는데, 힐은 종종 그 책들을 인용하곤 했다. 이번에 소개할 연설 '1만 명을 분석한 후에 알게 된 사실'은 1908년 카네기의 제안으로부터 시작된 연구의 직접적인 결과물들이다. 힐은 성공의 비결을 밝혀내기 위해 카네기, 토머스 에디슨, 조지 이스트맨, 헨리 포드와 같은 성공한 사람들을 직접 인터뷰 했고, 그와 동시에 사람들이 실패하는 이유에 대해 연구하기도 했다. 힐은 자신의 연구 결과를 강연이나 강의 중에 설문지 형태로 사람들에게 나누어 주는 한편, 우편으로 발송하기도 했다.

힐은 '1만 명을 분석한 후 알게 된 사실'이라는 강연에서 성공을 위한 필수조건을 다섯 가지로 압축해서 제시했다. 먼저 '자신감'과 '열정'이 성공의 가장 중요한 위치를 차지한다. 그리고 세 번째 요소는 '명확한 목표'다. 힐은 그것을 '인생의 궁극적인 목표'라고 바꿔 말하기도 했다. 지금은 '가치 있는 목표'라고 부르기도 한다. 네 번째 요소는 '자신이 할 수 있는 일보다 더 많이 일하는 습관'이다. 이는 어떤 지시나 명백한 지침이 없더라도 일이나 서비스를 더 집중해서 하는 것을 의미한다. 힐은 다섯 번째 자리에 '집중'을 올려놓았다. 그는 어떤 일을 하던 성공을 갈망한다면, 이 다섯 가지 요소가 반드시 필요하다고 강조했다.

- (나폴레온 힐 재단 이사) 돈 M. 그린

Napoleon Hill

저는 지난 8년간 1만 명 이상을 만나서 인터뷰를 했고, 그들과 나눈 대화를 분석하고 연구했습니다. 그들은 이 세상에서 자신에게 꼭 맞는 자리를 간절히 찾던 사람들이었습니다. 그 과정에서 저는 그 사람들이 가지고 있는 어떤 근본적인 자질들을 발견할 수 있었습니다. 우리가 그런 자질들을 갖추지 않는다면, 성공은 밤하늘에 떠 있는 별을 따는 일과 마찬가지일 것입니다. 이제부터 그들에게서 공통적으로 찾을 수 있었던 다섯 가지 자질을 제시할 것입니다.

또한 사람의 마음을 황폐하게 만들고, 사람들을 패배자로 만드는 요소들도 발견할 수 있었습니다. 그리고 이 강연을 듣는 모든 사람들이 단 한 가지만이라도 얻어갈 수 있기를 간절히 소망하며, 여러분이 조금 더 편안한 인생을 살도록 돕겠다는 일념 하나로 연구한 결과물을 소개하려고 합니다.

제가 연구 분석을 통해 발견한 것들이 여러분에게 전달되어 인생의 궁극적 목표가 무엇이든 간에 그것을 계획하고 달성하는

데 조금이나마 도움이 되었으면 좋겠습니다. 제가 하는 모든 이야기는 1만 명을 직접 만나 인터뷰하고, 연구해서 밝혀낸 것들으므로 허황된 설교가 아니라는 점을 미리 말씀드립니다.

　20년 전, 저는 하루에 1달러를 받는 초라한 노동자에 불과했습니다. 그 당시에는 집도 절도 없는 빈털터리 신세였지요. 물론 교육도 거의 받지 못했고, 저의 미래는 암담함 그 자체였습니다. 게다가 고단한 삶으로 인해 더없이 지쳐 있었습니다. 그때 저에게는 야망도 희망도 없었고, 인생에서 반드시 이루고 싶은 간절한 목표도 없었습니다. 그저 나와 비슷한 처지에 있는 사람들에 둘러싸여 스펀지가 물을 빨아들이듯 비참한 환경 속에서 점점 무기력의 늪으로 빠져들고 있었습니다.

　저는 아무것도 될 수 없었고, 저에겐 아무 일도 일어나지 않았습니다. 마치 입에 재갈이 물려지고, 등에 안장이 채워진 말처럼 그저 하루하루 노동으로 살아가는 것이 나의 운명이라 믿었습니다. 그러던 어느 순간, 인생의 전환점을 맞이했습니다.

　"눈을 크게 뜨고 잘 보아라!"

　누군가 무심코 나에게 던진 이 한 마디가 저를 깨웠습니다. 그 한 마디에 저는 망아지들이 재갈을 뱉어 버리고 안장을 떨쳐낸 뒤 드넓은 들판을 내달리듯, 무기력하기만 하던 일상에서 벗어날 수 있었습니다. 그 한마디는 저와 함께 일하던 노인이 건넨 말이었는데, 아마 백 살이 되어도 그 말을 결코 잊지 못할 것입니다. 왜냐하면 그 말은 사람이라면 모두가 피하고 싶어 하는 '실패'라는 강을 무사히 건널 수 있도록 징검다리가 되어 주었기 때문입니다. 노인은 그 한 마디와 함께 이렇게 말해 주었습니다.

"너는 정말 영리하구나. 너 같은 아이가 학교에 있지 않고 여기서 1달러를 받으며 일하고 있다니, 참으로 안 된 일이구나."

'너는 정말 영리하구나!'

이 말은 지금껏 살면서 들어 봤던 그 어떤 말보다 달콤했고, 내 마음속에서 첫 번째 야망을 움트게 만들었습니다. 그리고 제가 지금까지 해오고 있는 성공한 사람들에 대한 연구의 원동력이 되었습니다. 그 전에는 어느 누구도 나에게 영리하다고 말해 준 적이 없었습니다. 그래서 스스로 '나는 참 둔한 아이'라고 생각했고, 실제로 '모자란 아이'라는 말을 들어 본 적도 있습니다. 어린 시절에 제 주변 사람들은 나를 조롱하기도 했고, 내가 가장 흥미를 가진 일들을 단념하게 만들기도 했습니다. 이렇듯 사내 아이로서 나에게 주어진 역할은 모두 실패였습니다. 또한 일도 공부도 나를 위해 선택해 본 적이 없었으며, 놀이는 그저 시간낭비라고 배웠습니다.

저는 이러한 경험을 토대로 어려움을 겪고 있는 평범한 사람들이 자신의 환경을 이겨내고 인생을 새롭게 출발할 수 있도록 도울 방법을 궁리하기 시작했습니다. 그래서 되도록이면 젊은 사람들을 도우려는 마음으로 '자신 발견하기' 프로그램을 만들기 시작했습니다. 이러한 노력은 빛을 발하기 시작했고, 지금까지 수많은 사람들이 자신만의 길을 찾아 성공과 행복을 향해 나아가고 있습니다.

이제부터 이야기 속으로 조금 더 깊숙이 들어가 보겠습니다.

성공하기 위한 첫 번째 필수조건

성공의 필수조건 다섯 가지 중에서도 가장 중요한 첫 번째 필수조건을 먼저 소개하겠습니다. 그것은 바로 '자신감'과입니다.

제가 만나고 분석한 1만 명 중에서 90%는 이 자신감이 부족했습니다. 저는 연구를 시작하면서 '몸과 마음이 모두 건강한 사람들', '고등 교육을 받은 사람들', 그리고 '너는 참 영리한 아이구나!'라는 말을 듣기 전의 나처럼 '무기력한 사람들'을 분석했습니다.

저의 첫 번째 임무는 자신감이 낮은 사람들이 스스로 수렁에서 빠져나오도록 하는 것이었습니다. 그들은 망아지들이 종종 그러는 것처럼 고삐를 떨치고 드넓은 들판으로 뛰쳐나가야 했습니다. 또한 자신만의 진정한 잠재력을 깨닫고, 자신의 단점이 부정적인 상상 속에서만 존재한다는 사실을 깨달아야 했습니다.

저는 사람들에 따라 접근 방식을 달리했습니다. 그 결과, 성공하는 사람과 실패하는 사람의 차이는 반드시 머리에 있지 않았습니다. 그것보다는 잠재 능력을 발휘할 수 있느냐 없느냐에 따라 크게 달랐습니다. 저는 그것을 사실이라고 생각만 하는 것이 아니라, 사실이라는 걸 알고 있습니다! 실제로 사람들을 면밀히 분석한 경험으로 알 수 있었습니다. 그리고 자신의 잠재 능력을 발전시키고 활용할 줄 아는 사람들에게서는 높은 자신감도 찾아 볼 수 있었습니다.

'자신감이란 무엇인가?'

이제부터 자신감에 대해 이야기해 보겠습니다.

'자신감'은 우리 안에 잠재된 인간의 진정한 힘을 파악하는 작은 유리창과 같습니다. 자신감은 자신이 누구이고, 또 무엇을 해낼 수 있는지를 찾아내는 '자기 발견'과도 같습니다. 자신감은 두려움을 떨쳐내고 용기를 얻는 것입니다. 빛이 어둠을 밝히듯 인간의 재능에 불을 밝혀 주는 것이 자신감입니다. 여기에 '열정'과 '집중력'이 더해지면 세상에서 가장 위대한 발명품인 백열등, 자동차, 전화기, 비행기, 영화와 같은 것들이 탄생합니다.

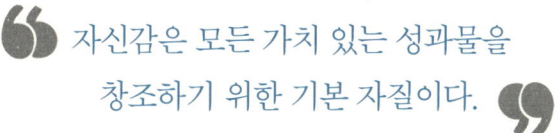

자신감은 모든 가치 있는 성과물을
창조하기 위한 기본 자질이다.

자신감은 모든 가치 있는 성과물을 창조하기 위한 본질적인 자질입니다. 하지만 안타깝게도 대부분의 사람들이 인정하려 들지 않는 가장 부족한 자질이기도 합니다. 자신감이 없는 사람은 방향타가 없는 배처럼 올바른 방향으로 나아가지 못하고 시간만 낭비합니다.

이 자리에서 자신감을 얻는 확실한 방법을 알려 줄 수 있다면 좋겠지만, 그것은 너무 어려운 일입니다. 그 대신 제 경험을 이야기해 보겠습니다. 탄광 노동자 시절에 함께 일하던 노인으로부터 "너는 참 영리한 아이구나!"라는 말을 들었던 날, 처음으로 자신감을 갖게 되었습니다. 마치 내 코트에 '야망'이라는 꼬리표가 붙은 것 같은 짜릿한 느낌이었고, 그 느낌은 온전히 자신감으로 자리 잡았습니다.

한 시골 농부는 서른다섯이 넘은 나이에 성공한 치과 의사가 되었는데, 그 계기는 아주 작은 일에서 비롯되었습니다. 그 농부가 평소와 다름없이 하루하루를 보내던 어느 날, 틀니를 끼고 있던 그의 아내가 "당신도 이런 틀니를 만들 수 있지 않아요?"라고 물은 게 전부였습니다. 그날 이후, 그는 변변치 않은 수입을 올리던 시골 농부에서 치과대학에 진학해 성공한 의사가 되었습니다. 그 시골 농부는 바로 제 아버지입니다.

제가 가르치는 학생들 중에 아주 훌륭한 교육을 받았음에도 불구하고 궁핍한 삶을 사는 젊은이가 있었습니다. 그 학생은 뛰어난 능력을 가지고 있었지만, 일에 그것을 접목하고 실현하려는 자신감이 부족했습니다. 몇 주 전, 그 학생은 한 여성과 사랑에 빠졌습니다. 그러던 어느 날, 여성은 젊은이에게 "나는 당신을 믿어요."라고 말해 주었습니다. 그리고 놀라운 일이 일어났습니다. 그 젊은이가 자신감을 갖게 된 것입니다. 그는 단 몇 주 만에 완전히 다른 사람이 되었고, 지금은 최고의 학생 중 한 명이 되었습니다.

우리가 입는 옷도 자신감에 커다란 영향을 미칩니다. 얼마 전에 한 남자가 저를 찾아온 적이 있습니다. 그는 꽤 높은 급여를 받는 회사에 다니고 있었는데, 자기 책임도 아닌 어떤 일 때문에 직장을 잃고 말았다고 합니다. 저는 그에게 지금 얼마를 가지고 있느냐고 물었고, 그는 75달러가 있다고 말했습니다. 저는 그에게 가진 돈의 3분의 1을 새 옷을 사는데 투자하라고 조언했습니다. 하지만 그는 "고작 옷을 사는데 그렇게 많은 돈을 쓸 수는 없어요!"라고 말하며 곧바로 거부했습니다.

하지만 싫다는 그를 설득해서 옷을 사러 나갔습니다. 그런 뒤, 그에게 구두 방에 들러 굽을 수선하고 광도 내고, 내친 김에 이발소에 들러 머리도 단정히 깎으라고 했습니다. 이 모든 작업이 끝나고 나서 그를 큰 기업체 대표에게 소개했습니다. 결과는 어떻게 되었을까요? 그는 제가 소개한 회사에 더 높은 연봉을 받기로 하고 채용되었습니다.

만약 그가 저의 제안을 거절하고 입고 왔던 옷 그대로, 구두 수선도, 이발도 하지 않은 채 그대로 면접을 보러 갔다면 어떻게 되었을까요? 아마도 그는 새 직장을 얻지 못했을 것입니다. 왜냐하면 자신감을 가지고 있지 않았기 때문입니다. 말쑥한 옷차림, 반짝반짝 광이 나는 구두, 깨끗하게 면도한 얼굴은 사치가 아닙니다. 이런 차림새는 비즈니스를 위해 누군가를 만나는 사람들에겐 필수조건입니다.

여기까지는 제가 아는 사람들이 자신감을 얻기 위해 첫걸음을 내딛었던 방법들입니다. 저는 야망이 없는 자신감을 본 적이 없습니다. 야망과 자신감은 아주 밀접하게 연결되어 있습니다.

성공하기 위한 두 번째 필수조건

성공하기 위한 두 번째 필수조건은 '열정'입니다. 열정은 자신감을 행동으로 실천하게 만드는 역동성입니다. 열정은 열차를 달리게 하는 엔진과도 같습니다. 아무리 성능이 뛰어난 열차를 만들어도 엔진이 없으면 바퀴는 꿈쩍도 하지 않습니다.

이러한 원리는 인간의 구조와 매우 흡사합니다. 인간도 열정이 없으면 그에 따르는 행위도 없게 됩니다. 부족한 자신감과 열정은 종종 사람들이 성공하지 못하도록 길을 막습니다. 이는 저만의 추측이 아닙니다. 저는 수천 가지 사례들을 통해 이미 그것들을 증명해 냈고, 그 작업은 오늘날까지 계속되고 있습니다. 열정에는 가짜가 없습니다. 계산서 품목에는 오로지 진짜만 올라갈 수 있습니다. 여러분이 영혼과 마음을 다해 모든 걸 기꺼이 던지고 싶은 직업을 발견했을 때, 비로소 자연스럽게 열정이 생겨납니다.

성공하기 위한 세 번째 필수조건

성공하기 위한 세 번째 필수조건은 목표를 이루기 위한 명확한 계획, 즉 인생을 살아가는데 있어서 '궁극적인 목표'를 가지고 일하는 습관입니다. 직업 지도를 해본 제 경험을 토대로 살펴보면, 대부분의 사람들이 그런 계획을 가지고 있지 않았습니다. 하지만 명확한 계획 없이 그저 일만 하는 사람들은 높은 곳으로 올라 갈 수 없습니다. 제가 나눠 주는 설문지에는 공통적으로 들어가는 질문이 있습니다.

'당신의 인생에서 궁극적인 목표는 무엇인가?'

이러한 질문을 토대로 설문 조사를 해본 결과 50명 중에 1명만이 '궁극적인 목표'를 가지고 있었습니다. 즉 대부분의 사람들이 궁극적인 목표를 가지고 있지 않았던 것입니다. 그럼에도 불구하고 제가 만나고 분석한 사람들은 성공을 원하고 있었습니다. 그리고 그들은 언제, 어떻게, 어떤 일로 성공할 것인가에 대한 물음에 답을 내놓지 못했습니다.

몇 주 전에 고층 건물을 짓고 있는 현장을 지나가게 되었습니다. 거대한 빌딩을 짓고 있었는데, 근처에 있는 빌딩이 성냥갑처럼 보일 정도로 하늘 높이 솟아오르는 중이었습니다. 공사용 승강기가 오르내리며 건축 자재를 운반하고, 노동자들이 부지런히 움직이며 건물을 짓는 모습을 가만히 바라보았습니다. 그 순간 문득 이런 생각이 떠올랐습니다.

'이 빌딩은 벽돌, 목재, 철근, 건축 자재들의 총 집합체구나. 그것이 함께 적절히 결합되었을 때 빌딩이 완성되고, 궁극적인 목표가 이루어지는 거야!'

이런 생각은 성공한 사람들을 분석하는 데도 적용할 수 있습니다. 직장에서 '높은 자리'를 차지하고 있는 사람은 그 자리를 그냥 얻지 않았을 것입니다. 자신에게 주어진 수많은 과제들을 성취해 냈기에 그 자리에 오른 것입니다.

모든 사람들이 직장에서 높은 자리에 앉기를 소망합니다. 그러나 아무리 유능할지라도 그 자리에 오르는 방법에 대해서는 알지 못합니다. 그리고 높은 자리는 누구든지 처음 발견한 사람이 따 먹을 수 있도록 나무에 주렁주렁 매달려 있는 열매가 아닙니다. 열심히 노력해서 이루어 낸 작은 과제들이 모여서 완성된 결합체인 것입니다.

따라서 성공의 세 번째의 필수조건은 고층 빌딩을 짓는 일과 같다고 할 수 있습니다. 빌딩을 건축할 때 1층부터 한 층 한 층 지어 올라가는 것처럼, 성공하려면 먼저 궁극적인 목표를 세우고 나서 계획한 대로 차근차근 실행해 나가야 합니다.

물론 예외도 있습니다. 높은 자리에 '낙하산'을 타고 내려온 인사들처럼 말입니다. 그렇다고 해서 낙하산 타고 내려온 사람으로 인생을 살아가야 할까요? 우리 주위를 둘러보세요. 수많은 낙하산들이 있는 것과 마찬가지로 자수성가를 이룬 사람들도 수 없이 많다는 사실을 알게 될 것입니다.

> 궁극적인 목표와 거기에 도달하려는
> 명확한 계획 없이는 성공을 이루어 낼 수 없다.

　성공에 대한 생각이 저마다 다르듯이 성공에도 정도가 있습니다. 그러나 자신이 원하는 성공이 부의 축적이든, 인류를 위한 공헌이든 '궁극적인 목표'가 없다면 그것을 성취할 수 없습니다. 즉 궁극적인 목표와 거기에 도달하려는 명확한 계획이 반드시 필요합니다.

　어떤 건축가라도 마음속에 있는 완벽한 구상을 설계 도면에 옮기지 않은 채로 건축을 시작하지 않습니다. 마찬가지로 성공을 위한 계획이 선행되지 않고는 어떤 사람도 성공에 도달할 수 없습니다. 저는 직업 지도를 하면서 100명 중에 한 사람 정도만 미리 계획을 세우고, 앞으로 무엇을 할지 결정한다는 사실을 알게 되었습니다. 그리고 1,000명 중에 한 사람 정도만 구체적으로 미래의 5년 계획을 세운다는 것도 알게 되었습니다. 그렇지만 미래의 10년 계획을 세워 놓은 사람은 만나본 적이 없습니다.

　여러분은 전체 인구의 95%가 나머지 5%를 위해 일한다는 말에 대해 의문을 가져본 적이 있습니까?

　여러분은 많은 사람들이 나이가 들 때까지 인생에서 별로 이룬 것이 없다는 사실에 의문을 가져본 적이 있습니까?

　여러분은 대부분의 사람들이 실패하는 세상에서 극히 소수만

이 성공을 거머쥐는 이유에 대해 생각해 본 적이 있습니까?

여러분 자신에게 초점을 맞추고 주의 깊게 살펴보세요. 그러면 자신감과 열정, 명확한 목표 혹은 궁극적인 목표 중에 어떤 것을 가지고 있는지 알게 될 것입니다.

여기서 잠시 직업 선택에 관한 이야기를 해볼까 합니다.

제가 분석한 대부분의 사람들은 가능성에 의해 직업을 선택한 것이 아니라, 그저 그 자리를 차지하고 있을 뿐이었습니다. 신중하게 다음 직업을 선택한 사람들조차도 대부분의 경우 '자기 분석'이라는 가장 기본적인 것조차 하지 않았습니다. 그들은 현재 하고 있는 일이 자신이 받아 온 교육과 적성에 맞는 최선의 직업인지에 대해서도 고민해 보지 않은 것으로 나타났습니다.

예를 들어, 최근에 상담했던 한 청년은 변호사가 되려고 열심히 준비했지만, 결과적으로 형편없는 변호사가 되고 말았습니다. 그가 실패한 첫 번째 이유는, 막상 변호사가 되고 보니 변호사라는 일이 별로 내키지 않았다는 것입니다. 두 번째 이유는, 선천적으로 변호사라는 직업에 소질이 없었다는 것입니다. 그는 신체적으로 심각한 기형을 가지고 있었는데, 불행히도 판사들과 배심원들에게 좋은 인상을 심어 주지 못했습니다.

그 청년에게는 우리가 '개성'이라 부르는 역동적인 힘과 열정이 부족했고, 그것이 없었기 때문에 변호사로 성공하기 어려웠던 것입니다. 이런 사람들은 자문 변호사나 법률 고문으로는 어느 정도 성공할지 몰라도, 강한 자신감과 신념을 가지고 판사와 배심원을 설득해야 하는 변호사로서는 전망이 어두울 수밖에 없습니다.

그런데 이 이야기의 놀라운 점은 바로 여기에 있습니다. 그 청년은 자신이 변호사로 성공하지 못한 이유를 전혀 모르고 있었다는 것입니다. 자신의 성공을 가로막고 있는 것이 무엇인지, 제가 이야기를 해 준 뒤에야 자신의 단점을 알아차릴 수 있었습니다. 그에게 "왜 변호사가 되고 싶었느냐?"고 묻자, 이렇게 대답했습니다.

"글쎄요. 그냥 변호사가 되면 좋을 것 같은 느낌이 들었어요."

그냥 변호사가 되면 좋을 것 같은 느낌이 들었다니요! 자기 인생을 단순한 느낌에 건다는 것은 무모한 생각입니다. 심지어 경주마나 사냥개를 고를 때조차도 단순한 '느낌'으로 고르는 사람은 없을 것입니다. 대부분은 건강 상태나 족보를 꼼꼼히 따져보고 나서 선택할 것입니다. 만약 느낌으로 사냥개를 고른다면 불도그 새끼를 데리고 꿩을 사냥하는 자신을 발견하게 될지도 모릅니다. 내가 만나 본 한 법정 속기사는 이렇게 말했습니다.

"15년 동안 법정에서 일해 보니, 배심원들은 피고가 아닌 변호사에게 판결을 내리는 것 같았어요. 그러니까 강렬한 인상을 남긴 변호사들이 이긴다는 거죠."

법정에 드나드는 사람이라면 이 말이 일면 타당성이 있다는 사실을 알 것입니다. 유능한 변호사로 활약하는데 있어서 '개성'이 중요한 자질이라는 사실을 굳이 설명하지 않아도 알 수 있을 것입니다.

 직업 지도를 하는 사람으로서, 또는 제 경험에 비추어 보면 대부분의 비즈니스 실패는 '느낌'으로 파트너를 고르거나 회사를 선택하는 것에서 비롯된다는 확신을 갖게 됩니다. 유능한 엔지니어가 될 자질이 있는 사람이 유통업에 취업하면 실패할 가능성이 높을 수밖에 없습니다. 물론 반대의 경우도 마찬가지입니다.

 사람들이 저지르는 흔한 실수 중의 하나는 파트너를 고를 때, 친구이거나 성향이 완전히 같은 사람들 중에서 고른다는 것입니다. 몇 년 전, 제가 알고 있는 세 사람이 회사를 설립해서 사업을 시작했습니다. 그들은 모두 같은 분야에서 성공한 기업체 임원 출신이었습니다. 하지만 그들은 치명적인 실수를 범하고 말았습니다. 물론 자금 조달 필요성도 있었지만, 회사에 적합한 유능한 세일즈 관리자를 데려오는데 실패한 것입니다. 셋 모두 훌륭한 재무 전문가들이었지만, 그것만으론 부족했던 것이지요.

 그들이 이상적인 회사를 만들고자 했다면 재무 관리사, 유능한 세일즈맨, 그리고 경험 있는 구매 전문가로 팀을 구성했어야 합니다. 즉 자신들이 갖지 못한 능력을 가진 사람을 파트너로 골랐어야 했던 것입니다.

 모든 회사는 반대쪽 성향이나 능력을 가진 사람을 보유하고 있어야 합니다. 유사한 성향의 사람이 회사를 균형 있게 굴러가게 하는 바퀴 역할을 한다면, 다른 성향을 가진 사람은 발전기 역할을 합니다. 즉 서로 다른 두 성향의 사람들이 갖추어져야만 이상적인 조직이 되어 굴러가는 것입니다.

언젠가 카네기가 말하길, 자신이 성공한 이유는 인재를 잘 뽑았기 때문이라고 했습니다. 프랭크 A. 반더립과 록펠러 역시 그런 말을 했습니다. 성공한 사람들을 분석해 보면, 그들은 비즈니스 성공에 필요한 모든 요소들을 적재적소에 배치해 둔다는 사실을 알게 될 것입니다. 그들은 자신의 부족함을 채워 줄 사람들과 성향이 다른 사람을 절묘하게 조합하여 선택하고 있다는 걸 알 수 있습니다.

스스로를 '세일즈맨'이라 부르는 사람들의 절반 정도는 무기력한 표정과 힘없는 목소리로 말합니다. 세일즈맨의 성격과 행동은 잠재 고객에게 긍정적이거나 부정적인 영향을 줍니다. 만약 표정이 어둡거나 자신감 없는 말투에 과도하게 독특한 외형이라면 세일즈 일은 다시 고려해 봐야 합니다. 만약 고객을 직접 만나지 않고 세일즈를 할 수 있다면 성공할지도 모릅니다. 하지만 얼굴을 마주보고 직접 세일즈를 해야 한다면 표정과 목소리를 다듬어야 합니다.

목사가 교회 신도들을 따르게 하는데 있어서 가장 중요한 것은 용모와 메시지를 전달하는 태도입니다. 만약 당신이 기독교 전도사 빌리 선데이William Ashley Billy Sunday의 설교를 직접 듣지 않고 글로만 설교를 읽게 된다면, 그가 어떻게 수많은 사람들의 마음을 쥐고 흔드는지 알지 못할 것입니다. 그에게 사람들을 기쁘게 하는 성격과 놀라울 정도의 메시지 전달력이 없다면, 그의 설교는 품위도 없고 역겹게 들릴 것입니다.

성공하기 위한 네 번째 필수조건

성공하기 위한 네 번째 필수조건은 '자신이 할 수 있는 일보다 더 많이 하려는 습관'을 갖는 것입니다. 일반적으로 사람들은 자신에게 정해진 일만 하려는 경향이 있습니다. 실제로 제가 만나고 분석한 사람들의 80%는 그런 치명적인 실수를 하면서 고통받고 있었습니다.

"그 일은 내 일이 아니니까 나하고 상관없는 일이야!"라고 말하는 사람과의 경쟁을 두려워 할 필요가 있을까요? 그들은 절대로 당신에게 위협적인 경쟁자가 되지 못합니다. 하지만 맡은 일을 반드시 제시간에 끝내거나 자신이 해야 할 일, 또는 자신이 할 수 있는 일 이상으로 해내려는 동료는 조심해야 합니다. 카네기의 말처럼, 그런 동료가 '결승선 앞에서 당신을 따돌리고 치고 나가지 않도록' 조심해야 합니다.

성공의 마지막 필수조건을 설명하기에 앞서 주제에서 잠시 벗어난 일화를 소개하겠습니다. 성공에 관한 글을 쓰기 시작한 후, 지금 다루고 있는 다섯 가지 성공 요소들이 다른 직업 지도사들이 제시하는 것과 견줄만한지 알아보고 싶었습니다. 그래서 세계에서 가장 유능한 직업 지도사인 시카고의 J. M. 피츠제럴드 박사에게 도움을 청했습니다.

저는 피츠제럴드 박사와 함께 꼼꼼하게 원고를 작성했는데, 그는 제가 쓴 다섯 가지 성공 요소들을 완벽히 보완해 줄 거라며 인용해도 좋다고 허락해 주었습니다. 또한 내가 쓴 원고가 자신의 경험을 완벽히 정리한 것이라고 말해 주었습니다. 하지만 원고를 작성하기 전에 피츠제럴드 박사에게 성공을 가로막는 가장 큰 장벽들이 무엇인지 먼저 제시해 달라고 요청했고, 그는 빠르고 분명하게 답해 주었습니다.

"첫 번째는 부족한 안목입니다. 자신에 대한 분석이 부족한 사람은 자신에게 맞는 직업을 찾는데 실패합니다. 두 번째는 자신이 하는 일에서 얻고자 하는 것보다 더 많을 것을 얻기 위한 열정과 집중력 부족입니다. 세 번째는 도덕적으로 자신을 통제할 수 있는 힘이 부족하면 성공하기 어렵습니다."

피츠제럴드 박사는 직업 지도를 통해서 1만5천여 명의 직업을 분석하고 연구해 왔습니다. 그래서 미국 중서부 대기업들은 박사가 분석하지 않은 사람은 어느 누구도 중요한 자리에 채용하지 않을 정도였습니다. 박사가 소개해 준 수많은 회계 전문가들 대부분은 성공적으로 경영진에 올랐습니다. 박사는 점원을 점장으로 만드는 것쯤은 일도 아니었고, 사람을 분석하는 것만으로도 올바른 방향으로 인도할 수 있었습니다.

제가 피츠제럴드 박사에 대해 자세히 언급하는 이유는, 지금 이야기하는 내용들이 황당한 추측이 아니라, 세계에서 가장 위대한 분석가의 확인을 받은 믿을만한 자료임을 강조하기 위해서입니다. 여러분이 성공하고 싶다면, 제가 이야기하는 다섯 가지 성공 요소들을 꼭 마음에 새겨 두어야 합니다.

성공하기 위한 다섯 번째 필수조건

성공하기 위한 다섯 번째 필수조건은 역시 제가 직업 지도를 하면서 알게 된 것입니다. 저는 이것을 항상 강조해 왔고, 앞으로도 자주 이야기할 것입니다. 왜냐하면 다섯 가지 필수조건 중에서 가장 중요한 것이기 때문입니다.

성공하기 위한 마지막 필수조건은 '집중력'입니다!

지금 여러분이 하고 있는 일이 무엇이든 성공하고자 한다면, 집중해야 할 지금 거기서 마음을 올바르게 정돈해야 합니다.

여러분은 어떤 일에서든 성공을 위해 필요한 모든 지식을 갖추고 있을 것입니다. 언제든 필요한 정보를 얻을 수 있고, 좋은 교육도 받았을 것이고, 일에 대한 경험도 있을 것입니다. 하지만 만약 그 에너지들을 체계적으로 사용하지 못하면 어디에도 쓸모없는 사람이 되고 말 것입니다.

제가 강의하는 대학에 여러 가지 점에서 천재성을 보이던 한 남자가 있었습니다. 그는 뛰어난 목수이자 매우 뛰어난 전기 엔지니어였습니다. 그는 유능한 배관공이기도 했는데, 엔지니어

업계에서는 그를 뛰어넘을 사람이 없을 정도였습니다. 그는 미술에서도 탁월함을 보였습니다. 나열하자면 끝이 없을 정도로 많은 재능을 가진 사람이었습니다. 하지만 그는 여전히 1주일에 18달러를 벌며 일하고 있습니다. 만약 그가 자기 시간을 전기와 관련된 일에 쏟았더라면 아주 쉽게 30달러 이상을 벌었을 것입니다. 하지만 안타깝게도 그는 한 가지 일에 집중하지 못하고 여러 일에 재능을 분산시킨 결과, 집중력은 제로에 가까웠습니다.

그렇다면 이제 여러분 마음속에는 이런 질문이 떠오를지 모릅니다.

'집중하는 법을 어떻게 배우지?'

저는 『성공으로 가는 마법의 열쇠』라는 책에서 이미 나만의 집중하는 비결을 설명한 적이 있습니다. 이제 저명한 심리학자인 워렌 힐튼 Warren Hilton 박사의 이론을 빌려 집중력에 대해 좀 더 과학적으로 알아보겠습니다. 참고로, 힐튼 박사의 집중이론은 저명한 심리학자와 과학자들로부터 널리 인정받고 있다는 점을 말씀드립니다.

집중해야 하는 두 가지 이유

일반적으로 '집중'은 '하나의 초점이나 중심에 힘을 쏟아 붓는 행위'로 정의할 수 있습니다. 따라서 '정신 집중'은 하나의 물체

나 지점에 온 신경을 맞추는 것입니다. 개인의 인격 또는 성격도 반복적으로 집중한 것들에 의해 만들어진 발전된 결과물이며, 종교나 정치와 같이 모든 것들에 대한 신념 역시 집중에서 비롯된 부산물입니다.

이렇게 얻어진 모든 신념은 과거의 복잡한 생각들로 채워지고 포장된 것들입니다. 그리고 그것들이 한데 모여 이루어진 것이 바로 '성격'입니다. 성격은 자신의 신념과 반대되는 것이 마음에 심어지려고 하면 타고난 힘을 발휘하여 거부하고 밀어냅니다.

어린 소년의 마음에 엄마의 모든 경고는 심어지고, 그와 반대되는 것들과 충동은 금지됩니다. 이렇게 사람의 마음에 신념이 자리를 잡으면 더 이상 어떤 주장도 그 신념을 바꾸거나 쫓아낼 수 없습니다. 신뢰하는 친구가 고소를 당했을 때, 가장 강력한 증거만이 친구의 믿음을 꺾을 수 있는 것처럼 말입니다.

인생은 경험으로 이루어집니다. 그리고 모든 경험은 행위나 성격에 영향을 미치는데, 그 영향은 자신이 받아들인 것에 얼마나 집중했느냐에 따라 달라집니다.

기억은 당시의 시간이나 장소에 대한 생각과 직접적인 연관이 있습니다. 그리고 당시의 경험이 얼마나 생생했느냐에 따라 영향력도 달라집니다. 사랑하는 사람의 목소리가 좋은 느낌으로 기억되는 부드러운 왜곡이 일어나는 현상은 애정을 가지고 있는 대상에 의식의 활동이 집중하려는 경향 때문입니다.

모든 광고와 쇼윈도 전시, 안내서, 사업가의 전략, 세일즈맨의 유혹 역시, 그것을 다루는 사람이 집중력의 영향을 얼마나 확대시킬 수 있느냐에 따라 결과가 달라집니다.

의식 안에 단순히 어떤 생각이 존재하는 것은 집중이 아닙니다. 만약 누군가에게 초원 위로 피어오르는 수증기를 '유령'이라고 했을 때, 그 생각은 아주 잠시 동안만 그 사람의 의식 속에 활성화 됩니다. 그러나 그 사람이 심령술사이거나 테러로 인한 트라우마trauma를 가지고 있다면, 과학적 감각에 의식이 집중되어 신빙성이 있다고 판단할 것입니다.

의식에 제시된 모든 생각들이 행동의 결과나 신념으로 구성되는 것은 아닙니다. 위의 첫 번째 경우에서 '유령'이라는 생각은 그 사람의 마음에 활성화되었으나, 곧 그와 상충되는 생각이 작동하면서 그 생각을 상쇄시켰습니다. 그러나 두 번째의 경우, 그의 의식은 '유령'이라는 생각을 전적으로 받아들입니다. 이때는 이러한 인식을 방해하는 어떤 생각도 마음속에서 활성화되지 않습니다. 일단 그 생각을 받아들이면, 그 사람은 자기 생각을 실제라고 믿고 행동하게 됩니다.

기술적으로 집중은 필연적 암시이며, 생각 속의 신념이 바로 집중해야 할 대상입니다. 그리고 이 신념은 적절한 근육 반응을 일으키기 위한 자극을 전달합니다.

그렇다면 우리는 집중을 어떻게 정의할 수 있을까요? 매우 간단합니다. 집중은 어떤 생각에 의식이 귀를 기울이는 것입니다. 그리고 이 의식이 생각을 완벽히 받아들이면 모든 상충되는 생각들은 무력화되고, 그 결과 신념은 그 사람을 지배하게 됩니다.

여기서 '완벽히 받아들인다는 것'은 특정한 생각이 확고하게 의식을 지배하는 것을 의미합니다. 이런 일이 발생하면, 생각은 자신과 동화되어 성격의 일부로 자리를 잡습니다. 그리고 당신은 그것을 진실로 받아들이고 믿게 됩니다. 결국 믿음이 성격의 한 부분을 차지하게 되고, 이렇게 해서 '고유의 나'가 만들어지는 것입니다.

정리하면, 효과적인 집중은 필연적으로 신념의 실현을 가져오거나, 필연적으로 신체의 반응과 결합된 신념을 낳습니다. 다시 말해 무언가에 대한 압도적인 '확신'과 그 일을 처리하는 '효율성'은 집중의 결과물인 것입니다.

집중은 우리에게 중요한 두 가지 가치를 제공해 줍니다.

우리가 시간을 절약할 수 있도록 해주는 동시에 전문 지식을 갖출 수 있도록 해주는 것이 집중의 첫 번째 가치입니다. 즉 집중하면 자신이 선택한 분야의 전문가로 성장할 수 있습니다.

해양 동물 연구의 권위자인 한 교수는 학생들을 실험실에 몇 날 며칠씩 가둬 두곤 했습니다. 그곳엔 학생과 거북이 머리 말고는 아무것도 없었습니다. 그 교수는 학생이 거북이 머리에 대해 모든 걸 배울 때까지 실험실 밖으로 내보내지 않았던 것입니다. 몇몇 학생들은 이 고통스런 연구에서 괄목할 만한 성과를 내기도 했지만, 다른 학생들은 이 연구에서 어떤 성과도 내지 못했습니다. 그들 중에서 성과를 내는 데 성공한 이들은 집중하는 습관이 형성되어 있는 학생들이었습니다. 그리고 성공한 학생들은 교수로부터 '동물학자' 칭호를 수여받을 수 있었습니다. 반면에 연구 성과를 내는 데 실패한 학생들은 학계에 이름을 남기지 못하고 사라졌습니다.

배우고 집중하세요. 그렇지 않으면 결코 어떤 지식도 가지고 있다고 말할 수 없습니다. 우린 지금 전문가 시대에 살고 있고, 전문성의 필수 요소는 그 분야에 대한 엄청난 지식을 습득하는 것에 있습니다.

한 분야에 철저히 집중해야 한다는 것을 깨닫는 사람은 의외로 많지 않습니다. 대부분의 사람들은 다른 사람들보다 아주 조금 더 나은 실력을 가지고 일해서 돈을 법니다. 평균적인 사람은 알맹이가 없는 사람입니다. 그런 사람은 기꺼이 '현 상태에 만족'하며, 일을 대충 해놓고도 '충분하다'며 자신에게 매우 관대한 태도를 보입니다. 이런 사람과 경쟁하는 사람은 단지 아주 조금만 집중해도 경쟁에서 쉽게 이길 수 있습니다.

여러분이 오늘 한 일은 내일을 위한 준비입니다. 그리고 여러분이 그 일에 목숨을 건다면 훨씬 더 잘 해내게 될 것입니다. 바로 이런 철저함이 슈퍼맨과 평범한 사람을 가르는 특징이며, 그 차이의 비밀은 바로 '집중력'이라는 점을 기억하시기 바랍니다.

집중은 우리가 추구하는 목표를 달성할 때까지 에너지를 공급하는 동시에 앞으로 나아갈 수 있도록 담금질을 해주는데, 이것이 집중의 두 번째 가치입니다. 첫 번째 집중의 가치보다 훨씬 더 중요합니다.

의식의 흐름은 마치 소용돌이치는 급류처럼 살아 움직입니다. 지금 이 순간, 당신에게 무슨 일이 벌어지고 있는지 살펴보세요. 아마도 다른 사람을 무시하려는 충동을 느끼거나, 특정한 생각이나 느낌에 주의를 기울이거나, 선택을 하거나, 무언가에 대해 다른 사람과 협력하고 구별하며 끊임없이 쳇바퀴를 돌고 있는 자신을 발견하게 될 것입니다.

이것이 바로 우리가 의식이라고 말하는 것입니다. 의식은 그저 아무런 목적이 없는 흐름일 뿐입니다. 그것은 물리적으로 앞에 놓여 있는 언덕과 계곡에 적응할 뿐, 생명력 있는 흐름이 아닙니다. 자신에게 필요할 때 비로소 언덕을 거슬러 오를 수 있습니다. 이것을 '의지를 가진 의식'이라고 합니다. 그리고 이 의식만이 마음껏 앞으로 나아가게 하는 힘이 되고, 자신을 더욱 발전시켜 성공으로 다가갈 수 있도록 돕습니다.

집중하는 습관 들이기

하나의 관심사에 집중하는 습관을 들이면 거기에 흠뻑 빠져들게 됩니다. 그렇게 되었을 때, 비로소 자기 인생을 평가할 수 있는 기준을 얻을 수 있습니다.

하나의 관심사에 집중하는 습관을 들이세요. 그러면 지속적이고 완벽한 '소유'를 얻게 되고, 자연스럽게 자제력을 얻게 되어 불필요한 행동을 하지 않게 됩니다. 또한 순간의 즐거움을 위해 자기 인생의 목표에 방해가 되는 일을 삼가고, 불필요한 감정 소모를 줄이게 됩니다. 그러면 분노를 절제할 수 있게 되어 하루를 성공적으로 보내는 데 온 힘을 집중할 수 있습니다.

다음으로, 하나의 관심사에 집중하는 연습을 해보세요. 그러면 자연스럽게 자기 내면을 통제할 수 있는 이상적인 상태를 유지하게 될 것입니다. 이것을 다른 말로 하면 경제적으로 작동하는 기계를 머릿속에 설치하는 것과 같습니다. 기름이 잘 칠해진 기계는 어떤 문제도 일으키지 않고 잘 돌아갑니다. 그것도 자동으로 말이죠. 그렇다고 해서 당신이 감정 없이 기계처럼 살아가야 한다는 건 아닙니다. 집중한다는 것은 자기 목표에 흠뻑 빠져든다는 것을 의미하며, 자신이 '펄펄 끓는 영혼'을 갖게 된다는 뜻입니다.

'절대적인 집중'은 자신의 모든 에너지를 하나의 목표에 결집시키는 것이며, 이는 곧 '효율의 정점'이라 할 수 있습니다. 인간의 본능적인 감정과 욕망은 에너지를 분산시켜서 아무런 성과도 없이 그저 사람을 지치게 만들 뿐입니다.

에너지를 정비하고 하나의 관심사에 집중하게 되었다면, 우리에겐 딱 하나의 질문만 남습니다.

'나는 어떤 목표를 이루고 싶은가?'

하나의 목표에 집중하는 사람이 되세요. 그러면 목표에 도달하겠다는 신념을 가진 목표 지향적인 사람이 될 것입니다. 하나의 목표에 집중하고, 항상 목표를 최우선으로 생각하세요. 자신이 이루고 싶어 하는 목표에 집중하는 한 절대로 실패하는 일은 없을 것입니다. 그러면 감정이나 그에 따른 신체적 반응은 자신의 목표와 관련된 행동으로 분출될 것입니다.

여러분이 하나의 목표에 집중하면 인생에서 언젠가는 찾아올, 그리고 승리를 안겨 줄 대박의 기회를 잡게 될 것입니다. 또한 빈틈없이, 일말의 망설임도 없이 목표에 도움이 되는 것들을 선택하게 될 것입니다. 현명하게 특정한 기쁨들을 선택할 것이고, 쓸모없는 것들은 버릴 것입니다. 마치 사치품과 필수품을 정확히 구분할 수 있는 측정기처럼 말입니다.

이것이 바로 성공의 법칙입니다. 링컨 대통령은 스스로 공부하고 준비하면 언젠가는 기회가 반드시 온다는 말을 남겼습니다. 비록 '기회'라는 것이 적절한 형태로 찾아와 주지는 않았지만, 링컨은 진실로 그 말을 믿었습니다.

여러분은 다른 사람의 생각에 따라 흔들립니까? 만약 그렇다면 다른 사람 역시 마찬가지일 것입니다. 여러분이 피할 수 없는 골칫거리를 만나기로 했다고 가정해 보세요. 사람은 자신만의 입맛, 경향, 기분, 습관, 흥미를 가지고 있습니다. 그리고 그에 반하는 것들에 대해서는 적대감, 저항, 반감, 편견을 갖습니다. 여러분처럼 다른 사람도 자기의식에 의해 살고 있고, 충동과 반항심을 가지고 있는 생명체입니다.

그러니 상대방의 반항심에 대항하면서 싸우려 들지 마세요. 강압적인 방법은 독이 될 뿐입니다. 그저 상대방을 편하게 대해주면 됩니다. 본인의 목표에 대해 상대방이 '적대감'이라는 감정을 가지고 있다고 해도 거기서 상대방을 빠져나오게 하려는 시도는 시간낭비일 뿐입니다.

상대방의 의식은 끊임없이 활동합니다. 그래서 그 나름대로 매우 바쁠 것입니다. 그러니 그가 가진 적대감이 잘못된 것이라고 지적하며 바꾸려 들지 말고, 그저 그의 의식 속에 자신의 생각을 더하려고만 하세요. 그렇게 함으로써 자신의 요구에 그 사람이 집중하도록 만드세요. 이러한 시도가 끝나면 자신의 목적은 달성되고, 승자가 될 것입니다.

발명왕 토마스 에디슨을 인터뷰했던 언론인 왈도 P. 워렌Waldo P. Warren은 이렇게 말했습니다.

"뭔가를 움직이는 능력은 어디에 뿌리를 두고 있느냐에 따라 달라진다. 나는 만국박람회에서 처음 본 거대한 관람차를 잊을 수가 없다. 나를 가장 놀라게 한 건 그 거대한 관람차의 크기가 아니었다. 그 거대한 크기에도 불구하고 아주 작은 엔진으로 관람차가 돌아간다는 사실이었다. 그 거대한 관람차는 54미터의 지렛대를 이용해서 관람차의 중심부가 아닌 둘레에 힘이 작용하도록 했다. 만약 똑같은 힘이 중심축에 가해졌다면 거대한 관람차는 단 1인치도 돌리지 못했을 것이다. 지렛대의 원리는 기계에 국한하지 않는다. 이는 인류가 발견해 낸 가장 위대한 아이디어 중의 하나다. 만약 당신이 뭔가를 추진할 때 무시나 편견, 불공정, 지연과 같은 장애물 때문에 어려움을 겪고 있다면 지렛대의 원리를 떠올려라. 어딘가에 지렛대를 꽂아 넣을 공간이 있을 것이다. 그 지렛대는 어떠한 장애물도 움직이게 할 것이다. 중심에만 초점을 맞추지 마라. 가장자리에 딱 들어맞는 톱니도 있다."

성공의 비결이자 효율의 진정한 시험대이기도 한 자기 자신의 주인이 되는 것과 마찬가지로, 사람에게 영향을 미치는 것은 어떤 관심사에 집중하는 능력에 달려 있다는 점을 명심하시기 바랍니다.

집중의 기술

여러분은 이렇게 하소연할 지도 모릅니다.

"아, 어떻게 하면 집중할 수 있을까! 지금까지 다른 사람의 관심사에는 집중하면서도 정작 나 자신의 관심사에는 집중하지 못했어."

먼저 인내심을 가져야 합니다! 지금부터 집중하는 기술에 대해 설명하겠습니다. 잘 활용하면 집중력을 손에 넣을 수 있는 방법과 도구들을 얻게 될 것입니다. 하지만 그 전에 여러분은 이 강력한 무기의 넓은 범위를 먼저 알아야만 합니다. 그리고 이 방법들과 도구들에 대한 과학적 사용에 내재되어 있는 과정과 원리를 이해할 수 있어야 합니다.

저는 여러분이 숭배와 경외심을 가지고 이 위대한 진리에 도달할 수 있기를 진심으로 바랍니다. 왜냐하면 집중은 그것 자체로 가치를 가질 뿐만 아니라, 인간의 역사 이래 줄곧 영향을 끼쳐 왔기 때문입니다. 종교, 전쟁, 예술, 과학, 숭고한 노력들로부터 발생한 세상에 존재하는 모든 뛰어난 것들은 집중력에 의해 탄생되었습니다. 따라서 집중은 고귀한 목표에 대해 확고한 신념을 갖는 신성한 재능이라고 할 수 있습니다.

알렉산더 대왕이 세상을 지배할 수 있었던 것도 집중력 때문이었습니다. 공자가 평생 동안 위대한 가르침에 헌신한 것도, 소크라테스가 자신의 원칙을 지키기 위해 독배를 선택한 것도 모두 집중력 덕분이었습니다. 더 옛날에 조로아스터교를 만들었고, 아랍의 선지자인 무함마드 역시 집중력이 만들어 낸 인물입니다. 그리고 기독교 창시자는 확고한 광명과 함께 우리에게 다가왔습니다.

미국에서는 집중력이 워싱턴을 탄생시켰고, 워싱턴은 링컨에게 많은 영감을 주었습니다. 최초의 증기선을 개발한 것도, 목화에서 씨를 분리하는 조면기를 만들어 낸 것도, 전기 통신의 비밀을 밝혀 낸 것도, '전기의 마법사' 에디슨을 만들어 낸 것도 집중력 덕분이었습니다. 또한 집중력은 록펠러와 모건의 부자가 되고자 하는 열망을 정점으로 끌어올렸습니다. 더 나아가 집중력은 미국이 내전의 상처를 씻어내고 국가를 온전하게 유지할 수 있게 만들었습니다.

> **집중력은 이루고자 하는 열망을 정점으로 끌어올린다.**

위에서 예를 든 사람들 중 어느 누구도 정신의 힘인 집중력에 대해 깊이 생각하지 않았습니다. 거대하고 압도적인 집중의 힘은 개인의 의지가 행동으로 발휘되었다기보다는 다른 사람의 영향을 받아 구현되었습니다. 그리고 아직까지 생각이 깊은 집중, 의지를 가진 집중, 더 이상 새로운 것이 아닌 '예술로서의 집중'에 대해서는 연구가 이루어지지 않고 있습니다. 그러나 집중은 유사 이래 모든 인종과 국가, 모든 시대에 걸쳐 다양한 모습으로 역사에 그 모습을 드러내고 있습니다.

예술로서의 집중력은 지금까지 신비주의와 미스터리로 감추어져 있었습니다. 왜냐하면 예술 추종자들에겐 단지 작품에 대한 경험적 지식만 있었기 때문입니다. 그들은 집중력의 장치나 도구에 의해 성취된 걸작들을 관찰할 수는 있었지만, 그토록 훌륭한 예술품이 탄생할 수 있었던 이유에 대한 지식은 없었습니다. 그들은 결국 '예술의 놀라움'이라는 설명 뒤로 모습을 감춰 버렸습니다. 그들은 훌륭한 예술품이라는 결과물에 대해 어떤 합리적인 설명도 할 수 없었기 때문에, 그 원인을 기적이나 초자연적인 요인으로 돌렸던 것입니다.

　모든 시대와 모든 국가에서 인간은 길흉화복을 관장하는 신에게 머리를 조아려 왔습니다. 눈에 보이지 않는 절대적인 신의 존재는 인종과 시대에 따라 특성이 다양합니다. 그러나 지구상의 모든 인간은 문명화되었든 문명화되지 않았든 간에 똑같은 방식으로 눈에 보이지 않는 절대자에게 호소해 왔고, 지금도 여전히 그렇게 하고 있습니다.

　점성술사는 신의 목적을 예측하기 위해 무아지경이 될 때까지 빛나는 보석을 들여다보았습니다. 고대 이집트의 제사장도, 페르시아의 동방박사도, 힌두교의 수도자도 무아지경에 이르기까지 한곳을 뚫어지게 바라보았던 것입니다. 초기 기독교의 이상한 종파는 집게손가락으로 코를 가리키며 얼굴 앞에 바싹 붙여두고 보면서 유사한 효과를 끌어내기도 했습니다. 그리스 교회의 수도사는 소란한 세상의 모든 산만함으로부터 자유를 추구했고, 자신들의 배꼽을 계속 바라봄으로써 성령과 교감했다고 합니다.

　마법을 부리고 우상을 숭배하는 오컬트를 행할 때, 마녀의 주문이나 신성한 제물, 치료 주술사와 부두교 주술사의 흉측한 소리, 끔찍한 화장은 모두 악령을 잠재우고 선한 신을 불러들이기 위한 의식이었습니다.

　이 모든 것들에는 두 가지 공통점이 있습니다. 첫째는 자신들이 믿는 존재의 관심을 끌기 위해 그런 행동을 한다는 것입니다. 둘째는 집중을 한 뒤에 즉시 '희망의 실현'이라는 믿음을 향해 나아간다는 것입니다. 그러고는 너무나 경건하게 희망이 성취되기를 바랍니다. 이 모든 행위들은 고도로 집중하기 위한 도구들입니다. 즉 하나의 생각에 믿음을 가지고 거기에 압도적으로 초점을 맞추기 위해 행하는 의식인 것입니다.

> 집중은 하나의 생각에 믿음을 가지고
> 압도적으로 초점을 맞추는 것이다.

경건한 기도자도, 힌두의 요가도, 묵언 수행도, 철학자들의 명상도 모두 집중을 통해 자신만의 진리에 효과적으로 빠져드는 방법이었습니다. 정통 기독교인들의 빵에 대한 일상적인 이야기부터 힌두교 요가 달인의 영혼까지 모든 것은 정신 집중의 방식을 나타냅니다.

요즘 유행하는 힌두교의 신비 요법인 요가에 대해 이야기해 보겠습니다. '요가'를 그대로 직역하면 '집중력'입니다. 요가는 집중, 그리고 신과의 합일에 이르려는 두 가지 목적을 이루기 위해 힌두교에서 상징적으로 행하는 행위입니다. 힌두교 성전인 '바가바드 기타Bhagavad Gita'에 따르면, 요가 달인들은 신체 감각이 집중하지 못하는 상태를 완전히 벗어나기 위해, 심지어 속박의 불구덩이에서 청각이나 다른 감각을 희생시켰다고 합니다.

초기 수도자들이 자학을 하거나 40일간의 금식, 평생을 기둥에서 살았다는 성 시미언의 금욕주의도 모두 같은 맥락에서 이해할 수 있습니다. 이 모든 것들은 정신의 집중을 용이하게 하려는 도구였던 것입니다.

지금까지 여러분은 정신의 작동과 집중에 대해 알아야 할 요소들을 모두 배웠습니다. 이제 여러분도 집중의 기술 창시자들보다 더 뛰어난 장점을 갖게 되었습니다. 이해가 쉽지 않았을 테지만, 이제는 여러분이 집중의 도구들을 직접 적용해서 자신의 목적을 이룰 차례입니다.

옛날 사람들처럼 어두운 곳에 가서 두 손 모아 기도하며 주문을 외울 필요가 없습니다. 또한 집중의 기술이 허무맹랑한 판타지가 아닌, 현대 과학으로 증명할 수 있는 진리라는 것도 알게 되었습니다. 그리고 이제는 그 도구들의 효과에 대해 더 이상 의문을 품지도 않을 것입니다. 이제 여러분은 주술이나 성직자의 권위에 의해 인공적으로 만들어진 신념들과 구분되는 지식을 기반으로 하는 신념에서 영감을 얻게 될 것이고, 자신의 성공을 더 이상 의심하지 않아도 됩니다.

안다는 것은 강력한 힘입니다. 예수는 인간의 영적인 힘을 알고 있었습니다. 그는 아픈 사람을 치료하는 방법, 빵 한 덩이로 더 많은 사람들을 배불리는 방법, '이해를 전제로 하는' 평화를 주는 방법을 알고 있었습니다. 이것이 바로 예수가 보여준 절대적인 힘의 비밀이었던 것입니다.

하지만 그런 예수조차도 자신의 힘을 증명하기 위해 특별한 조건이 필요했습니다. 예수조차도 나사렛 사람들의 '불신' 앞에서는 기적을 행할 수 없었던 것이지요. 예수는 병자를 치료할 때, "너의 믿음이 너를 완전하게 만들었노라!"라고 말씀하시곤 했는데, 이 말에는 과학적인 중요성이 숨겨져 있습니다.

과학적인 방법으로 추구하는 성공도 신념과 원하는 목적을 이루겠다는 믿음이 반드시 필요합니다. 왜냐하면 여러분이 앞에서 이미 알았듯이, 현실에서도 믿음은 물리적인 힘이 되어 주기 때문입니다. 믿음에는 네 가지 이점이 있습니다.

첫째, 믿음은 모두가 얻을 수 있는 신념입니다. 왜냐하면 신념은 이성이 만들어 낼 수 있고, 이성은 결코 파괴되지 않는 것이기 때문입니다. 둘째, 믿음에 근거한 신념은 완벽합니다. 왜냐하면 이성적인 판단에 기초하고 있기 때문입니다 셋째, 신념은 불변의 것이기 때문에 지속됩니다. 넷째, 여러분은 이제 신념이 의식에서 우위를 차지하고 있음을 알고 있기 때문에 의도적이거나 과학적으로 이 신념을 만들어 낼 수 있습니다. 그러므로 집중이 자리를 잡고 있는 신념이 없는 한 그 어떤 성취도 이루어 낼 수 없습니다.

신념과 이상, 그리고 마음의 정화와 집중을 통해 여러분은 내면의 통제가 더욱 용이해질 것이고, 불필요한 감정 소모를 하지 않게 될 것이며, 에너지를 집중하고 목표를 이루는 데 있어 최상의 상태를 더욱 효율적이고 극한으로 유지하게 될 것입니다.

평생의 직업을 선택하는 방법

오늘날 직업 지도는 보편적으로 받아들여지고 있는 학문적 영역은 아닙니다. 그렇다고 직업 지도가 천직을 찾는 이들에게 아무런 도움을 주지 못한다는 건 아닙니다. 문제는 너무 많은 사람들이 아직도 '직감'에 의존하고 있다는 점입니다. 만약 여러분이 성공하지 못한 일에 지금도 종사하고 있다면, 자신의 내면을 살펴보고 문제가 없는지 생각해 보아야 합니다.

기회는 스스로 만들어 가는 것입니다. 평생의 직업을 선택하는 데 있어서 먼저 상식을 적용해 보겠습니다. 여러분은 몇 년 동안 직업지도사로 일한 사람보다 자기 자신에 대해 더 모를 수도 있습니다. 만약 현재 하고 있는 일에 의구심이 든다면, 자신을 직업지도사에게 믿고 맡겨 보세요. 그는 의심의 여지없이 여러분의 약점을 간파해 낼 것입니다. 우리는 자신의 약점을 간과하거나 중요하게 여기지 않는 경향이 있기 때문에, 자신에 대해 냉정한 판단을 내리지 못할 수 있습니다.

직업을 선택할 때, 모든 경우에 똑같이 적용할 수 있는 몇 가지 불변의 진리가 있습니다. 다음 물음에 대해 깊이 생각해 보고, 스스로 점검해 보시기 바랍니다.

'나는 관심이 있거나 좋아하던 직업을 선택했는가?'
'현재 직업이 열정을 가지고 계속 하고 싶은 일인가?'

'자신이 선택한 직업을 수행하는데 잘 준비되어 있고, 관련 교육을 받은 적이 있거나 받고 있는가?'
'내가 선택한 직업이 인류를 위해 이로운 일인가?'
'어느 날 갑자기 사라질 직업은 아닌가?'
'현재 직업이 건강을 해치고 있지 않는가?'

원하는 것을 얻는 방법

마지막으로, 가장 중요한 주제에 대해 이야기하겠습니다. 바로 '자신이 원하는 것을 얻는 방법'입니다. 여기서는 이를 실현할 수 있는 원칙을 적용하는 방법을 알려 주려고 합니다. 직업 개발을 위해, 지금 설명하는 원리를 적절히 활용해서 방법을 찾지 못한다면 제대로 천직을 고르지 못할 것입니다. 이렇게 강조하는 이유는 성공철학 분석가로 연구해 오는 동안, 평범한 사람들이 제가 설명하는 원리를 얼마나 모르고 있는지 깨달았기 때문입니다. 이 원리를 이해하지 못하면, 제가 지금까지 이야기한 내용들도 모두 무용지물이 되고 말 것입니다.
'어떻게 하면 원하는 것을 얻을 수 있는가?'
오늘을 사는 현대인들에게 가장 큰 문제는 바로 이것이 아닐까요? 사무실에서, 차 안에서, 집에서, 도시에서, 농촌에서, 미국에서, 전 세계에서 사람들은 모이기만 하면 이 거대한 주제를 놓고 열띤 논의를 벌입니다. 제가 성공철학을 연구하면서 알게 된 가장 중요한 요소는 다음과 같은 우주의 법칙입니다.

'사람은 마음에 품은 것은 무엇이든 이룰 수 있다.'

물론, 원하는 것을 얻는 데는 여러 가지 길이 있지만 올바른 길은 단 한 가지뿐입니다. 그리고 저의 목적은 그 올바른 길을 여러분에게 이해하기 쉽게 알려 주는 것입니다. 그럼, 저는 대체 어떤 사람이길래 이렇게 중요한 질문에 답을 주려는 것일까요?

저는 이 원칙을 탐구했던 수많은 사람들 중의 한 사람이며, 원하는 것을 얻지 못하고 성공과는 정반대의 삶을 살았던 사람들을 철저히 연구함으로써 성공철학 책을 쓰게 된 사람입니다.

수많은 사람들이 '성공의 원리'를 주제로 책을 씁니다. 저는 그들 중에서 유일하게 인생의 목적을 이루는데 있어 오랫동안 삶의 목적과 조화를 잃고 방황하던 사람들의 '경험'을 한데 모아 정수를 짜낼 수 있었습니다. 그래서 사람들의 끔찍하고, 가슴 아프고, 실망스러운 경험으로부터 배운 것들을 모두에게 간절히 알려 주고 싶습니다. 내 이야기를 듣고 성공을 향해 나아가는 길이 조금이나마 평온하고 즐거운 여정이 되었으면 좋겠습니다.

제가 여기서 이야기하는 법칙들은 과학적으로도 올바를 뿐만 아니라, 자신이 원하는 곳에 도달하도록 만들어 줄 유일한 길이라고 확신합니다. 이렇게 확신하는 데는 이유가 있습니다. 제가 15년 이상 이 원칙을 부정하며 사용하지도 않은 채, 원하는 목표에 도달하려고 모든 노력을 기울여 봤기 때문입니다.

이런 이유에서 지금부터 제 관점을 제시하겠습니다. 이를 통해 이득을 얻을 생각도 없고, 여러분을 즐겁게 해주고 싶은 생각도 없습니다. 제가 이 일을 하는 이유는 다른 사람을 도와 성공으로 이끌고 행복하게 해줄 수 있다는 것만으로 기쁨을 느끼기 때문입니다.

먼저 이 간단한 법칙이 저만의 소유가 아님을 밝힙니다. 이 법칙은 유사 이래로 모두에게 적용할 수 있는 법칙이고, 우주의 위대한 법칙에 감히 인간이 만든 원칙을 적용해서 설명하려는 행위는 용납할 수 없을 것이므로, 여러분이 조용히 마음속으로 저를 비난하지 않기를 바라는 마음을 가지고 있습니다.

전기는 오랜 세월을 거쳐 인류가 도전해 온 문제였고, 예전이나 지금이나 전기는 항상 부족했습니다. 모든 에너지가 그러하듯 전기를 소유한다는 것은 여전히 힘을 가진다는 걸 의미합니다. 인간이 진화 중일 때는 구름 사이로 내려치는 번개에도 잔뜩 겁을 집어 먹었고, 당시 인류는 번개를 인간의 무지에 대한 신의 분노로 여겼습니다.

그러나 프랭클린은 회의적이지 않았습니다. 그는 자연을 공부하는 학생이자 사상가였으며, 철사를 연에 매달아 날리며 에너지와 대화를 나눴습니다. 그 시대에 살던 대부분의 사람들은 전기에 대해 잘 알지도 못했을 뿐만 아니라, 두려워했음에도 불구하고 말입니다.

그 후 등장한 에디슨은 혼자서 자연의 법칙을 찾아내고 적용하면서 전기를 연구의 원동력으로 삼았습니다. 그의 노력은 각 가정의 빛이 되었고, 기계를 돌게 했고, 기관차를 달리게 만들었습니다. 물론 에디슨이 전기를 발명한 것은 아닙니다. 그는 자신 이전에 누구라도 발견하고 이용할 수 있었던 자연의 법칙을 활용하는 방법을 찾아냈을 뿐입니다.

이와 마찬가지로 여러분도 이 자연의 법칙을 활용함으로써 원하는 것을 얻을 수 있습니다. 저는 이 법칙을 설명하면서, 여러분이 원하는 것을 얻는 방법을 보여주려 합니다. 그러나 제가 여러분에게 말해 줄 수 없는 것이 하나 있습니다. 그것은 바로 여러분이 '간절히 원하고, 원해야 한다는 것'입니다.

이제 이 위대한 원칙에 본격적으로 들어가기에 앞서, 내가 찾아냈던 원리를 이미 발견했던 가장 뛰어난 권위자의 글을 잠시 소개해 보겠습니다.

생각은 모든 것을 만들어 낸다. 생각은 본질을 관통하고 스며들며 우주 공간을 채운다. 또한 생각은 생각으로 연상시킨 모든 것들을 실제로 생겨나게 한다. 사람은 생각으로 무형의 물질까지 만들어 낼 수 있으며, 형태가 없는 물질에 관한 생각을 되새김으로써, 사람은 그가 생각하는 것을 만들어 내는 원인이 된다. 이렇게 하려면 반드시 신념과 목적을 가지고 자신이 원하는 것을 선명하게 머릿속에 그릴 수 있어야 한다. 또한 각각의 것들을 분리한 후 효율적인 방법으로 실행하고, 해야 할 일들을 매일 실행하고,

믿음과 목적을 가져야 하고, 자신이 원하는 것들을 마음속에 선명하게 그리고 있어야 한다.

'사람은 마음에 그린 모습 그대로 된다.'

지금 인용한 말들은 제가 지금 이야기하고 있는 법칙과 정확히 일치합니다. 서양 속담에 '뿌린 대로 거둔다'는 말이 있듯이 '사람은 마음에 그린 모습 그대로 된다'는 것을 기억하시기 바랍니다.

하지만 여전히 마음속에 의구심이 들어 있나요? 그렇다면 의구심에 영원히 사로잡히기 전에 부정적인 생각과 의심, 자연의 기본 법칙에 대한 신념 부족이라는 소용돌이 속에서 얼른 빠져나오세요. 그것들은 많은 사람들이 원하는 것을 얻지 못하고 실패하게 만든 원인입니다. 방금 제가 '원하는 것을 얻지 못하고 실패한 원인'이라고 했는데, 사실 마음속으로 간절히 원한다면 그것을 얻는데 실패하는 상황은 일어나지 않는다고 확신합니다.

여기, 여러분이 반드시 기억해야 할 이야기가 또 있습니다. 뭔가를 단순히 소망하는 것과 온 마음을 다해 간절히 바라는 것 사이에는 큰 차이가 있다는 것입니다. 정말로 간절히 바라는 것은 그 어떤 대가를 지불하고라도 반드시 얻고야 말겠다는 결심을 하도록 만듭니다. 그리고 여러분은 그것을 얻기 위해 계속 나아갈 것입니다!

> **진정으로 간절히 원하면
> 그것을 얻게 될 것이다.**

　이 말에는 위험한 부분이 있는데, 그것은 바로 평범한 사람들이 이 위대한 법칙을 잘못 이해하고 길을 잃게 되는 지점입니다. 이 말의 진정한 의미는 진정으로 간절히 원하는 것은 의식적으로, 또는 무의식중에 얻을 수 있다는 뜻입니다. 이 말을 반드시 기억해야 합니다!

　이 말의 의미는 너무나 중요하기 때문에 잠시 주제에서 벗어나 한 사업가의 이야기를 들려주겠습니다. 이 이야기는 어느 종교적인 광신자에 의해 만들어진 것이 아니라, 가난뱅이와 부자의 삶을 오갔으며, 여러분이 겪은 일들과 유사한 경험을 했던 사람의 이야기입니다.

　제가 여기서 이 이야기를 들려주는 이유는, 지금 여러분에게 제공하고 있는 정보가 쓸모없기 때문에 지난 20년 동안 사업을 하면서 열다섯 번이나 실패했다는 것을 말하려는 게 아닙니다. 오히려 제가 이 원리를 비현실적이고, 왜곡되고, 다소 삐뚤어진 마음으로 이해하고 있었기 때문에 사업에서 여러 번 실패했다는 걸 보여주려는 것입니다.

　이제는 잘 알고 있습니다. 안타까운 점은 제가 실수를 깨닫기 전에 이미 내 인생의 5분의 1이나 되는 15년을 허비해 버렸다는 것입니다.

여러분이 인생을 살면서 제대로 된 직업을 갖도록 도와주기 위해 무슨 수를 쓰든 이 법칙을 여러분에게 각인시켜 주려고 합니다. 그렇게 함으로써 여러분이 바람직한 삶을 살지 못하도록 옭아매는 것들에서 벗어날 수 있도록 도와주고 싶습니다.

말하자면 이 이야기의 메시지는 '진정한 자신을 찾게 된' 어느 평범한 사업가의 이야기인 것입니다. 그는 진정한 자신을 발견했을 뿐만 아니라, 어떻게 자신을 발견하고 삶의 목적을 찾게 되었는지 정확히 알고 있으며, 그것을 여러분에게 들려주려는 것입니다.

다시 주제로 돌아가기 전에, 우주의 법칙 또는 자연의 법칙을 잘못 알아듣지 않도록 쉽고 분명한 말들로 되새겨보겠습니다.

우리가 실제로 만들고자 하는 모든 것은 먼저 생각 속에 형성되어 있어야 한다! 우리가 집중하는 그 생각은 적당한 시기에 물리적인 형태로 우리 눈앞에 나타날 것이다. 결국 우리는, 우리가 가장 많이 품고 사는 생각을 닮아 가게 되어 있다.

이것이 바로 가장 쉽게 풀어 설명한 원리입니다. 이제 가장 진솔하고 구체적인 경우에 이 원리를 적용시켜 의식적으로 사용되었을 때, 실제로 어떻게 작동하는지 살펴보겠습니다.

우리는 항상 이 원리를 사용하지만, 대부분은 무의식적으로 사용하기 때문에 목적을 이루는데 실패하고 맙니다. 결국 이 원리가 가치 있는지 없는지는 이 원리를 잘 이해한 뒤 의식적이고 체계적으로 사용했는지, 아니면 잘 이해하지 못한 채 무의식적으로 사용했는지에 따라 달라집니다.

기억하세요. 번개가 전기로 이용되기 전에 알려진 것은 사람들에게 겁을 주는 존재일 뿐이었습니다. 그리고 그때나 지금이나 그런 잘못된 이해는 우리를 다치게 할 수 있다는 것을 말입니다. 제가 지금 사용하고 있는 원리 역시 마찬가지입니다. 이를 제대로 이해하고 의식적이고 잘 정돈된 방식으로 사용하지 않으면, 오히려 부메랑이 되어 여러분의 삶을 망가뜨릴 수 있습니다.

제가 사용한 구체적인 사례는 바로 이렇습니다. 그리고 저는 이 이야기가 진실하다는 것을 알고 있기에 그렇게 사용합니다.

제 친한 친구는 20여 년 동안 많은 돈을 저축하길 원하고 있었습니다. 아마 여러분들도 그랬을 것입니다. 저는 방금 그가 돈을 '원하고 있었다'고 말했습니다. 그러나 실제로 그는 단순히 소원을 '가지고 있기만' 했습니다. 왜냐하면 돈을 버는 대가로 무엇을 내줄 수 있는지, 아니면 어떻게 돈을 벌 수 있는지에 관해 거의 생각하지 않았던 것입니다. 그는 사람들에게 유용한 서비스를 제공한다는 씨앗을 뿌리는 단계를 거치지도 않고 돈을 수확하는 것만 바라고 있었습니다. 즉 '뿌린 대로 거둔다'는 우주의 법칙을 지키지 않았던 것입니다.

그는 20년 세월 중 무려 18년이 지나갈 무렵이 되어서야 비로소 이 법칙을 깨달았습니다. 그리고 지난 2년 동안 마침내 자신이 바라던 돈을 벌었을 뿐만 아니라, 그 어떤 것보다 위대한 진리를 깨닫게 되었습니다. 즉 행복해지는 방법을 알게 된 것입니다! 그는 행복하게 살고 싶었고, 다른 사람을 행복하게 해 주려고 돈을 벌고 싶었던 것입니다. 하지만 처음에는 씨앗을 뿌리지 않은 채 수확을 얻는 것에만 초점을 맞추고 있었습니다. 이런 생각 때문에 수확을 만들어 내는 씨앗을 간과하고 말았던 것입니다.

그는 18년이라는 시간의 대부분을 스스로 이루어 내기 보다는 다른 사람이 이미 만들어 낸 것들을 얻기 위한 수단을 마련하는 데 사용했습니다. 결국 그의 생각은 날카로운 부메랑으로 돌아와 그의 목적을 산산조각 내버리고 말았던 것입니다.

왜일까요? 그는 남들을 이기는 데만 혈안이 되어 있었고, 그렇게 함으로써 스스로 패배자의 길로 접어들고 말았습니다.

> ❝ 사람은 마음속에 그린 모습대로 된다. ❞

그는 항상 남을 패배시킬 생각을 하고 있었기 때문에 정작 자신이 패배하고 말았던 것입니다. 성공 원리를 잘못 이해하고 있었기에 잘못된 자기 암시를 하고 만 것입니다. '자기 암시'는 여러분 자신이 원하는 것을 얻기 위해 의식적으로, 또는 무의식적으로 사용하는 강력한 힘입니다. 그러나 자기암시는 잘못 사용했을 때는 파멸을 불러올 수 있는 치명적인 힘으로 작용합니다.

저는 여러분에게 자신이 원하는 것을 얻는 방법을 알려 주겠다고 했습니다. 그러나 자신이 진정으로 원하는 바가 무엇인지 알아내는 것은 전적으로 여러분의 몫입니다. 지금 제가 말하는 순서대로 따라해 보기 바랍니다.

어떤 결정을 내릴 때, 여러분이 실행하기로 결정한 일이나 선택한 사람에 대해 윤곽을 선명하게 그린 후, 거기에 자세하게 설명을 붙여 두는 것입니다.

이런 순서를 잘 기억하면서 자기 자신과 다른 사람에 대해 자기 암시의 힘을 사용해서 자신이 결정한 선택, 손에 넣고 싶은 것, 원하는 것, 이루고 싶은 것을 목표로 정하세요. 그러고 나서 하루에도 여러 번 암송하세요. 가장 힘찬 말로 시작하는 것이 좋고, 필요하면 상상 속 인물에게 말을 거는 것처럼 해도 좋습니다. 다만 한 가지 강조할 것은 원하는 바를 성취하고 나서 후회할 일을 선택하는 실수를 저지르지 않도록 주의하세요.

지금 말한 성공 원리는 사람을 차별하지 않고 여러분이 주문한 것들을 정확히 가져다 줄 것입니다!

저는 오랫동안 성공한 작가가 되기를 간절히 원했습니다.

'어떤 글을 쓰는 작가가 될까?'

'어떤 글이든 상관없어. 작가로서 내 이름이 인쇄된 책을 볼 수만 있다면 무슨 상관이야!'

저는 최근까지도 글쓰기는 내면의 감정을 외부로 드러내는 것이며, 단순히 책을 출판하는 것이 아니라 독자의 마음속으로 '들어가' 그들의 마음속에서 잃어 버렸던 뜨거운 뭔가를 되찾아 주어야 한다는 것을 알지 못했습니다.

> 당신은 마음속에서 만들어 낸
> 것에 끌리게 될 것이다.

여러분은 스스로에게 끌리게 될 것입니다. 다시 말해 자신의 모든 것, 인생에서 잠시 지나쳐 가는 것들, 자기 마음이 만들어 낸 것들에게 매료될 것입니다. 그렇기 때문에 마음속에 자리 잡을 것들을 현명하게 선택해야 합니다.

잘 골랐다면, 이제는 한 걸음 더 나아가 이루고 싶은 소망이나 되고 싶은 모습을 아주 선명하고 정확하게 마음속에 그리세요. 그리고 마침내 현실이 실현될 때까지 거기에 집중하세요. 앞에서 설명한 '집중의 원리'를 이해했을 테니, 잘 활용할 수 있을 것입니다. 마음속에 그림을 더욱 선명하고 완벽하게 그릴수록 더 선명하고 완벽한 모습을 갖추어 실현될 것입니다.

기억하세요. 단순히 상상만 하는 것은 선명하지도 않고 완벽하지도 않습니다. 거기서 한 걸음 더 나아가야 합니다. 강력한 염원의 힘으로 원하는 그림을 마음속에 선명하고 분명하게 그리세요. 그러면 아무도, 특히 자기 자신조차도 그것을 이루는데 어떤 실수도 용납하지 않을 것입니다.

이 원리는 지구상의 모든 물질과 마음에 적용됩니다. 이 원리를 사용하느냐 않느냐에 따라 행복과 불행이 결정되고, 부유하거나 가난해질 수 있습니다. 선택은 자신의 몫이라는 점을 잊지 마세요.

제가 여기서 제안하는 모든 원리들은 다 시도해 봤고, 실제적이며 과학적으로도 올바르다는 것이 증명되었습니다. 조지 워싱턴 대학교 학생들을 통해 이 원리들이 놀라운 결과를 가져다준다는 것을 직접 목격했습니다. 어떤 경우에는 거의 즉각적으로 효과가 나타나기도 했습니다. 사실, 제가 여기서 언급하는 원리들은 우리 대학에서 가르치는 '홍보와 세일즈' 강좌의 가장 기본적인 과정에 불과합니다. 이 과정을 통해 우리는 더욱 매력적이고 사랑스런 개성을 가진 학생들로 키워 낼 수 있었습니다. 사실 그런 요소들이 없다면, 단순히 기술이나 방법을 가르치는 것만으로는 아무런 가치가 없습니다.

조지 워싱턴 대학은 전 세계적으로 인기를 얻고 있습니다. 이러한 결과를 얻은 데는 우리 대학이 설립된 순간부터 지금 설명한 원리들을 가르쳐 왔기 때문입니다. 그리고 사람들은 그런 사실을 잘 알고 있습니다. 큰 자본금도 없이 말 그대로 맨땅에서 교육 사업을 시작했음에도 불구하고, 위의 원칙들을 적용시켜 5년 만에 비슷한 성격의 다른 대학들에 비해 일찍, 그것도 시작 단계에서 성공을 거두었다는 사실은 별로 놀라운 일이 아닙니다.

오해는 하지 마세요. 조지 워싱턴 대학을 자랑하기 위해 언급한 것은 아닙니다. 사실 우리 대학은 운영이 너무나 잘 되고 있어서 따로 홍보할 필요가 없으니까요. 다만 중요한 사실은 이 원리들이 비즈니스에서도 큰 효과를 내고 있다는 또 다른 증거라는 점을 말씀드리고 싶습니다.

몇 년 전, 최소한의 필수적인 원리를 가르칠 것인데도 시카고에서 가장 큰 대학을 설립하려는 욕심 때문에 헛수고를 한 적이 있습니다. 그 대학 이사장은 내 제안이 지나치게 이상적이라는 이유를 들어 거절했습니다. 하지만 내 제안에 솔깃했던 건 분명합니다. 왜냐하면 그 대학은 내가 제출한 제안서 내용을 그대로 베껴서 사용하고 있기 때문입니다.

물론 복수심에서 이 일을 언급하는 건 아닙니다. 올바른 원리라고 할지라도 잘못된 방식으로 적용하면 절대로 성공할 수 없고, 또 그렇게 해서 실패했다고 그 원칙이 실용적이지 않다거나 잘못된 것이 아니라는 점을 강조하려는 것입니다. 단순하게 원리 한두 가지를 적용한다고 해서 성공이 보장되는 건 아니라는 점을 알아 두시기 바랍니다.

그들이 내 계획을 베꼈기 때문에 앙심을 품고 있는 것은 절대로 아닙니다. 만약 제가 그렇게 행동한다면, 결국 그들과 같아지지 않겠습니까? 또한 그것은 저 스스로 중요한 원칙들 중 한 가지를 어기는 것이나 마찬가지일 테니까요.

만약 누군가가 자신의 아이디어를 베낀다고 하더라도 대응하지 말고 내버려 두세요. 왜냐하면 그들은 스스로 자멸할 것이기 때문입니다. 그들을 미워하며 시간을 보내지 마세요. 미워하면 그들이 아닌 자신이 다치게 됩니다. 생각이 자신의 '성격'을 만든다는 사실을 기억하세요. 그러므로 성격이 만들어지는 과정에서 스며드는 다양한 종류의 생각들에 주의해야 합니다.

마지막으로 여러분에게 하고 싶은 말이 있습니다. '사람이 얼마나 발전할 수 있는지를 알려면, 다른 사람이 저지른 잘못을 용서하고 잊을 수 있는가?'로 확인할 수 있습니다. 험담을 좋아하는 사람들로부터 자신을 부당하게 험담하는 사람이 있다는 말을 들었을 때, 부당함에 대해 소리치며 따지지 않고 의연하게 넘어가는 자기 통제력을 가진 사람이 있으면 나에게 알려 주세요. 그가 위대한 성공을 향해 최소한 첫 발을 내디뎠다는 사실을 확인시켜 주겠습니다.

여러분이 스스로의 평온과 행복을 생각하고 있다면 관대해지고, 용서하세요. 그리고 가능하다면 영원히 잊어버리세요. 매력적이고 사람을 끌어당기는 개성은 무슨 일을 하건 성공하기 위한 필수 조건입니다. 제가 앞서 언급한 원리들이 모두 옳다면, 마음속에 증오심을 가지고 있는 한 매력적일 수도 없고, 사람을 끌어당길 수도 없다는 점을 기억하시기 바랍니다.

6

성공의 다섯 가지 요소

: 1957년, 세일럼 대학교 졸업식 축사

- 나폴레온 힐

Napoleon Hill's Greatest Speeches

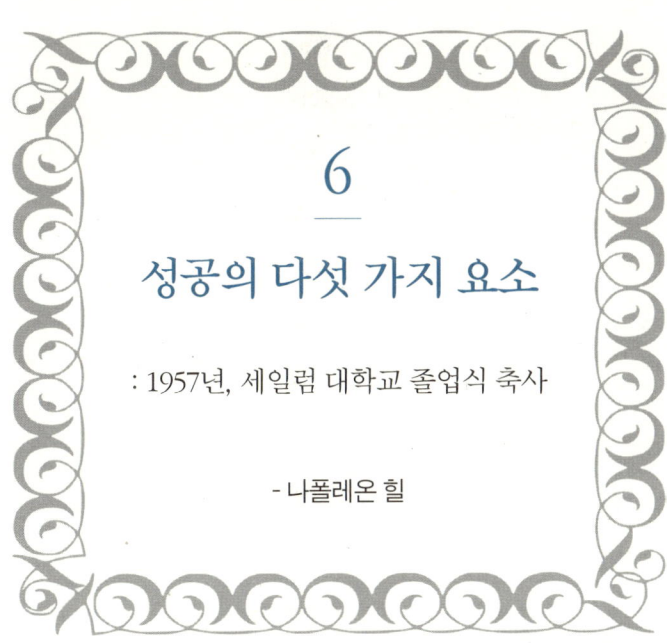

1957년 6월 2일, 나폴레온 힐은 세일럼 대학에서 다시 한 번 졸업식 축사를 해 달라는 요청을 받았다. 그가 1922년에 졸업식 축사를 한지 꼭 34년이 되던 해였다. 세일럼 대학 학보에 '우리 오늘 모입시다!'라는 헤드라인이 실렸다. 학보에 실린 기사는 힐 박사를 다음과 같이 소개했다.

철학자이자 작가이며, 사람들에게 재정적, 정신적으로 성공하는 법을 가르쳐 주는 교육자인 나폴레온 힐이 6월 2일 아침 8시에 세일럼 대학교 대강당에서 졸업식 축사를 할 예정입니다. 그는 무척 흥미로운 인생을 살아왔고, 어떤 목표에도 적용할 수 있는 원리인 '성공과학'을 발전시켜 왔습니다. 게다가 그는 루즈벨트, 우드로 윌슨, 앤드류 카네기, 헨리 포드와 같이 크게 성공한 인물들의 친구입니다. 사실 그가 성공의 법칙 17가지를 연구하게 만든 장본인이 바로 카네기였습니다.
말 그대로 이제 수많은 사람들이 나폴레온 힐을 신뢰하고 있습니다. 그는 사람들에게 가능하다고 믿는 성공보다 훨씬 더 큰 성공을 이끌어 낼 수 있도록 동기를 부여하기 때문입니다. 게다가 그는 사람들이 자신의 야망을 깨달을 수 있도록 단계적인 방법을 제시해 주고 있습니다.
'인간은 자신이 꿈꾸는 것은 무엇이든 성취할 수 있다.'
이 말은 나폴레온 힐의 핵심 철학입니다. 그는 또한 '확신과 신념에 일치하는 실천'이 있다면 무엇이든 될 수 있다고 강조합니다. 전 세계적으로 6천만 명 이상이 나폴레온 힐의 책을 읽은 것으로 추정되고 있으며, 독자들은 1937년에 출판된 이후로 가장 인기 있는 그의 책 『부의 비밀』로부터 많은 깨달음을 얻고 있습니다.
나폴레온 힐은 위스키 밀주 제조, 외부 세계와 단절된 궁벽한 산촌, 문맹이 일상화된 시기였던 1883년 10월 26일에 버지니아 주 와이즈카운티에서 태어났습니다. 그는 비록 가난한 집에서 태어났지만, 부유했던 삼촌에 의해 '나폴레온'이라는 특별한 이름을 선사 받았습니다.
재정 문제를 겪던 스물다섯 살의 나폴레온 힐은 새로운 일을 시작했습니다.

바로 밥 테일러 상원의원이 사장으로 있던 정기간행물에 성공한 인물들에 대한 자전적 기사를 쓰기 시작한 것입니다.

나폴레온 힐이 성공할 수 있도록 믿고 도와준 캐피탈 항공 경영자인 제닝스 랜돌프 상원의원은 1933년에 그를 루즈벨트 대통령에게 소개합니다. 그리고 나폴레온 힐은 대통령의 연설 자문 역할을 맡게 되었습니다. 루즈벨트 대통령의 유명한 연설 '두려움을 제외하면 우리가 두려워 할 것은 아무것도 없다'의 아이디어를 준 사람도 바로 나폴레온 힐이었습니다. 연설은 대공황의 나락에서 헤매던 미국을 구해 내는데 큰 도움이 되었습니다.

나폴레온 힐은 1922년 세일럼 대학교에서 졸업 축사를 해주었습니다. 그는 「무한 성공 Success Unlimited」이라는 잡지의 출판인이며, 『생각하라 그러면 부자가 되리라』를 포함해 여러 권의 자기계발서를 쓴 저자이기도 합니다. 이 책은 6천만 권이 팔렸고, 세계 각국의 언어로 발행되었습니다. 그의 최신작으로는 『급여를 올리는 법 How to Raise Your Own Salary』이 있습니다.

제닝스 랜돌프를 포함한 25명의 졸업생 앞에서 행했던 1922년 졸업식 축사 이후, 힐의 인생에는 많은 일들이 일어났다. 제닝스 랜돌프는 상원의원이 되어 의회에서 오랫동안 정치인으로 봉사했고, 힐의 친구가 되어 나중에는 나폴레온 힐 재단의 이사로 재직하기도 했다.

1957년에 행한 연설로 나폴레온 힐은 명예 문학박사 학위를 받았다.

— (나폴레온 힐 재단 이사) 돈 M. 그린

Napoleon Hill

졸업 축사의 사전적 의미는 '졸업생을 위한 작별의 설교'라는 뜻입니다. 하지만 여기서 설교를 하거나 작별을 고하지는 않겠습니다. 대단히 기쁘고 영광스런 마음으로 학교를 떠나 사회로 진입하는 여러분을 축하해 주려 합니다.

부디 오늘의 축사가 여러분 한 사람 한 사람과 직접 대화를 나누었다고 느낄 수 있기를 바랍니다. 제가 말하려는 메시지가 나와 여러분 사이의 친밀함이 전제되어야만 완벽히 전달될 수 있기 때문입니다. 저는 연설이 끝난 후에 여러분이 일요일 예배 후 목사님과 악수를 나누며 "오늘 말씀은 너무 좋았어요! 저도 그런 경험이 있고, 저와 비슷한 일을 겪은 사람들을 많이 알고 있어요!"라고 말하는 평범한 느낌이 들지 않기를 바랍니다.

어떤 사람은 햇빛 아래서 잘 자라는 반면, 어떤 사람은 그늘 아래서 잘 자란다는 이야기로 설교했던 어느 목사님의 이야기부터 들려 드리겠습니다. 그 목사님은 설교 중에 이렇게 말했다고 합니다.

"여러분도 잘 알다시피 장미는 볕이 잘 드는 곳에 심어야 합니다. 하지만 후크시아가 잘 자라기 위해서는 그늘진 곳에 심어야 해요."

그렇게 설교가 끝난 후, 한 여성이 목사님에게 다가오더니 손을 덥석 잡으며 이렇게 말했다고 합니다.

"오늘 말씀 정말로 감사합니다!"

목사는 신도의 반응에 기뻤지만, 기쁨은 오래 가지 못했습니다. 그 다음에 신도가 이렇게 말했거든요.

"제가 기르는 후크시아가 왜 자라지 않는지 무척 궁금했는데, 이제야 궁금증이 풀렸어요."

> 정신적, 물질적인 행복을 마음껏 수확하려면
> 씨앗 뿌리는 방법부터 배워야 한다.

오늘 당장 이 자리에서 후크시아를 기르는 방법을 배울 수는 없을 것입니다. 하지만 다른 의미에서 저의 조언은 정원을 가꾸는데 활용할 수도 있을 것입니다. 오늘 제 이야기에서 여러분이 정신적, 물질적 행복을 풍요롭게 수확할 수 있도록 씨앗을 뿌리는 방법을 배울 수 있기를 기대합니다. 혹은 후크시아를 기르는 그 여성처럼, 여러분이 인생의 정원을 가꾸는데 필요한 작은 요령이라도 얻어 갈 수 있다면 더 없이 기쁠 것입니다.

다만 여러분이 처음 교회에 나온 소녀 같은 기분을 느끼지 않았으면 좋겠습니다. 예배가 끝난 후, 목사님이 설교 소감을 물었는데 "글쎄요, 찬송가는 즐거웠지만 설교는 너무 길었어요."라고 말하면서 말입니다.

정확히 35년 전 여름에도 이 자리에서 졸업 축사를 하고 있었습니다. 1922년 1차 세계대전이 끝난 후의 어느 날이었습니다.

전쟁에서 미국은 연합군이 승리할 수 있도록 결정적인 역할을 했습니다. 그 후 미국은 정치, 경제에서 세계를 이끌어 가는 나라로 부상하게 되었습니다. 그래서 1922년에 세일럼 대학교를 졸업하는 학생들에게 장미빛 미래를 그려 주는 건 어려운 일이 아니었습니다. 당시 이 나라에는 졸업생 모두에게 기회가 넘칠 만큼 주어지고 있다고 자신 있게 말할 수 있었으니까요. 저 역시 미국이 역사상 가장 위대한 산업화와 경제 발전을 이룰 것이라고 굳게 믿고 있었습니다. 하지만 제가 예측하지 못한 몇 가지 일들이 닥쳐왔습니다. 그중 하나가 바로 1930년대에 미국을 덮친 대공황이었죠.

다른 두 가지는 2차 세계대전과 공산주의의 등장이었습니다. 이는 마치 신께서 미래를 향한 커튼을 조금만 열어 앞으로 일어날 좋은 일들을 보여주셨지만, 앞으로 일어날 나쁜 일들은 꼭꼭 숨겨 두신 것과 같았습니다. 1922년 여름날, 제가 이 자리에서 이야기했던 것들이 이후 35년 동안 현실이 되어 가는 걸 지켜본다는 것은 제게 무척 기쁜 일이었습니다. 하지만 그날 제가 했던 가장 대담하고 긍정적인 예측조차도 영광스러운 지금의 현실과는 비교조차 되지 않습니다.

오늘 이 자리에 있는 여러분들 중 1922년에 졸업한 분들이 적어도 몇 분은 계실 것입니다. 만약 이 자리에 계시다면, 당시에 과학과 문화에서 일어난 엄청난 발전에 대해 좀 더 정확하게 예측하지 못했던 점을 너그러이 용서해 주기 바랍니다. 1922년에 어느 누가 원자력 에너지, 항공 산업, 전자 산업의 비약적인 발전, 그리고 거리와 시간의 제약을 인간이 극복해 내리라고 예측할 수 있었겠습니까? 만약 그 당시에 제가 머지않은 미래에 사람들이 음속의 두세 배로 하늘을 날 거라고 예상했다면, 아마 졸업생들과 교수님들은 제 말에 코웃음을 치고 말았을 것입니다.

그렇지 않나요?

지금 이 자리에 계신 여러분들을 위한 교훈이 있습니다. 사실 매우 단순한 것이지만, 오늘 제가 놀라울 정도로 낙관적이고 희망적으로 말할지라도, 놀라울 정도로 상상력을 발휘해서 말할지라도, 놀라울 정도로 아름답게 미래를 그려낸다 할지라도, 앞으로 35년 동안 인류가 이루어 낼 영광스러운 변화들을 온전히 묘사할 수는 없다는 것입니다.

이쯤에서 워싱턴 DC의 택시기사 이야기를 해 볼까 합니다.

관광객을 태우고 국립 문서보관소를 지나던 중이었습니다. 건물 외벽에 '과거는 전주곡에 불과하다'는 문구가 새겨져 있었습니다. 관광객이 "무슨 뜻인가요?"라고 묻자, 운전사는 "음, 당신은 아직 아무것도 보지 못했다는 뜻이죠!"라고 대답했다고 합니다.

여러분이 앞으로 평생 동안 살면서 겪을 일과 영광스러운 성취들을 일일이 예측해서 설명하는 건 불가능에 가까운 일입니다.

수년 전에 했던 말이 있는데, 이제는 하도 많이 언급되어 조금은 진부하게 들리기까지 합니다. 하지만 이 문장은 지금까지 진리처럼 매일 증명되고 있습니다. 바로 '인간이 마음속에 품고 있고, 믿는 것은 무엇이든 이루어질 수 있다'는 것입니다.

졸업생 여러분! 상상력을 제한하면 여러분의 미래와 성취 역시 제한된다는 것을 기억하세요. 물론 여러분 모두는 앞으로 실망과 일시적인 실패도 경험할 것입니다. 또한 여러분의 이전 세대들이 그랬듯이 여러분 역시 전쟁이나 대공황과 같은 집단적 비극을 경험하게 될지도 모릅니다.

하지만 절망할 필요는 없습니다. 지금 여기서 지난 50년간 제 경험에 기초한 또 하나의 진실을 알려 드리려고 합니다. 그건 바로 모든 역경에는 그만큼의 가치로 돌아올 씨앗이 깃들어 있다는 것입니다. 다시 한 번 강조하겠습니다. 모든 역경에는 그만큼의 가치로 돌아올 씨앗이 깃들어 있습니다.

모든 건 자신에게 달려 있다

그러나 씨앗을 찾아내서 심고, 키우고, 열매를 맺게 하는 것은 온전히 여러분의 몫입니다. 이 일은 어느 누구도 대신해 줄 수 없습니다. 우리 모두는 조물주의 도움을 받아 자신의 운명을 개척해 나갑니다. 그리고 역경에 직면한 순간 그 속에서 신이 우리에게 선사하려고 감춰 둔 가치를 발견해 낼 수 있어야 합니다.

믿음을 가지고 성공적인 삶을 살아가는데 필요한 두 가지 기둥을 다시 한 번 복습해 봅시다.

첫째, 인간이 마음에 품고 믿는 것은 무엇이든 이루어질 수 있습니다. 둘째, 모든 역경에는 그만큼의 가치로 돌아올 씨앗이 깃들어 있습니다.

여러분이 이 두 가지를 완벽히 익힌다면, 행복을 향해 거대한 두 걸음을 내디딘 것이나 마찬가지입니다. 또한 여러분은 지난 4년간 대학을 다니며 보여준 끈기와 노력으로 이미 성공으로 향하는 길에 접어들었습니다. 여러분은 세일럼 대학의 도움으로 인생이라는 정원에 뿌릴 씨앗을 마련했고, 이제 밭을 갈고 씨앗을 뿌릴 준비를 마친 것입니다.

그 누구도 여러분이 받은 대학 교육의 가치를 폄훼할 수 없습니다. 지난 4년간의 대학 생활은 여러분의 미래를 위해 중대한 역할을 해왔습니다. 여러분은 먼 훗날이 되어서야 대학으로부터 받았던 도움의 참 의미를 깨닫게 될 것입니다. 해가 갈수록 여러분에게 도움을 주었던 모든 분들에 대한 고마움을 더욱 크게 느낄 것입니다.

이제 세일럼 대학을 졸업하는 여러분은 미래에 거둘 수확을 위한 인생의 씨앗을 뿌리는 단계에 접어들었습니다. 여기서 충고 하나를 해볼까 합니다. 그것은 바로 씨앗을 뿌리는데 시간을 지체하지 말라는 것입니다. 오늘 이 시간, 여러분은 인생의 봄 한 가운데에 있으며, 훗날 어떤 작물을 수확하게 될지는 바로 지금 결정됩니다. 씨앗을 뿌리는 시기가 늦어질수록 수확도 늦어진다는 것을 기억해야 합니다.

그럼, 오늘의 본론으로 들어가 보겠습니다.

지금부터 제가 생각하는 성공을 위한 다섯 가지 필수 조건에 대해 말씀드리려고 합니다. 여러분 중에는 아마도 제가 이 주제에 대해 말할 자격이 있는지 궁금해 하는 분들이 있을 것입니다. 저는 여러분이 앞으로 인생을 살면서 권위를 내세우며 자신의 의견을 제시하는 사람을 만나게 된다면, 바로 지금과 같은 태도를 유지하길 권합니다.

소설가 올리버 골드스미스는 '진정한 설교는 입으로 하는 게 아니라, 자신의 삶으로 보여주는 것'이라고 말했습니다. 자, 그럼 지금부터 제가 성공에 관한 이야기를 해도 되는지 여러분 스스로 판단해 보시기 바랍니다.

1908년, 저는 어린 나이에 잡지사 기자 신분으로 철강왕 앤드류 카네기를 처음 만났습니다. 카네기에 대해서는 이미 많은 이야기들이 회자되고, 글로도 발표되고 있었습니다. 물론 그 중에는 부정적인 내용들도 있었죠. 하지만 수년에 걸쳐 카네기를 지켜본 사람으로서 한 마디 하자면, 그처럼 높은 이상으로 사람에 대해 따뜻한 마음을 가진 사람을 만나 본 적이 없습니다.

카네기는 제게 인간의 성공을 철학적으로 정의하는 공식을 연구해 보라며 과제를 주었습니다. 그의 제안은 인류에 대한 그의 사랑을 여실히 보여준다고 생각합니다. 그는 높은 사회적 지위에 오르기까지 겪었던 수많은 시행착오를 여러분과 같은 젊은이들은 겪지 않기를 바랐습니다.

카네기의 제안과 도움에 힘입어 수많은 성공한 사람들을 만나 그들과 인터뷰하며 20여 년의 시간을 보냈습니다. 그들 중 많은 사람들과 친구가 되었는데, 그중에는 발명가 토마스 에디슨과 알렉산더 그레이엄 벨, 자동차 왕 헨리 포드 같은 사람들도 있습니다. 성공한 사람들을 만나 인터뷰를 하면서 개인이 성공하거나 실패하는 결정적인 요인을 찾아 나선 끝에, 마침내 열일곱 가지 원칙을 기반으로 '성공과학'을 도출해 낼 수 있었습니다.

성공에 절대적으로 필요한 다섯 가지

오늘은 성공을 이루기 위한 가장 핵심적인 다섯 가지 원칙에 대해 말씀드리겠습니다. 이 원칙들을 잘 적용한다면, 여러분은 자신이 선택한 직업에서 원하는 위치에 올라갈 수 있을 것이라 확신합니다. 하지만 세상에 공짜로 주어지는 것은 아무것도 없습니다. 갖고 싶은 가치가 있는 모든 것에는 가격표가 붙어 있기 마련입니다. 미국의 시인이자 사상가인 에머슨은 이런 말을 했습니다.

"당신 말고는 아무도 당신에게 평화를 가져다 줄 수 없고, 원칙의 기쁨 말고는 아무것도 당신에게 평화를 가져다 줄 수 없다."

이 말을 달리 해석하면, 오직 여러분 자신만이 자신에게 성공을 가져다 줄 수 있다는 뜻입니다. 즉 성공 원칙을 삶에 적용하지 않고는 결코 성공할 수 없다는 것을 명심하시기 바랍니다.

성공하기 위한 다섯 가지 필수 요소는 다음과 같습니다.

첫째, 명확한 목표
둘째, 마스터마인드 원칙
셋째, 남들보다 한 걸음 더 나아가기
넷째, 자기 단련
다섯째, 신념의 적용

명확한 목표

모든 성공은 명확한 목표를 세우는 것에서부터 시작됩니다. 자신이 원하는 것이 무엇인지 정확히 알아야 하고, 그것을 성취하는데 필요한 행동을 마음속으로 단단히 준비하지 않는 한 그 누구도 성공을 꿈꿀 수 없습니다.

그렇다면 어떻게 명확한 목표를 세우고, 성공에 필요한 마음가짐을 가질 수 있을까요? 답은 간단합니다. 믿음에 대해 깊고 영속적인 수용력을 길러야 합니다!

명확한 목표를 세우는 것에는 언제나 보상이 따르기 마련입니다. 수많은 사례들이 있어서 그것을 증명해 줍니다. 하지만 그중에서도 시카고의 클레멘트 스톤 씨의 이야기보다 더 훌륭한 사례는 없을 것 같군요.

『생각하라 그러면 부자가 되리라 Think and Grow Rich』 책을 출판하고 나서 얼마 지나지 않아, 스톤 씨는 우연히 그 책을 접하게 되었다고 합니다. 1938년 당시 그는 보험 세일즈맨으로 일하며 검소한 삶을 살고 있었습니다.

스톤 씨는 내 책을 읽고 인생에서 명확한 목표를 세우는 것이 얼마나 중요한지를 곧 깨달았고, 주머니에서 수첩을 꺼내 다음과 같은 문구를 적었다고 합니다.

'내 인생의 목표는 1956년까지 세계에서 가장 큰 보험 회사의 경영자가 되는 것이다.'

스톤 씨는 수첩에 쓴 글에 서명을 한 후, 그 문장이 머릿속에 견고하게 각인될 때까지 매일 읽고 또 읽었다고 합니다. 이처럼 스톤 씨는 자신이 원하는 바를 정확히 알고 있었기 때문에 기회가 찾아왔을 때 그것을 잡을 수 있었던 것입니다.

그리고 마침내 컴바인드 보험사를 인수할 기회가 찾아왔을 때, 스톤 씨는 목표 달성을 위해 망설임 없이 신속히 대처할 수 있었습니다. 그리고 자신의 열정과 에너지를 쏟아 부어 회사를 자신이 목표로 했던 가장 큰 보험 회사로 만들었습니다.

지금 스톤 씨는 다른 사람들이 목표를 달성할 수 있도록 시간과 재능을 쏟고 있습니다. 성공 비결 홈 스터디 과정을 후원하고 있으며, 월간지 「무한 성공 Success Unlimited」을 통해서 사람들이 성공할 수 있도록 돕고 있습니다.

스톤 씨는 자신이 무엇을 원하는지 정확히 알고 있었고, 그것을 성취할 수 있다고 믿었으며, 성공의 기회가 올 때까지 포기하지 않고 믿음을 지켰기 때문에 큰 성공을 거머쥘 수 있었습니다.

스톤 씨의 성공에는 목표와 목적에 상응하는 만큼의 물질로 사람을 끌어당기는 '생각의 힘'이라는 것이 작용했습니다. 생각의 힘은 인간이 만들어 내는 것이 아닙니다. 주어진 운명을 통제하고, 자신을 위해 사용할 수 있도록 만들어진 것입니다.

모든 사람은 태어날 때부터 셀 수 없이 많은 축복으로 가득 찬 봉인된 봉투를 가지고 있습니다. 그 봉투 안에 들어 있는 축복은 생각의 힘이 우리 안에 내재되어 있다는 진실을 받아들이고 활용할 수 있을 때, 비로소 누릴 수 있는 것입니다. 그러나 봉투 안에는 생각의 힘을 알지 못하고 활용하지 못하는 자에게 내려지는 벌 또한 함께 들어 있습니다.

봉투 안에 들어 있는 축복이 현실이 될지, 아니면 벌이 될지는 여러분 자신에게 달려 있습니다. 그 봉투야말로 근본적으로 우리가 통제해야 할 것이며, 여러분에게 주어진 가장 소중한 자산입니다.

기억하세요. 여러분이 소유한 그 봉투 안에 무엇이 들어 있든 그것을 현명하게 활용할 수 있어야 합니다. 그렇지 않으면 무용지물이 되고 말 것입니다. 또한 여러분에게는 인생의 목표를 세우고 성취할 때까지 멈추지 말고 정진해야 할 불변의 권리가 주어져 있다는 사실도 기억하세요. 어느 누구도 안타를 목표로 하고서 홈런을 칠 수는 없습니다. 높은 목표를 두려워하지 말고 높이, 더 높이 목표를 세워야 합니다.

위대한 전도사 드와이트 무디 씨가 목사님과 함께 부유한 여신도에게 교회 증축에 필요한 기부를 부탁했을 때의 이야기가 떠오릅니다. 무디 씨는 여신도의 저택으로 들어가기 전에 목사님에게 기부금을 얼마나 요구할지를 물었습니다. 목사님은 250달러 정도면 될 것 같다고 대답했습니다. 이에 무디 씨는 자신에게 맡겨 달라고 말한 후, 여신도에게 딱 잘라 이렇게 말했습니다.

"교회 증축에 2천 달러가 필요하니, 기부를 부탁합니다."

이에 여신도는 기겁하며 손 사레를 치더니 이렇게 말했다고 합니다.

"무디 씨! 저는 1천 달러 이상은 기부하기 어렵습니다."

이렇게 해서 목사님과 무디 씨는 1천 달러짜리 수표를 받아 나올 수 있었습니다. 이 이야기의 교훈은 이렇습니다.

인생은 결코 여러분이 요구하는 것 이상을 주지 않는다는 것입니다. 물론, 원하는 걸 모두 이룰 수 있는 건 아닙니다. 하지만 분명한 것은 여러분에게 명확하고 원대한 목표가 없다면, 그 무엇도 성취할 수 없다는 것입니다.

그리고 목표에는 물질적인 부의 축적이 반드시 포함되어야 하는 건 아닙니다. 알버트 슈바이처, 조나스 소크, 다미엥 신부 같은 사람들도 자신이 세운 명확하고 원대한 목표를 달성했습니다. 이들 중 누구도 돈 자체를 목표로 삼은 사람은 없었습니다. 진정으로 인류를 위해 봉사하겠다는 고결한 목표를 세우고, 그 안에서 행복과 마음의 평화를 찾는 것보다 더 값진 일은 없을 것입니다.

하지만 부를 추구하는 것과 마음의 평화를 찾는 것이 결코 다른 목표가 아니라는 점도 강조하고 싶습니다. 정직하게 축적한 부는 그 자체로 축복이며, 특히 부자가 다른 사람을 돕는데 자신의 재산을 사용한다면 더욱 그러할 것입니다.

목표를 설정할 때 불가능은 없다는 점을 기억해야 합니다. 신데렐라에서 로저스와 해머스타인이 말하는 것처럼 '세상에는 매일 불가능한 일들'이 일어나고 있습니다.

신문기자로 일할 때, 라이트 형제의 이야기를 다룬 적이 있습니다. 당시에 라이트 형제는 버지니아 주 알링턴에서 해군을 상대로 하늘을 나는 기계 발명에 대해 설명하고 있었습니다.

저는 3일 동안 차 안에 앉아 라이트 형제가 비행기를 하늘로 띄우려고 애쓰는 모습을 지켜보았습니다. 마침내 비행기가 공중으로 떠올랐지만, 불과 몇 초 만에 바닥으로 떨어져 산산조각이 나고 말았습니다. 근처에서 이를 지켜보고 있던 한 노인이 이렇게 말했습니다.

"자네는 저 사람들이 성공할 거라고 생각하는가? 저런 흉물로는 절대로 날지 못할 게야. 신께서 인간이 날기를 바라셨다면 날개를 주셨겠지. 안 그런가?"

당시엔 그 노인 말씀이 맞는 것 같았습니다. 하지만 불과 며칠 전 내가 지상 5마일이나 올라간 지점에서 시속 300킬로미터가 넘는 속도로 하늘을 나는 비행기 안에서 점심을 먹고 있을 때, 그분이 옆에 있었더라면 뭐라고 말했을지 궁금하군요.

성공에 필요한 필수 요소 다섯 가지 중 첫 번째 '명확한 목표'를 설정하려면 어떻게 해야 할까요?

가능하면 최대한 빨리, 몇 주 내에 정확하고 원대한 인생의 목표를 설정하세요. 그리고 목표를 작은 수첩에 또박또박 구체적으로 적으세요. 거기에 서명을 한 후 외우고, 하루에 세 번 이상 목표를 이룰 수 있다는 믿음을 가지고 큰 소리로 암송하세요.

그리고 설정한 목표를 달성하는데 필요한 구체적인 계획들을 수첩에 적어 보세요. 목표를 달성하는데 필요한 최대한의 기간도 적으세요. 그런 다음, 왜 목표를 달성하려고 하는지, 목표를 달성했을 때 어떻게 사회에 기여할 것인지를 자세하고 명확하게 적어 보세요. 그러고 나서 다음이 중요합니다. 잘 들어보세요.

항상 목표를 생각하라.

늘 목표를 눈앞에 두고 무의식 속에서도 목표를 향해 나아갈 수 있도록 노력하세요. 그리고 무엇보다 기도의 힘을 기억해야 합니다. 여러분은 신체의 성장과 함께 정신도 성숙해져야 합니다. 기도하고 노력하는 사람만이 마음의 평화를 얻을 수 있습니다. 이와 관련해서 수도원 이야기를 들어보면 이해가 될 것입니다.

한 수도원에서 어린 수도사가 수도승에게 '기도하고 노력하라'는 말에 의구심이 생긴다고 말했습니다. 그러자 수도승은 어린 수도사에게 배를 타러 가자고 말하더니, 손수 노를 젓기 시작했습니다. 잠시 후 어린 수도사는 수도승이 한 개의 노만 젓고 있다는 사실을 알아차리고는 이렇게 물었습니다.

"노를 하나만 저으시면 제자리만 빙빙 돌뿐인데, 어찌 그러십니까?"

어린 수도승의 물음에 수도승은 이렇게 대답했습니다.

"네 말이 맞다. 노 하나는 기도를 뜻하고, 다른 하나는 노력을 뜻하지. 만약 두 개를 동시에 사용하지 않으면 제자리만 돌뿐 아무데도 가지 못할 게다."

저 역시 나이를 먹어감에 따라 어떤 마음가짐으로 기도해야 하는지 좀 더 잘 알게 되었습니다. 저는 이제 다음과 같은 말로 기도를 마무리합니다.

'무한한 지성이시여, 저는 더 많은 축복을 바라지 않습니다. 다만 제가 가지고 태어난 가장 위대한 축복을 더 잘 활용할 수 있도록 지혜를 주십시오. 그리하여 저의 생각이 가진 힘을 받아들

이고 잘 활용하여 제가 세운 목표에 도달할 수 있도록 도와주십시오.'

마스터 마인드

이제 성공에 이르는 필수 요소 다섯 가지 중 두 번째인 마스터 마인드Master Mind 원칙에 대해 이야기해 보려 합니다. 이 원칙은 둘 이상의 사람들이 모여 하나의 명확한 목표를 실행하기 위해 완벽한 조화 속에서 노력한다는 걸 의미합니다.

언젠가 카네기에게 "대체 어떻게 그토록 많은 재산을 모을 수 있었죠?"라고 물어보았습니다. 그리고 그때 처음으로 마스터 마인드 원칙에 대해 알게 되었습니다. 카네기는 자신의 성공이 마스터 마인드 그룹에 속한 다른 사람들의 도움 때문에 가능했다고 답해 주었습니다. 또한 그들 개인들이 어떻게 도움을 주었는지 이름을 대며 설명해 주었습니다. 그러면서 이렇게 강조했습니다.

"사람은 혼자서도 성공을 손에 넣을 수 있지만, 위대한 성공을 이루고자 한다면 여러 사람이 모여 그들이 가진 재능과 교육적 자산, 그리고 각자가 가진 개성을 공유하고 보완해서 완벽한 조화를 이루어야 한다네."

미국의 독립선언이야말로 최고의 마스터 마인드 그룹이 있었기에 달성할 수 있었다고 봅니다. 56명의 용기 있는 사람들은 자신의 목숨뿐만 아니라, 자신들이 가진 모든 것이 위태로울 수 있음을 알면서도 선언문에 서명했습니다. 이것이야말로 완벽한 화합을 가장 잘 보여주는 사례이며, 그 결과는 인류의 운명을 바꾸어 놓았습니다.

여러분이 마스터 마인드 원칙에 기초하여 다른 사람들과 관계를 맺고자 할 때, 특히 신경 써야 할 중요한 장소가 세 개 있습니다. 바로 가정과 교회, 그리고 일터입니다. 이 세 장소에서 충실히 마스터 마인드를 실행하면 부의 축적과 마음의 평화, 건강을 영위하는데 큰 힘을 얻을 수 있습니다.

실제로 마스터 마인드 그룹이 조화를 통해 성취를 이루어 내는 놀라운 모습을 자주 목격했습니다. 단 한 사람이 원자력 개발과 같은 위대한 과학 연구를 해낼 수 있을까요? 절대로 불가능합니다! 우리 한 사람 한 사람이 평생에 걸쳐 만들어 낼 수 있는 성과에는 한계가 있습니다. 그러나 하나의 목표를 향해 여러 사람들이 함께 모여 노력한다면, 한 세기가 걸릴 일조차도 짧은 시간 안에 성취할 수 있습니다.

남들보다 한 걸음 더 나아가기

성공에 이르는 필수 요소 다섯 가지 중 세 번째는 '남들보다 한 걸음 더 나아가는 습관'입니다. 마태복음 산상수훈에서는 이렇게 말합니다.

'누가 너에게 천 걸음을 함께 걷자고 요구하면, 2천 걸음을 함께 걸어 주어라.'

다른 사람보다 한 걸음 더 나아간다는 것은 행복하고 긍정적인 마음으로 사람들이 자신에게 기대하는 것 이상으로, 자신이 받는 급여 이상으로 일하는 습관을 들이라는 의미입니다. 지금까지 사람을 만나면서 기대하는 것 이상의 서비스를 제공하는 습관 없이 큰 성공을 거둔 사람을 본 적이 없습니다.

35년 전, 바로 이곳에서 졸업식 축사를 하던 당시에 만났던 사람에 대해 이야기해 볼까 합니다. 여러분도 잘 아는 사람일 텐데, 내 친구 제닝스 랜돌프에 관한 이야기입니다. 우리 재단에서 그는 '예의바른 랜돌프 씨'로 불리고 있습니다.

랜돌프 씨는 대학을 졸업한 후 웨스트버지니아 주 상원의원에 당선되어 봉사했습니다. 이제부터 그가 정확히 어떻게 한 걸음 더 나아가는 습관을 실천했는지 말씀해 드리겠습니다.

의회의 휴회 기간인 여름 동안, 대부분의 다른 의원들은 사적인 일을 보기 위해 고향으로 돌아갑니다. 하지만 랜돌프 의원은 보좌관들과 워싱턴 DC 사무실에 함께 머물며 지역구 주민들을 위해 평소와 다름없이 일했습니다. 물론 그렇게 해야 하는 의무가 있어서 그런 건 전혀 아니었습니다. 어느 누구도 그가 휴회 기간에 워싱턴에 남아 일하는 걸 기대하거나 요구하지 않았습니다. 누군가가 그에게 수당을 지급한 것도 아니었습니다.

　모든 성공은 분명한 목표에서 시작됩니다. 어느 누구도 자신이 원하는 것을 정확히 알고, 그것을 달성하는데 필요한 행동을 하지 않는 한 성공에 도달할 수 없습니다. 자신이 맡은 책임을 넘어 한 걸음 더 나아가는 습관이 결실을 맺는 순간은 반드시 오기 마련입니다. 랜돌프 의원의 습관을 눈여겨본 캐피털항공사 사장은 그에게 부사장과 공보이사 직을 제안하기에 이릅니다.

　35년 전, 졸업 축사에서 남들보다 한 걸음 더 나아가는 습관의 중요성을 이야기할 당시에 제닝스 랜돌프는 바로 지금 여러분이 앉아 있는 그 자리에서 제 이야기를 듣고 있었습니다. 그는 제 이야기에 감명을 받았다고 합니다. 그리고 자신이 들은 것을 실천할 준비가 되어 있었습니다. 그는 즉시 이 원칙을 받아들이기로 결심하고 자신이 맺을 모든 인간관계에 적용하기로 했습니다.

　제닝스 랜돌프 의원은 이 나라를 위해 중요한 역할을 하고 있으며, 미국 전역에 수많은 친구들과 관계를 맺고 있습니다. 이러한 결실이 가능했던 이유는 사람들을 위해 뭔가를 할 때, 결국 자신에게 그대로 돌아온다는 사실을 일찍이 깨달았기 때문입니다. 비록 우리가 노력한 것만큼 보상을 받지 못한다 하더라도 어떤 식으로든 노력은 결실을 맺을 것이며, 모든 노력에는 공정한 보상이 따른다는 점을 기억하시기 바랍니다.

　미국의 시인이자 사상가 에머슨은 이렇게 말했습니다.

"모든 사람은 평생에 걸쳐 자신의 노력이 보상 받지 못할 수 있다는 어리석은 생각에 사로잡혀 고통을 받는다. 하지만 자신이 아닌 다른 누군가가 자신의 결실을 앗아가는 것은 삶과 죽음이 함께 할 수 없는 것만큼이나 어려운 일이다. 모든 거래에는 침묵하는 제 3자가 있다. 이것은 자연의 이치이자 세상의 섭리이며, 모든 거래는 공정히 이루어져야만 어떤 노력도 헛되지 않는다. 만약 당신의 고용인이 당신에게 고마움을 모르는 것 같다면 더 노력하라. 당신의 모든 노력은 보상 받을 것이다. 보상이 늦어질수록 당신에게 더 이로울 것이다. 왜냐하면 이 거래는 이자에 이자를 얹어 주는 식으로 당신에게 보상을 줄 것이기 때문이다."

미국에서 크게 성공한 변호사이자 로터리클럽을 설립한 폴 해리스가 로스쿨을 졸업했을 때, 그는 의뢰인이 없어서 무척 고생해야 했습니다. 그는 그전까지 단 한 번도 남들보다 한 걸음 더 나아가는 원칙에 대해 들어본 적이 없었습니다. 그럼에도 불구하고 효과적으로 그것을 실천하는 방법을 알고 있었습니다. 이를 통해 그는 생전 처음으로 의뢰인이 너무 많아서 돌려보내야 하는 지경에 이르렀습니다.

그의 계획은 간단했습니다. '로터리클럽'이라는 단체를 만든 후 매주 저명한 사업가들과 전문가들을 초대해서 점심을 함께 하는 것이었습니다. 로터리클럽의 원래 목표는 회원들에게 서로 영감을 주고, 서로를 도우며, 사람들이 클럽 회원들을 후원하고 도울 수 있도록 하는 것이었습니다.

로터리클럽은 엄청난 성공을 거두었고, 현재는 세계 곳곳에서 인류의 삶을 개선하기 위한 국제적인 조직으로 거듭났습니다. 이제 사회에 진입하는 길목에 서 있는 여러분들이 폴 해리스가 실천했던 것처럼, 남들보다 한 걸음 더 나아가겠다는 원칙을 배우고 적용할 수 있다면 여러분들 역시 뛰어난 사람들과 교류하면서 사람들에게 선행을 베푸는 기회를 얻게 되지 않을까요?

자기 단련

성공에 이르는 필수 요소 다섯 가지 중 네 번째는 '자기 단련'입니다. 이 말은 자신의 정신과 신체를 완전히 통제할 수 있는 능력을 얻는다는 것을 의미합니다. 자기 단련은 자기 자신의 주인이 되고자 하는 뜨거운 소망에서 비롯됩니다. 소망과 행동을 유지하는데 필요한 동기는 사람이 자기 자신의 주인이 될 때, 실패와 패배를 포함해 모든 것을 초월한 지배자가 될 수 있기 때문입니다. 자신의 주인이 되고자 하는 뜨거운 욕망을 유지하기 위해서는 또 다른 동기가 필요합니다. 자신을 통제하고 지시하는 불가침의 권리는 '절대자가 우리에게 준 선물'이라는 것을 인식하는 것입니다.

평범한 농부 밀로 C. 존스는 위스콘신 주 포트 앳킨슨에서 작은 농장을 운영하고 있었습니다. 노동 시간은 너무나 길었고, 일은 매우 힘들었습니다. 생계유지를 위해 모든 가족이 함께 일해야 했죠. 그러던 어느 날, 마른하늘에서 날벼락이 내리쳤습니다. 밀로의 몸에 마비가 생겨 몸을 쓸 수 없게 된 것이죠. 그는 더 이상 농장에서 일할 수 없는 처지가 되고 말았습니다.

가족들은 그를 휠체어에 태워 현관 앞에 앉혀 두었고, 그는 매일 휠체어에 앉아 가족들이 일하는 모습을 지켜볼 수밖에 없었습니다. 그런데 몸이 마비되고 나서 3주가 되던 날 아침이었습니다. 밀로는 굉장한 발견을 하게 됩니다. 비록 몸은 마비되었지만 아직 온전한 정신이 있다는 것을 알게 된 것이죠. 무엇이 되었든 간에 자신을 관리할 수 있는 것이라곤 정신뿐이었으므로, 그는 곧바로 훈련에 들어갔습니다. 그 결과, 자신과 가족들을 행복하고 부유하게 만들어 줄 한 가지 아이디어가 떠올랐습니다. 밀로는 가족들을 불러 모은 뒤 이렇게 제안했습니다.

"우리 땅에 옥수수를 심고, 그 밭에 돼지를 키우자. 그리고 어린 돼지를 도축해서 부드러울 때 리틀 피그 소시지를 만들자."

그로부터 머지않아 '리틀 피그 소시지'는 미국 각 가정에서 빼놓을 수 없는 식재료가 되었고, 밀로는 엄청난 부를 거머쥘 수 있었습니다. 그는 비록 늦은 나이에 이런 깨달음을 얻었지만, 이는 사회에 막 발을 들여놓으려는 젊은이들의 마음에 새겨져야 할 교훈이 아닌가 싶습니다. 그의 깨달음은 정신에 내재된 무한한 힘을 보여주며, 이를 가로막는 것은 오로지 의구심과 두려움,

그리고 명확한 목표와 야망이 없을 때뿐입니다.

자기 단련 습관을 들이기 위해서 가장 먼저 해야 할 일이 있습니다. 여러분의 마음을 완벽하고 완전하게 통제할 수 있도록 노력해야 합니다. 이를 통해 인생의 명확한 목표를 세운다면 지혜를 얻을 수 있고, 더불어 물질적·정신적으로 풍요로운 삶을 살 수 있습니다.

분노를 다스리는 법도 훈련해야 합니다. 이는 누구도 자신의 허락과 협력 없이는 자신을 화나게 할 수 없다는 인식에서 시작됩니다. 자신을 화나게 하는 누군가, 또는 무언가에 협조할 필요가 전혀 없습니다.

성욕을 통제하는 방법도 훈련을 통해 배워야 합니다. 이는 성욕이라는 깊고 창의적인 에너지를 소명 완수에 도움이 되는 수단으로 전환시키는 기술을 배우는 것입니다.

부드럽고 신뢰감이 느껴지는 목소리와 화술을 익히는 훈련도 필요합니다. 뿐만 아니라 음식, 음료, 약물, 술, 담배까지 몸 안으로 들어오는 모든 것에도 원칙이 필요합니다. 기억하세요. 여러분의 몸은 신이 주신 축복이자 선물이며, 영혼과 정신을 보호하는 집과 같다는 것을 말입니다.

친구를 사귀는 데도 원칙이 필요합니다.

사고하는 습관을 기르는 데도 훈련이 필요합니다. 즉 원하는 것을 성취하기 위한 방법과 계획에 대해 끊임없이 생각하고 계획하되, 쓸모없는 것들에 의해 방해 받지 않도록 주의해야 합니다. 혹시 미루는 습관이 있다면, 이 역시 훈련을 통해 고칠 필요가 있습니다.

사랑이라는 감정에도 훈련이 필요합니다. 비록 사랑이 보상으로 돌아오지 않더라도 실망하거나 아파하지 마세요. 사랑을 표현함으로써 여러분의 영혼은 보다 더 윤택해졌을 것입니다. 그러므로 이루어지지 않는 사랑에 시간을 낭비하지 말고, 인생에 사랑은 단 한 번뿐이라는 생각도 버려야 합니다.

여러분에게 일어난 일이 좋든 나쁘든 모든 것은 내면에 내재된 생각과 행동, 그리고 안일함에 원인이 있다는 사실을 기억하세요.

여러분에게 너무 많은 숙제를 준 것 같지만, 성공을 꿈꾸는 사람이라면 해낼 수 있습니다. 이 모든 것을 실천했을 때, 여러분은 비로소 자신의 능력을 알아보게 될 것입니다. 또한 그날이 오면 스스로 몸과 마음을 통제할 수 있도록 절대자가 부여한 특권을 충분히 누리게 될 것입니다.

신념의 적용

어느덧 성공에 이르는 다섯 가지 필수 요소 중 마지막 요소에 대해 말할 시간이 되었군요. 마지막 요소는 바로 '신념의 적용'입니다. 여기서 말하는 신념의 적용은 단순한 믿음을 넘어 행동으로 지탱해 주는 믿음을 말합니다.

신념은 '영혼의 원동력'이라 불리는 정신의 한 부분인데, 이를 기반으로 인생의 목표와 열망, 계획과 목적을 실행에 옮길 수 있습니다. 신념은 무한 지성이 가진 불변의 힘과 존재를 인식하는 것에서 비롯됩니다. 증명되지 않은 가설에 근거한 신념은 존재할 수 없습니다.

신념은 우리를 이끌어 가는 길잡이와 같습니다. 물론 신념 자체만으로 여러분이 원하는 것을 성취할 수는 없습니다. 하지만 신념은 그것을 이루기 위한 길을 보여주고 인도해 줄 수 있습니다. 또한 우리는 자연의 법칙을 거스르지 않는 선에서 할 수 있다고 믿는 모든 것을 신념을 통해 이룰 수 있습니다.

프랭크 W. 건솔러스 박사가 시카고 남부에서 목사로 활동하던 젊은 시절에 그는 가난했고, 따르는 신도 수 역시 아주 적었습니다. 하지만 그에겐 오랜 꿈이 있었는데, 학교를 세우는 것이었습니다. 수업의 절반은 기존처럼 교과서 위주로 교육하고, 나머지 절반은 학생들이 배운 것을 실생활에 적용할 수 있는 것을 습득하도록 교육하는 새로운 교육기관이었습니다. 그가 자신의 꿈을 이루기 위해서는 1백만 달러가 필요했습니다. 그는 매일 기도하며 방법을 찾으려 했고, 그의 기도가 응답하여 기금을 마련할 아이디어를 얻게 됩니다.

건솔러스 박사는 시카고의 여러 신문에 '나에게 1백만 달러가 있다면 무엇을 할 것인가?'라는 주제로 설교를 하겠다는 소식을 실었습니다. 그러고는 설교할 글을 써 내려갔습니다.

마침내 설교하기로 한 일요일 아침, 교회로 향하기 전에 그는 무릎을 꿇고 지금까지 해온 기도 중 가장 간절한 기도를 했습니다. 자신의 설교가 교육기관을 설립하는데 필요한 자금을 조달할 수 있도록, 그리고 듣는 사람의 마음을 움직일 수 있기를 간절히 기도한 것입니다.

기도를 마친 후 그는 황급히 교회로 향했습니다. 그런데 아뿔싸! 교회에 도착해 연단으로 올라가면서 간절한 마음으로 써 두었던 설교 원고를 집에 두고 온 것입니다. 다시 집으로 돌아가서 원고를 가져올 수도 없는 상황에 처한 것이죠. 건솔러스 박사는 당시의 상황을 이렇게 말했습니다.

"바로 그 순간, 저는 다시 기도하기 시작했습니다. 그리고 불과 몇 초 후 기도에 대한 응답을 들을 수 있었습니다. 하나님께서 이렇게 말씀하시더군요."

'연단에 올라 네가 보여줄 수 있는 최고의 열정으로 너의 계획을 설명하라.'

그는 하나님이 응답한 대로 행하기로 했습니다. 연단에 올라간 그는 자신이 만들고자 하는 학교와 운영 계획, 학생들이 받게 될 혜택, 이를 실현하는데 필요한 자금에 대해 열정적으로 설명했습니다.

당시 설교를 들은 신도들은 그가 이토록 열정적으로 설교하는 모습은 본 적이 없다고 격찬했습니다. 학교를 통해 사회에 봉사하고자 하는 그의 강력한 열망이 설교에 그대로 드러났던 것입니다. 설교가 끝난 후, 교회에서 설교를 듣고 있던 한 남성이 뒤쪽에서 일어났습니다. 그는 천천히 통로를 걸어 나와 그의 귀에 대고 뭐라고 속삭이더니 천천히 자기 자리로 돌아갔습니다.

교회 안에 무거운 정적이 흘렀습니다.

한참이 지난 후, 마침내 건솔러스 박사가 입을 열었습니다.

"형제자매 여러분, 하나님의 기적이 일어났습니다. 방금 앞에 나오셨던 분은 필립 D. 아머 씨라고 합니다. 그는 내게 자신의 사무실로 오면 학교 설립에 필요한 1백만 달러를 마련해 주겠다고 하십니다."

아머 씨의 기부금으로 설립된 학교는 건솔러스 목사가 학장을 맡고 있고, 최근에 일리노이 공과대학으로 편입된 아머 공과대학입니다. 훗날 건솔러스 목사는 이렇게 회고했습니다.

"이상했던 건, 왜 문제 해결의 지름길인 기도를 하지 않고 그토록 오랜 시간을 방황했었나 하는 점입니다."

이런 일은 많은 사람들을 혼란스럽게 합니다. 사람들은 긴박한 상황이 닥쳤을 때, 문제 해결과 원하는 바를 이루려고 모든 방법을 동원하지만 실패하고 맙니다. 그러면서도 간절한 기도는 미루어 둔다는 것입니다. 이는 사람들이 기도를 하지도 않으면서 효과가 없다고 말하는 이유입니다. 도저히 회복할 수 없는 처참한 문제에 직면하거나 어려운 일을 당한 후에야 진실된 믿음도 없이 기도를 하면서 말입니다.

귀가 없이 둘째 아이가 태어났을 때, 저는 기도의 힘을 깨달았습니다. 의사들은 내가 충격을 받지 않게 하려고 최대한 조심스럽게 아이 소식을 전했습니다. 그들은 귀 없이 태어난 아이들이 그러하듯, 내 아이도 평생 듣고 말하는 방법을 배우지 못한 채 귀머거리이자 벙어리로 살게 될 거라고 했습니다.

 마음에 품고 믿는 것은 무엇이든 이루어진다.

둘째 아이 문제는 내 신념을 시험해 볼 수 있었던 너무도 좋은 기회였습니다. 나는 의사에게 내 아이가 귀머거리로, 벙어리로 살게 하지 않겠다고 말했습니다. 그러자 의사들 중 한 명이 걸어오더니 내 어깨에 손을 올리며 말했습니다.

"나폴레온 씨! 세상에는 당신도, 그리고 어떤 누구도 할 수 없는 일이 있습니다. 당신이 하려는 것도 바로 그런 일 중의 하나입니다."

의사의 말에 저는 이렇게 대답했습니다.

"나에게 못 할 일은 없습니다. 더 이상 상처 받는 것을 두려워하거나 불행한 일에 굴복하지 않을 겁니다."

아들을 보러 가기 전에 기도했습니다. 그 후로도 매일 몇 시간씩 기도했습니다. 3년이 지나자, 어느 정도인지는 확실하지 않았지만 아이가 들을 수 있다는 것만은 분명해졌습니다.

아들이 아홉 살이 되었을 때는 청력의 65%가 회복됐습니다.

아이는 초등학교, 중학교, 그리고 고등학교까지 무사히 마칠 수 있었습니다. 웨스트버지니아 주립대학 3학년 때는 보청기 회사에서 보청기를 제작해 주었습니다. 보청기를 이용하면서 아이는 청력을 100% 회복했습니다. 제가 의사들에게 했던 말과 정확히 일치하는 기적이 일어난 것입니다.

이 경험은 저에게 무척 중요한 깨달음을 주었습니다. 그것은 바로 '마음에 품고 믿는 것은 무엇이든 이루어진다'는 것입니다. 저는 마음이 찢어지는 아픔 속에서 슬픔을 흐느끼며 이 좌우명을 행동으로 옮겼습니다. 그 결과는 정말로 놀라웠고, 아직까지도 내 인생에서 가장 중요한 경험이었다고 생각합니다. 내 신념을 시험할 수 있었고, 이 경험을 통해 깨달았기 때문이죠. 그리고 인생의 한계는 오로지 우리 스스로가 정해 둔 허상일 뿐이라는 것을 말이죠.

지금까지 성공에 이르는 다섯 가지 필수 요소를 말씀드렸습니다. 여러분이 목표 달성을 위한 여정을 시작했을 때, 오늘의 이야기가 큰 도움이 되기를 바랍니다.

이 자리에 섰던 35년 전에 비하면 과학은 엄청난 발전을 이루었습니다. 지금은 다음 35년 동안 과학이 또 얼마나 발전하게 될지 큰 기대를 하고 있습니다. 또한 발전은 과학 분야에 국한하지 않고 인류 전반에 걸쳐 이루어질 것입니다.

핵전쟁의 가능성 때문에 심각한 두려움이 일고 있음에도 불구하고 새로운 기류가 전 세계에 불어오고 있습니다. 인류를 보전하는 건 우리 자신 밖에 없다는 사실을 모두가 깨닫고 있다는 뜻입니다. 이런 면에서 우리는 물질적인 발전뿐만 아니라, 정신적인 면에서도 발전하고 있습니다. 인류 역사에서 지금보다 더 자신의 시간과 돈과 에너지를 써 가며 서로를 도운 적이 없었습니다.

지금까지 언급한 여러 훌륭하신 분들, 즉 이타주의를 실천한 훌륭한 분들이 걸어온 길에 동참하는 것이야말로 졸업생 여러분들이 가져야 할 가장 고귀한 목표일 것입니다.

기억하세요. 행복은 찾아내는 것이 아니라, 우리 손으로 만들어 가는 것입니다. 우리가 돈을 받고 파는 것은 언젠가는 사라지지만, 다른 사람을 축복하는 마음으로 헌신하고 봉사하는 정신은 사라지지 않으며, 오히려 두 배의 기쁨이 되어 우리에게 돌아올 것입니다.

기독교가 문명사회에 가장 강력한 힘이 될 수 있었던 이유는 예수께서 스스로 희생을 통해 세상에 축복을 내리셨기 때문입니다. 예수가 실천했던 이웃을 사랑하는 마음으로, 저는 오늘 여러분께 희망의 메시지를 전달하기 위해 이 자리에 섰습니다. 부디 오늘의 이야기가 평온한 삶을 영위하고, 삶의 목적을 성취하는 데 도움이 되기를 간절히 바랍니다.

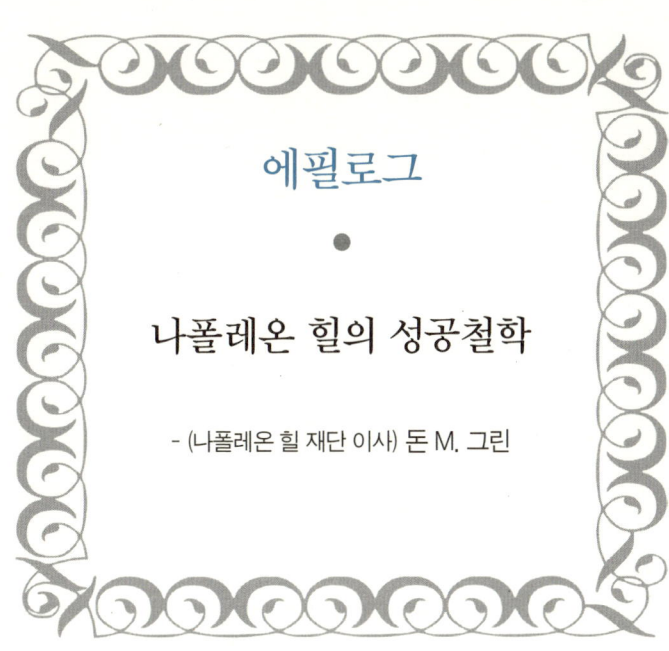

에필로그

나폴레온 힐의 성공철학

- (나폴레온 힐 재단 이사) 돈 M. 그린

Napoleon Hill's Greatest Speeches

나폴레온 힐은 1883년 10월 26일, 버지니아 주의 와이즈 카운티라는 시골에서 태어났다. 힐은 자신의 책 『부의 비밀 Lifetime of Riches』에서 1880년대 와이즈 카운티에서의 삶은 모든 문명으로부터 고립된 생활이었다고 회고했다. 사람들의 수명은 짧았고, 유아 사망률은 턱없이 높았으며, 수많은 이들이 회충과 말라리아 감염, 부실한 식단으로 얻은 질병까지 만성적인 건강 문제를 앓고 있었다고 한다.

1880년대 버지니아 주의 대부분 학교들도 엉망진창이었다. 초등학교 개학 기간은 1년에 단 4개월뿐이었고, 심지어 출석 관리도 되지 않았다. 고등학교는 100여 개에 불과했는데, 대부분은 2년제 혹은 3년제였다. 버지니아 주 전체에서 4년제 고등학교는 10여 학교에 불과했다.

힐이 태어났을 무렵에는 주된 난방 연료가 석탄이었는데, 그마저도 1890년대까지는 농촌 가정에 보급되지 않았다. 바위와 언덕이 많은 버지니아 남서부에서 농업으로 생계를 꾸리는 것은 무척 고단한 일이었다. 그로 인해 많은 농부들이 돈을 벌기 위해 산촌을 떠나 도시로 향했다.

산촌에 남은 사람들은 주로 옥수수를 재배했다. 옥수수는 식량 역할도 했지만, 밀주를 제조하는 데도 사용되었다. 산촌 사람들은 몰래 만든 위스키를 팔아야 귀한 생필품도 사고, 돈도 벌 수 있었다. 힐은 자신의 이런 성장 배경에 근거해 훗날 산촌의 문화를 '가정불화, 위스키, 교육 받지 못한 사람들' 이 세 가지로 압축해 표현하곤 했다.

나폴레온 힐 재단 기록 보관소에는 출판되지 않은 그의 원고가 있는데, 이렇게 적혀 있다.

   3세대 동안 내 고향 사람들은 외부 사회의 무시와 문맹, 그리고 가난 속에서 힘겹게 살아왔다. 대부분의 사람들은 산촌을 벗어나 보지도 못한 채 삶을 마감했다. 경제적인 수단이라곤 옥수수 농사밖에 없었던 그곳엔 철도도, 전화도, 전등도, 포장된 도로도 없었다.

힐도 처음에는 인류 역사상 가장 부유한 사람이던 앤드류 카네기, 발명가 토마스 에디슨을 존경하는 평범한 사람이었다. 그러나 부자들을 추종하기만 하던 사람들과 달리, 힐은 부와 권력을 손에 넣은 거의 대부분의 인물들을 직접 찾아가서 만났다.

애초부터 유명해질 운명이었던 걸까?

오늘날까지도 나폴레온 힐이 했던 말을 수많은 사람들이 인용하고 있다. 그중에서 가장 유명한 말은 '모든 역경은 거기에 상응할만한 가치가 있다.'는 명언이다. 힐의 어린 시절은 그의 말이 진실임을 증명한다.

힐의 아버지 제임스 먼로 힐James Monroe Hill은 열일곱 살 때 젊은 신부 사라 블레어Sara Blair를 데려왔다. 첫 아이의 이름은 올리버 나폴레온이었고, 남동생의 이름은 비비안이었다. 하지만 친어머니는 힐이 불과 아홉 살 되던 해에 세상을 떠나고 말았다.

어린 나이에 어머니를 여읜 것도 큰 충격이었지만, 인생사 새옹지마라고 했던가. 힐에겐 '새어머니'라는 축복이 다가오고 있었다. 지역 학교 교장의 미망인이자 의사 집안 출신이던 마사 래이미 배너Martha Ramey Banner는 그 누구보다 힐의 인생에 큰 영향을 미쳤다. 나중에 힐은 링컨 대통령이 새어머니에 관해 "나의 현재와 미래에 되고자 하는 모든 모습은 사랑하는 어머니에 의해 만들어졌다."라고 한 말과 비슷한 말을 남기기도 했다.

새어머니 마사는 자신이 데려온 세 명의 아이들과 힐의 두 형제 등 새로운 가족의 정신과 재정 상황을 개선하기 위해 혼신의 힘을 기울였다. 또한 마사는 남편 제임스 먼로 힐을 시작으로 가족 모두에게 큰 영향을 미치기 시작했다. 그녀는 남편으로 하여금 간이 우체국을 개설하도록 했고, 그곳에서 식료품도 팔도록 독려했다. 그런 한편으로 쓰리 폭스 침례교회 설립을 도왔다.

부모가 교회에 나가 활발하게 활동하자 힐도 교회에 나가기 시작했고, 전도사가 연설로 신도들을 재미있게 하고 감동까지 줄 수 있다는 사실을 알게 된다. 힐은 이러한 성장 배경에 힘입어 청중을 사로잡는 재능을 키워 유명해질 수 있었다.

열한 살의 힐은 무한한 상상력을 가진 아이였다. 이를 알아본 새어머니 마사는 힐에게 작가의 길을 가도록 훈육했다.

"만약 네가 문제를 일으키는 시간만큼 독서와 글짓기에 열중하며 시간을 보낸다면, 모든 사람들에게 영향을 미치는 네 모습을 보게 될 거야."

힐이 열두 살이 되었을 때, 새어머니는 권총 놀이를 좋아하던 짓궂은 아들에게 다시 한 번 꿈을 심어 주었다.

"만약 네가 권총을 잘 다루고 좋아하는 것만큼 타자기를 잘 다루게 된다면 부자도 될 수 있고, 세계적으로 유명한 사람이 될 수 있을 거야."

새어머니의 격려에 힘입은 힐은 엄청난 양의 책을 읽기 시작했다. 힐은 독서를 통해 위대한 작가는 자신의 생을 초월하여 지속될 만큼의 큰 명성을 얻을 수 있다는 사실을 자신도 모르는 사이에 습득하게 된다.

새어머니가 심어 놓은 생각의 씨앗은 어느새 뿌리를 내리고 힐의 내면에 자라기 시작했다. 훗날 힐은 자신의 어린 시절 경험을 바탕으로 '사람은 마음에 품은 것은 무엇이든 이룰 수 있다.'

는 명언을 남기기도 했다.

　다시 어린 시절로 돌아와 열세 살의 힐은 석탄 광산에 노동자로 취직한다. 열악한 환경에서 일해야 하는 광산 노동자의 삶은 고달프고 하찮았을 뿐만 아니라, 하루 일당이 1달러에 불과했다. 게다가 1달러의 절반인 50센트는 방세와 식비로 지불해야 했다. 이렇게 힘든 시절을 보내고 난 뒤, 그는 손을 사용하는 것보다 머리를 사용해야 더 많은 것을 이룰 수 있다는 사실을 깨닫게 된다.

　결국 힐은 열다섯 살이 되었을 때, 탄광 노동자 일을 그만두고 2년제 고등학교에 입학했다. 고등학교를 졸업한 뒤에는 집을 떠나 경영 전문학교(비즈니스 스쿨)에 입학했다. 그곳은 비서직을 준비하는 학생들에게 속기, 타자, 장부 정리 등의 기술을 1년 과정으로 가르쳐 주는 곳이었다.

　경영 전문학교를 수료한 뒤 열일곱 살이 된 힐은 유명 변호사이자 버지니아 주 법무장관이던 루퍼스 아이어스Rufus Ayers를 찾아간다. 아이어스는 변호사인 동시에 목재와 석탄 사업까지 병행하던 유능한 사업가였다. 힐은 부유한 사업가들을 동경해 왔고, 언젠가는 자신도 같은 부류에 속하고픈 꿈을 가지고 있었기에 아이어스를 찾아간 것이다. 힐은 아이어스와 함께 일하고 싶다는 간절함을 표현하기 위해 먼저 편지 한 통을 썼다. 힐은 편지를 통해 이렇게 제안했다.

저는 이제 막 비즈니스 스쿨을 마쳤고, 당신의 비서로 일하기에 적합한 자격을 갖추고 있습니다. 정말로 그 자리를 원하고 있습니다. 하지만 경력이 없어서 아마 부족한 점이 많을 거라고 생각합니다. 그렇기 때문에 당신과 함께 일하기 위해서라면 기꺼이 돈을 지불하겠습니다.

당신은 합당하다고 여겨지는 어떤 양의 금액이든 저에게 청구하실 수 있습니다. 하지만 장담하건대, 3개월 뒤에는 당신이 저에게 그 만큼의 급여를 주어야 할 것입니다. 왜인지 궁금하신가요? 바로 제가 당신에게 수익을 안겨 드릴 자신이 있기 때문입니다.

아이어스와 함께 일하게 된 힐은 큰 만족감을 느꼈으며, 항상 완벽한 복장을 갖춰 입고 일찍 출근해서 늦게까지 일했다. 힐의 이런 노력은 결국 빛을 발하기 시작했고, 비즈니스맨이 되려는 야심가에게 한층 더 노력하는 습관이 얼마나 중요한지를 깨닫게 된다.

그러나 기쁨도 잠시, 힐은 아이어스와 함께 일하면서 자신이 성공한 변호사가 된 것 인양 착각하고 만다. 그는 남동생 비비안에게 조지타운 대학교 로스쿨에 지원하라고 권유하면서 자신이 뒷바라지하겠다고 호언장담한 것이다.

그 무렵 힐에게 보내진 한 장의 서류가 그의 남은 인생을 결정하게 된다. 1908년 가을, 정기 간행물 「밥 테일러 매거진Bob Taylor's Magazine」에서 철강왕 앤드류 카네기를 인터뷰해 달라고 요청해 온 것이다.

카네기와의 인터뷰

카네기와의 인터뷰는 자기계발 분야에 있어서 혁명적인 사건이었다. 카네기는 가난뱅이에서 부자가 된 자수성가의 표본이었다. 교육도 제대로 받지 못한 스코틀랜드 출신의 젊은 이민자였던 카네기는 열 살 때부터 노동자로 일했다. 그 당시 1주일 급여는 겨우 1달러였다. 그럼에도 불구하고 카네기는 스스로에게 최선을 다하며 저축하고 투자하면서 서른 살 나이에 백만장자 거부가 될 수 있었다.

힐과의 인터뷰에서 카네기는 힐의 가능성을 한눈에 알아보고 중요한 제안을 했다. 향후 20년 동안 성공한 사람들을 인터뷰하고 연구해서 모두에게 적용할 수 있는 성공철학을 만들어 보면 어떻겠느냐는 제안이었다. 그러면서 카네기는 미국에서 가장 성공한 사람들에게 연락할 수 있도록 이 풋내기 작가에게 소개장을 써 주었다.

힐은 카네기가 제안한 요청을 받아들였고, 첫 번째 인터뷰는 카네기의 성공 원칙이었다. 카네기는 자신의 어린 시절에 대해 이야기하면서 마스터 마인드, 받는 급여보다 더 많이 일하는 습관, 그리고 그 원칙들이 얼마나 도움이 되었는지에 대해 이야기해 주었다.

카네기는 미천한 집안에서 태어났다는 것이 성공하는데 걸림돌이 되는 요소가 되지 못할 뿐만 아니라, 오히려 가난이라는 역경을 극복해 나가는 과정에서 불가능해 보이는 목표까지 성취하게 만든다고 말해 주었다.

"아무리 지독한 가난이라도 성공을 막을 수는 없다네. 자신감은 성공을 위해 반드시 필요한 정신 상태이지. 그리고 자신감을 높이는 시발점은 목표를 분명하게 정하는 것이라네."

카네기가 스스로 밝힌 자신의 '성공 원칙'은 이러했다.

자신이 무엇을 원하는지 정확히 알고 있고, 또 그것을 성취하기 위해 면밀히 계획을 세우고, 그 계획을 실행에 옮기는 사람은 자신 안에 성공 능력이 잠재되어 있음을 깨닫게 된다는 것이었다. 반면에 할 일을 미루는 사람은 점점 자신감을 잃게 되고, 결국에는 가치 있는 일을 해낼 수 없다는 것이다.

이야기를 듣던 힐이 카네기에게 물었다.

"만약 어떤 사람이 자신이 원하는 것을 명확히 알고 있고, 계획을 세워 실행했음에도 불구하고 실패하게 된다면 어떻게 되나요? 그것이 자신감을 망가뜨리지 않을까요?"

카네기는 이렇게 대답했다.

"모든 실패에는 그만큼의 가치가 있다네. 위대한 리더들은 성공이 일시적인 실패를 정복해 나가는 비율과 비례한다는 걸 자신의 삶으로 보여준다네."

또한 카네기는 자신의 마음을 통제하는 것의 중요성에 대해 설명했다. 카네기가 중시했던 '마음'은 모든 행복과 불행, 가난과 부의 원천이었다. 카네기는 마음을 어떻게 사용하느냐에 따라 친구를 만들 수도 있고, 적을 만들 수도 있다고 생각했다. 또한 마음에 제약을 두는 것 역시 스스로 만들어 낸 것일 뿐, 모든 것은 자신의 선택에 달려 있다고 생각했다.

힐은 카네기의 말을 가슴에 새겨 넣었고, 이후로 말을 하거나 글을 쓸 때마다 늘 카네기의 말을 참고했다.

'인간은 마음에 품은 것은 무엇이든 이룰 수 있다.'

카네기는 헨리 포드, 토마스 에디슨, 존 D. 록펠러, 하비 파이어스톤, 그리고 알렉산더 그레이엄 벨과 같은 사람들도 모두 자신과 비슷하게 생활한다고 알려 주었다. 그들은 명확한 목표와 확고한 행동으로 시행착오를 거듭하며 부와 명성, 그리고 성공을 거머쥐었다고 했다. 카네기의 말에 의하면, 실천이 무엇보다 중요했다. 왜냐하면 실천이 없으면 어떤 최고의 계획이나 목적도 쓸모없기 때문이다.

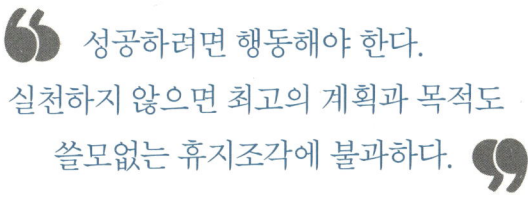

성공하려면 행동해야 한다.
실천하지 않으면 최고의 계획과 목적도
쓸모없는 휴지조각에 불과하다.

힐은 카네기를 비롯한 여러 사업가들과 미국을 이끄는 리더들에게서 배운 성공철학을 알리며 자신의 평생 과업에 그 교훈들을 적용했다. 카네기와의 대화는 미국에서 출판된 자기계발서 중 가장 많이 판매된 『생각하라 그러면 부자가 되리라 Think and Grow Rich』의 토대가 되기도 했다.

결혼을 하고 난 뒤, 워싱턴 D.C.에 살고 있던 힐은 헨리 포드를 인터뷰하기 위해 디트로이트로 떠났다. 포드는 뛰어난 절제력의 소유자였고, 대중들 누구나 탈 수 있는 자동차를 만들겠다는 일념에 찬 놀라운 집중력의 소유자였다. 훗날 힐은 포드가 성공에 대해 말하기 보다는 자신이 개발한 자동차에 대해 더 말하고 싶어 했다고 회고했다. 포드와의 대화가 힐에게 얼마나 인상적이었던지, 힐은 엉뚱하게도 680달러나 되는 신형 포드 자동차를 사서 집으로 돌아와 아내를 기절초풍하게 만들기도 했다.

디트로이트에 다녀온 후, 힐은 정말로 돈이 절박하게 필요해졌다. 결혼한지 얼마 되지 않았기 때문에 안정적인 수입이 필요했던 것이다. 그래서 워싱턴 D.C.에 있는 자동차 회사에 세일즈맨으로 들어가 일하면서 조지워싱턴 대학 설립에 참여해 세일즈맨들을 가르치기도 했다.

모든 일이 순조로워 보이던 그때, 살면서 한 번도 마주하지 못한 불행이 힐에게 다가왔다. 여태까지 수많은 위기를 겪어 봤지만 이번과 같은 위기는 전혀 예상치 못한 것이었다. 1912년 11월 11일, 아들 나폴레온 블레어 힐이 청각 장애를 안고 태어난 것이다. 심지어 귀도 없었다. 힐은 이런 상황에서도 아들에게 수화를 가르치지 않고, 말하고 듣는 법을 가르치기로 결심했다. 힐은 어린 아들의 목과 원래 귀가 있어야 할 자리에 입을 대고 하루에도 몇 시간씩 말을 해주었다. 그리고 몇 년이 지난 후, 그의 아들은 듣는 법을 배우게 되었고, 보청기를 사용하면서 듣고 말하는 능력도 한층 더 나아질 수 있었다.

힐은 아들이 귀가 없이 태어난 장애를 극복할 수 있도록 영감을 불어넣어 주었다. 이후로도 힐에게는 실패한 결혼 생활, 사업 실패, 재정난과 같은 문제들이 수없이 닥쳤지만 성공철학을 추구하는 일만은 포기하지 않았다.

힐은 세일즈 교육을 위해 조지워싱턴 대학 설립에 참여하기도 했다. 그는 세일즈 강좌에서 광고를 비롯해 서비스 원칙을 가르쳤다. 이때 성공을 열망하는 1만여 명의 사람들과 인터뷰를 할 수 있었다. 그는 자신감과 열정이 성공을 갈망하는 모든 세일즈맨에게 필수 조건이라고 가르쳤다. 이 무렵, 힐은 자신의 성공철학에 심리학을 적용하기 시작했다. 1916년, 힐은 자신이 맡은 한 강의에서 이렇게 말했다.

"진정으로 원하는 것이 있다면, 그걸 얻는데 실패하는 일은 없다고 생각한다. 우리 마음속에 의식적으로든 무의식적으로든 강렬하게 원하는 것을 가지고 있다면 얻을 수밖에 없다."

힐은 '자기 암시'의 중요성을 학생들에게 가르친 것이다.

1차 세계대전 종전은 상황의 큰 변화를 의미했다. 이 무렵, 힐은 「나폴레온 힐 골든 룰 매거진 Napoleon Hill's Golden Rule Magazine」이라는 첫 번째 잡지를 발행하기로 결심한다. 출판인으로는 전쟁 기간 동안 우드로 대통령을 위해 함께 일한 조지 윌리암스를 선택했다.

힐은 「나폴레온 힐 골든 룰 매거진」을 만들면서 타자기로 글을 쓰던 지난날의 경험과 신문에 대한 자신의 과거 지식들을 활용했다. 이 잡지는 힐 자신의 강연을 널리 널리 알리는 동시에 강연을 통해 청중에게 즐거움을 줄 수 있게 해주었다. 무엇보다도 이 일을 통해 비로소 어린 시절 새어머니가 조언해 준 명성을 얻을 수 있었다.

1919년 1월, 마침내 「나폴레온 힐 골든 룰 매거진」이 가판대에 올랐다. 당시 힐은 자금 사정이 좋지 않아 작가를 고용할 수 없었다. 그래서 9호까지 발행되는 동안 모든 글을 혼자 써야 했다. 훗날 이 일을 두고 힐은 이렇게 회고했다.

"나 혼자서 모든 글을 썼고, 내 정체를 감추기 위해 필명을 사용하기도 했다."

사실 이렇게 혼자 쓴 잡지가 성공을 거두는 것은 불가능에 가까운 일이었다. 그러나 결과는 대성공이었다. 힐의 잡지는 세 번이나 재판을 발행하는 쾌거를 이루었다. 하지만 힐은 1920년 10월에 잡지 소유권을 상실하게 된다. 그런 상황에서도 힐은 상심하지 않은 채 열정에 찬 강연을 하며 미국 전역을 누비고 다닌다. 어디를 가든 사람들이 알아볼 정도로 힐은 명실상부한 유명인사가 되어 있었다.

1921년, 시카고에서 뉴욕으로 이주한 힐은 다시 한 번 「나폴레온 힐 매거진Napoleon Hill's Magazine」 발행에 착수했고, 1921년 4월에 초판을 발행하게 된다. 전과 마찬가지로 대부분의 글을 자신이 써야 했지만, 이번에는 다양한 주제를 다룰 의사, 사업가, 철학자들을 활용했다. 여기에 자신감을 쌓는 방법, 스스로 홍보하는 방법, 더 나은 직업을 얻는 방법 등에 대한 자신의 조언도 실었다.

힐은 이 잡지를 이용해 세일즈와 광고업계에 몸담고 있는 사람들, 시민단체, 대학교 등에 자신의 강연을 홍보했다. 이 모든 활동은 자신이 알게 된 성공철학을 사람들에게 널리 알리기 위함이었다. 힐의 강연이 엄청난 인기를 누리게 되면서 강연을 다니는데 필요한 비용을 감당하기 위해 청중들에게 강연료를 받아야 할 정도였다.

열정이 넘치는 연설

강연은 청중들의 뜨거운 반응을 눈앞에서 볼 수 있는 좋은 기회였기 때문에, 힐은 사람들 앞에서 연설하는 걸 무척 좋아했다. 실제로 청중들은 그의 열정적인 연설에 매료되었고, 큰 감동을 받았다. 때때로 그는 강연 중에 어린 시절 쓰리 폭스 침례교회에서 배웠던 성경 구절을 인용하기도 했다.

힐은 주로 두 가지 주제에 집중했다. 하나는 1930년에 발행한 두 번째 책의 제목이 된 '성공으로 가는 사다리'였다. 다른 하나는 지속적으로 말하기와 글쓰기의 지침이 된 '골든 룰'이었다. 인생을 살면서 겪어 본 성공과 실패의 '7가지 전환점'에 대해 언급하기도 했다. 힐의 메시지들은 주로 자신이 살면서 겪어 왔던 성공과 실패에 관한 이야기를 통해 전달되었다.

1921년, 「나폴레온 힐 매거진」 사업이 잘 되어 가던 와중에 힐은 커뮤니케이션 분야에서 새로운 사업을 시작했다. 그는 강연 중에 홍보를 하면서 '성공과학'이라는 강좌를 만들었는데, 사람들은 이를 우편으로 구입할 수 있었다. 여기에는 자신의 10개 강좌를 수록한 인쇄물과 축음기용 레코드판 6장이 들어 있었다. '성공과학'을 구입한 사람들은 힐의 강좌를 글로 읽을 수 있었고, 역동적인 목소리도 들을 수 있었다. 이 사업은 오디오를 사용하는 동기 부여 사업의 선구자 역할을 했고, 힐에게 열광하는 수백만 명의 팬들까지 생겨났다.

힐은 1922년부터 강연으로 엄청난 수입을 올리게 되었고, 카네기는 그가 성공철학을 계속 연구할 수 있도록 부자와 유명 사업가들을 만날 수 있도록 연결해 주었다.

힐은 일반인을 대상으로 성공철학을 교육하는 것에 그치지 않았다. 그는 교도소에 수감된 죄수들에게도 성공철학을 교육할 필요가 있다고 생각했다. 그의 희망대로 교도소에서 성공철학을 가르치기 시작했는데, 결과는 만족스러웠다. 그의 가르침은 오늘날까지도 수감자들이 더 나은 삶을 살 수 있도록 동기를 부여하는데 큰 힘이 되고 있다. 실제로도 수많은 죄수들이 힐이 만든 자료의 도움을 받아 새로운 인생을 시작할 수 있었다.

힐은 파트너에게 속아 첫 번째 잡지 「나폴레온 힐의 골든 룰 매거진」의 소유권을 잃었는데, 또 다시 「나폴레온 힐 매거진」을 잃게 되는 불운을 겪는다. 심지어 엄청난 금전적 손해까지 입어야 했다. 하지만 힐은 또 다시 역경을 극복하며 '모든 실패에는 상응하는 가치가 있다.'고 했던 자신의 말을 스스로 증명해 보였다.

그 후 힐은 메트로폴리탄 비즈니스 스쿨Metropolitan Business College 설립 계획을 세웠고, 그만의 창의적인 방법으로 설립에 필요한 자금 12만5천 달러를 조달했다. 1924년에 대학이 설립된 후 1주일에 5일, 하루에 3회씩 직접 강연하기도 했다.

1926년에는 일간지 「캔톤Canton Daily News」의 출판 담당인 돈 멜레트Don Mellett를 만나게 된다. 멜레트를 만난 후, 힐은 비즈니스 스쿨 운영을 파트너에게 맡기고 캔톤 사업에 본격적으로 뛰어들었다. 힐의 강연에 깊은 감명을 받은 멜레트는 힐의 성공철학을 책으로 출판하고 싶어 했다.

힐의 꿈이 실현되려는 바로 그때, 또 다시 비극적인 일이 찾아온다. 당시는 금주법이 시행되던 와중이었는데, 멜레트가 불법 위스키 판매 조직을 고발한 것이다. 그 일로 경찰 출신 조직원의 공격을 받은 멜리트는 살해되고 만다. 멜레트의 고발에 일정 부분 관여된 것으로 여겨지던 힐 역시 목숨의 위협을 느끼고 도망

쳐야 했다. 멜레트가 살해당함으로써 힐의 꿈은 또 다시 물거품이 되고 말았다.

손에 잡힐 것만 같던 꿈은 잠시 보류되었지만 힐은 멈추지 않고 계속 나아갔다. 그는 자신의 책을 출판하겠다는 일념으로 처가 식구들이 살던 필라델피아로 떠났다. 하지만 그가 쓴 방대한 양의 원고는 번번이 퇴짜를 맞았다. 그러던 중, 힐의 머릿속에 「나폴레온 힐의 골든 룰 매거진」의 홍보 담당자였던 앤드류 펠톤이 불현듯 떠올랐다. 힐의 원고를 검토한 펠톤은 그 즉시 거액의 계약금을 지급하면서 출판과 배포에 필요한 모든 비용을 지원하기로 약속했다.

그날 이후 힐은 다른 일은 접어 둔 채 원고를 수정하고 보완하는 작업에 몰두했다. 「나폴레온 힐의 골든 룰 매거진」을 처음 시작했을 때처럼 힐은 그 방대한 양의 글을 혼자 썼을 뿐 아니라, 유일한 편집자이자 교정자 역할까지 해냈다. 그 결과 기존 원고에 비해 훨씬 더 생생하고 열정적인 원고가 만들어졌다. 원고를 보완하고 수정하는데 꼬박 3개월이 걸렸지만, 완성된 결과물은 대단했다. 힐 스스로 얼마나 만족했으면 아내에게 "이번 원고는 모든 면에서 100% 그 이상 만족스러워요."라고 말할 정도였다. 힐의 원고는 모두 8권으로 출간되었다. 『성공의 법칙The Law of Success』이라는 제목의 이 책은 지금까지 성공을 주제로 쓴 그 어떤 책보다 완벽한 작품으로 평가받고 있다.

성공의 법칙

8권 세트의 가격은 30달러가 조금 넘었는데, 당시로서는 매우 비싼 값이었음에도 불구하고 출간과 동시에 불티나게 팔렸다. 힐은 1928년에 첫 번째 인세를 받았고, 다음해 초까지 매달 평균 2,500달러씩 받았다. 1928년 당시의 화폐 가치를 감안할 때, 실로 엄청난 금액이었다.

많은 출판사들로부터 거절당했다는 사실이 무색할 정도로 『성공의 법칙』은 대중들에게 그 어떤 자기계발서보다 압도적인 인기를 누렸다. 힐은 자신의 책을 단순히 책이 아니라 인생에서 남들보다 앞서 나갈 수 있게 해주는 지침으로 여겼다. 『성공의 법칙』이 담고 있는 모든 정보는 미국에서 가장 성공한 인물들을 인터뷰하여 뽑아낸 알짜배기였다. '법칙'은 '규칙'으로 해석하기도 하지만, 힐이 쓴 법칙은 자본주의 체제에서 성공으로 나아가는 증거였다. 기존에 출판된 그 어떤 책도 힐이 쓴 『성공의 법칙』에는 상대가 되지 못했다.

힐은 『성공의 법칙』에서 얻은 막대한 인세 수입으로 최고급 롤스로이스 자동차를 구입했고, 뉴욕 캐츠킬 산맥 부근에 680에이커나 되는 부동산도 사들였다. 이렇게 힐이 성공을 만끽하던 때에 대공황이 온 세상을 덮쳤다. 사태는 매우 심각해서 1930년에는 미국인 4명 중 1명이 실직자일 정도였다.

이처럼 심각한 경제 위기에 처한 힐은 막 백악관에 입성한 프랭클린 D. 루즈벨트 Franklin D. Roosevelt 대통령으로부터 도움을 청하는 다급한 연락을 받게 된다. 대통령은 수렁으로 빠진 국가를 건져내기 위한 명연설을 고려하고 있었고, 그 일의 적임자로 힐을 낙점한 것이다. 힐은 헌신적으로 대통령을 보좌했다. 그는 대통령과 함께 일하면서 명예까지 거머쥐게 되었다.

대통령을 보좌한 후로 힐은 연설과 강연에 집중했다. 당시 힐은 베스트셀러 『성공의 법칙』 유명세에 힘입어 미국 전역으로 강연 투어를 다니면서 그 어느 때보다 바쁜 나날을 보냈다.

생각하라 그러면 부자가 되리라

1937년, 힐은 자신의 명저 『생각하라 그러면 부자가 되리라 Think and grow rich』의 집필을 마쳤다. 이 책의 원래 제목은 '부자로 가는 13단계'였다. 무려 세 번을 고쳐 쓴 끝에 힐은 자신의 책을 출판해 줄 사람을 찾아 나섰다. 그러나 이미 답은 정해져 있었다. 『성공의 법칙』을 출판해 준 경험이 있고, 힐에게 적지 않은 부를 안겨 준 앤드류 펠톤으로 결정되었다.

펠톤은 즉시 출판에 돌입했고, 『생각하라 그러면 부자가 되리라』는 출간과 동시에 엄청난 판매고를 올렸다.

출판사는 권당 2달러 50센트로 가격을 책정했다. 이는 1937년 당시의 상황을 고려할 때 상당히 부담스러운 가격이었다. 그러나 대공황이라는 경제 상황이 무색할 정도로 단 몇 주 만에 5천 권 이상 판매되었다. 이 책이 출판된 직후 한 보험 회사는 한 번에 5천 권을 구입했고, 1937년 8월까지 3만 권이 추가로 제작되었다.

결국 이 책은 공전의 인기를 누리며 대공황이 끝나기 전까지는 100만 권, 그 이후 50년간 2천만 권 이상 판매되었다. 실로 놀라운 성공이었다. 『생각하라 그러면 부자가 되리라』는 지금까지 출간된 그 어떤 자기계발서보다 많은 판매고를 올리며 베스트셀러 중의 베스트셀러가 되었다.

『생각하라 그러면 부자가 되리라』는 책이 이처럼 큰 성공을 거둔 데는 이유가 있었다. 사람들은 누구나 영감을 얻고 싶어 하고, 성공하고 싶어 한다는 점이 크게 작용했지만, 아마도 가장 큰 이유는 이 책이 '성공의 법칙'에 기반을 두고 있기 때문일 것이다. 힐이 완성한 성공의 법칙은 앤드류 카네기로부터 영감을 받았는데, 이는 '사람을 성공으로 이끄는 것이 무엇인가?'라는 물음을 주제로 힐이 20년간 진행한 인터뷰와 조사에 바탕을 두고 있다. 한 마디로 힐이 수행한 수많은 인터뷰와 연구 결과가 엄청난 성공을 가져온 것이다.

힐의 두 번째 책 『생각하라 그러면 부자가 되리라』는 사람들의 성공에 큰 기여를 했다. 대표적인 예를 들면, 보험업계의 W. 클레멘트 스톤W. Clement Stone은 이 책을 읽자마자 힐의 성공철학에 매료되고 말았다. 결국 그는 이 책을 읽고 나서 1년 만에 비즈니스에서 엄청난 성공을 거둘 수 있었고, 그의 사업은 전년도에 비해 무려 10배나 성장하는 성과를 거두었다.

1941년에 힐은 장로교 신학대학의 총장이자 제이콥스 신문의 사장이며, 사우스캐롤라이나 섬유회사의 홍보 고문인 윌리엄 플러머 제이콥스 박사가 주도하는 단체에 가입하며 한층 더 유명세를 타기 시작했다. 힐은 사업을 위해 제이콥스가 거주하던 사우스캐롤라이나로 이주했다.

이 단체에 가입하면서 힐은 자신의 개인적 성공철학을 자기계발 강좌로 다시 쓰기 시작했고, 힐과 제이콥스 박사는 '성공 원리'라는 강연 시리즈를 선보였다. 처음에는 장로교 신학대학에서 강연을 통해 알렸는데, 입소문이 나면서 사우스캐롤라이나와 미국 남부의 여러 학교와 마을, 공장으로 점점 퍼져나갔다.

힐은 자신의 성공철학을 몇 개월에 걸쳐 다시 쓰기 시작했다. 그렇게 해서 100쪽 분량으로 17권의 소책자를 완성했으며, '멘탈 다이너마이트Mental dynamite'라는 제목을 붙였다. 힐의 강연은 여느 때와 마찬가지로 폭발적인 인기를 끌었고, 제이콥스 박사는 『멘탈 다이너마이트』를 출간하기에 이른다.

1943년, 힐이 캘리포니아 길거리에서 강연했을 때는 어마어마한 사람들이 모여들었다. 이 무렵에 힐은 퍼시픽 국제대학교에서 명예 문학박사 학위를 받았다.

성공철학

1947년에 힐은 자신의 성공철학을 더욱 널리 알리기 위해 할리우드 KFWB 라디오 방송에 자신만의 토크쇼를 만들었다. 이를 통해 3년 동안 수많은 청취자들이 힐의 목소리와 성공철학을 들을 수 있었다. 당시 그는 이미 60대에 접어들고 있었는데, 종종 45세의 외모, 35세의 매력, 10대의 열정을 가진 사람으로 불리기도 했다. 그리고 이 라디오 쇼로 인해 수많은 기업으로부터 강연 요청을 받게 된다.

67세의 나이에도 여전히 기운이 넘치던 힐은 한 치과 의사의 요청을 받아 시카고에서 강연을 하게 되었는데, 이 강연은 힐 자신과 수백만 명의 삶을 바꿔 놓았다.

청중들 사이에 'W. 클레멘트 스톤'이라는 사업가가 섞여 있었다. 이 사업가는 힐에게 강연을 요청한 치과 의사에게 『생각하라 그러면 부자가 되리라』를 읽어 보라고 권유한 사람이었다. 당시 힐은 어느 정도 일선에서 물러나 있었다. 그러나 스톤은 자신이 도울 테니 성공 메시지를 더욱 널리 알리자고 힐에게 제안했다. 스톤과 힐은 세일즈 회사들에게 성공 메시지를 전하기 위해 '나폴레온 힐 협회'를 설립하기로 했는데, 나중에 이 일을 두고 스톤은 이렇게 회고했다.

"나폴레온 힐과 함께 일할 수 있다니 믿어지지 않아. 대성공이야!"

두 사람은 책, 강연, 라디오 쇼, 텔레비전 프로그램 등을 제작하기에 이른다. 그로부터 2년 후, 두 사람은 '성공과학(향후 명칭은 'PMA'로 바뀜)'이라는 교재를 출판하게 된다. 그리고 힐과 스톤은 사람들의 성공을 돕는 성공철학을 널리 전파하는 일에 여생을 바친다.

1953년, 스톤과 힐은 『급여를 더 많이 받는 방법How to rise Your own salary』이라는 제목의 책을 출간했고, 1954년에는 「무한 성공 Success Unlimited」이라는 잡지를 발행했다. 책과 잡지에는 사람들에게 영감을 주는 메시지를 실었다.

1959년, 75세를 맞은 힐은 푸에르토리코, 호주, 뉴질랜드 등을 순회하며 스톤과 함께 강연을 개최했다.

1960년에는 힐과 스톤의 공저『긍정적 사고방식에 의한 성공 Success through a Positive Mental Attitude』이라는 제목의 책을 출간했는데, 이 책은 자기계발 분야의 명작으로 미국에서만 60만 권 이상이 팔려 나갔다. 이 책은 오늘날까지도 전 세계적으로 출판되어 인기를 얻고 있다.

1962년, 힐과 그의 마지막 아내 애니 루는 '나폴레온 힐 재단'을 설립했다. 미국에서 성공한 부자들의 성공철학을 연구하는 이 재단은 주로 개인의 성취를 알리는 한편, 어려움을 극복하고 성공할 수 있도록 사람들에게 영감을 불어넣어 준다는 점에서 특별하다.

1967년, 힐은 84세의 나이에 『마음의 평화로 부자 되기Grow Rich

with Peace of Mind』라는 제목의 책을 출판한다.

나폴레온 힐 재단의 이사진에는 스톤, 힐의 아내 애니 로 힐의 조카인 찰스 존슨, 그리고 1922년에 행한 졸업식 축사 이후부터 힐을 지지해 왔던 웨스트버지니아 주 상원의원 제닝스 랜돌프도 참여했다.

스톤이 설립한 보험회사 컴바인드에서 52년간 부회장으로 근무했던 마이클 J. 리트 주니어는 스톤, 힐과 함께 여행을 다니면서 힐에 관해 기록하는 한편, 직접 글을 써서 알리기도 했다. 리트 주니어는 나폴레온 힐 재단의 첫 임원이 되었다.

나폴레온 힐 재단은 힐이 100년 전에 시작한 일들을 계속 이어오고 있다. 만약 힐과 스톤이 전 세계적으로 여전히 자신들이 사랑받고 있다는 것을 알게 된다면 하늘에서도 매우 기뻐할 것이다.

아주 오래 전에 쓰였음에도 불구하고 변치 않는 진리인 힐의 글을 읽고 독자 여러분도 성공하길 희망한다. 강연과 편지의 맥락적인 이해를 돕기 위해 짧은 소개 글을 곁들여 놓았으니 참고하기 바란다. 지금까지 책으로 출판되지 않은 유일무이한 나폴레온 힐의 주옥같은 명언들을 독자들에게 소개할 수 있어서 매우 기쁘다.

부록

1. 변화하는 세상
2. 편지

Napoleon Hill's Greatest Speeches

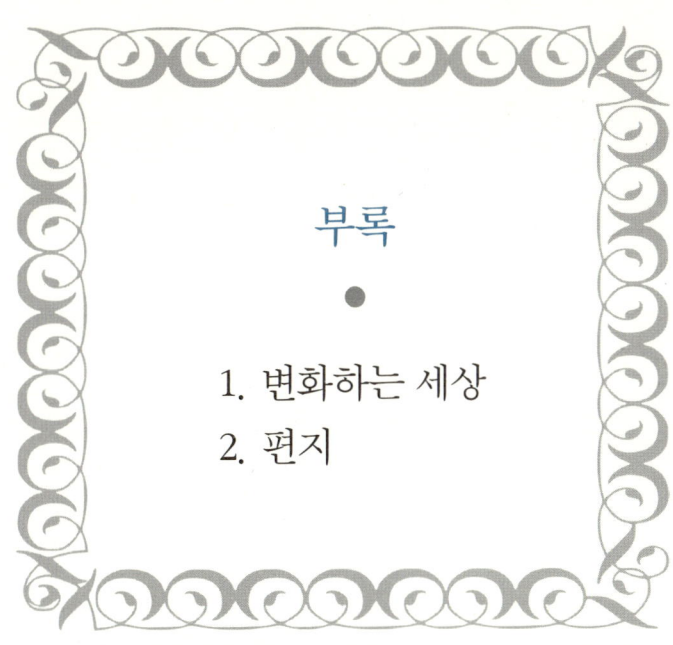

1. 변화하는 세상
- 「플레인 토크 매거진」에 수록된 연설문

힐 박사의 강연 내용은 신문과 잡지에 자주 실렸는데, 그의 연설 '변화하는 세상This Changing World'은 「플레인 토크Plain Talk」지에 게재되었다. 그 당시 「플레인 토크」지는 약 60페이지로 발행되었으며, 권당 25센트에 팔렸다. 이 잡지의 목적은 공산주의의 위험성을 독자들에게 알리는 것이었다. 「플레인 토크」지는 폴란드에서 일어난 나치의 유태인 대학살 등과 같은 대담한 주제를 다루는 출판물이었다.

「플레인 토크」지는 1940년대에 매우 중요하고 시의적절하며 현재까지도 의미 있는 기사들을 많이 보도했다. 1937년에 출판된 『생각하라 그러면 부자가 되리라』로 명성을 얻은 나폴레온 힐 박사를 비롯해 『바람과 함께 사라지다』를 쓴 마가렛 미첼, 영국의 저명한 철학자, 수학자이자 사회운동가인 버트런드 러셀, 『아틀라스』의 작가인 아인 랜드, 미국 국회의원으로 주 이탈리아 대사이자 「배니티 페어Vanity Fair」와 「타임Time」지에 글을 기고했던 클레어 부스 루스 등이 「플레인 토크」지의 일면을 장식했다.

'변화하는 세상'이라는 제목의 기사는 힐 박사의 믿음에 대한 강연을 회고한 것이다. 이 기사는 힐이 어릴 적에 살았던 버지니아 주 와이즈 카운티에 위치한 자택 내 벽난로 뒤에서 발견되었다. 자택은 '윌리 배너 하우스Willie Banner House'라고도 불리는데, 그 지역의 사업가이자 자택의 소유주인 토마스 케네디에 의해 리모델링되었다. 케네디 씨는 힐 박사의 연설이 실린 잡지를 나폴레온 힐 재단에 기증했다.

- (나폴레온 힐 재단 이사) 돈 M. 그린

Napoleon Hill

지금 굉장한 것을 발견했다!

그건 바로 내가 꽤 훌륭한 가치들을 지니고 있다는 사실이다. 이 가치들은 내가 살아온 삶에서 형성된 것이며, 독자들이 나와 같은 행운을 누리고자 한다면, 이 가치들을 기꺼이 공유하려고 한다.

내가 누린 삶의 행운은 조금 특이한 면이 있다. 그건 바로 행운을 다른 사람들과 나눠야만 나 역시 그 혜택을 누릴 수 있다는 것이다. 내가 나누려는 가치들은 다른 사람을 위해 사용될 때만 진가를 발휘하는데, 그런 사실을 독자 여러분도 곧 깨닫게 될 것이다.

사실 내가 이룬 성공은 세상에서 가장 훌륭한 대학에 입학했을 때, 나도 모르게 시작되었다. 바로 '고난'이라는 이름의 대학이었다. 내 삶에서 '인생의 대공황'이 찾아왔을 때, 그 대학에 입학했다. 그리고 그곳에서 숨겨져 있던 나의 엄청난 자산을 발견하게 되었다. 어느 날 아침, 거래하던 은행의 잔고는 0이 되었고,

은행을 언제 다시 연다는 예고도 없이 문을 닫아 버렸다는 사실을 알게 되었다. 그때 비로소 한 번도 관심을 갖지 않았고, 한 번도 사용하지 않았던 내 안의 자산들에 눈을 돌리게 되었다.

나는 무엇을 발견했던 걸까?

지금부터 독자들에게 이야기해 주려고 한다.

내가 찾은 가장 중요한 자산은 무엇이었을까? 그건 바로 '믿음'이었다. 스스로 내면을 들여다보니, 비록 돈은 한 푼도 없었지만 무한 지성과 인간에 대한 깊은 믿음을 가지고 있다는 걸 알게 되었다. 이를 깨닫자 덤으로 한 가지를 더 알게 되었다. 돈으로 살 수 없는 것들도 믿음으로 살 수 있다는 것이었다. 사실 돈이 많았을 때는 '돈이 권력'이라는 어리석은 생각을 가지고 있었다. 하지만 아무리 돈이 많아도 믿음이 없으면 쇳덩어리에 불과하며, 어떤 힘도 갖지 못한다는 걸 알게 된 것이다.

살면서 처음으로 '확고한 믿음의 힘'을 깨달은 나는 도대체 내가 어느 정도의 믿음을 가지고 있는지 알고 싶어졌다. 그래서 교외로 나갔다. 사람들로부터, 도시의 소음으로부터, 문명의 방해로부터 멀리 떨어져 명상하면서 생각하고 싶었기 때문이다.

한적한 교외를 거닐던 중에 거대한 오크나무 아래 떨어져 있는 도토리를 주웠는데, 나무의 크기를 보니 조지 워싱턴 대통령이 꼬마였던 시절에 이미 다 성장한 나무였을 거라는 생각이 들었다.

한참 동안 서서 거대한 나무와 작은 도토리 열매를 들여다보왔다. 이 나무 역시 작은 도토리에서 시작되었다는 걸 깨달을 수 있었다. 그리고 또 깨달았다. 이 세상 어떤 사람도 이런 나무를 만들 수 없다는 사실을……. 또한 어떤 무한 지성에 의해 작은 도토리가 싹을 틔우고 자라서 이렇게 큰 나무가 되었다는 사실도 알 수 있었다. 한 줌의 흙을 집어 내 손에 들고 있던 도토리를 덮었다. 그 순간 이 거대한 오크나무의 잠재력을 손에 쥔 것 같은 느낌이 들었다.

손바닥으로 도토리와 흙의 감촉을 느껴 보았다. 하지만 이 단순한 두 가지 물질로는 거대한 나무로 성장시킨 그 무한 지성의 힘을 느낄 수도 없고 볼 수도 없었다. 그렇지만 무한 지성이 존재하고 있음을 믿었다. 믿는 것뿐만 아니라 지구상의 그 어떤 생물도 갖지 못한 지성이 도토리 안에 존재한다는 사실도 느낄 수 있었다.

거대한 오크나무 뿌리에서 자라고 있는 고사리 하나를 뽑았다. 그 잎은 너무나 아름답게 설계되어 있었다. 그렇다. 설계되어 있었다. 그 고사리를 바라보며 이것 역시 오크나무를 만든 것과 똑같은 지성에 의해 만들어졌을 것이라 믿었다.

조금 더 걷자 맑은 물이 흐르는 개울이 나왔다. 개울가에 앉아 흐르는 시냇물이 바다로 나가며 춤을 추는 것 같은 경쾌한 리듬을 느꼈다. 갑자기 어릴 적 비슷한 개울에서 놀던 기억이 떠올랐다. 개울가에 앉아 시냇물이 연주하는 음악을 듣고 있으려니 눈에 보이지 않는 존재가 느껴졌다. 그리고 어떤 지성이 내 안에서

물에 관한 아름다운 이야기를 들려주기 시작했다. 그것은 바로 이 이야기다.

맑고 시원하게 흐르는 물이여! 지구가 인간과 동물과 식물의 보금자리가 된 그때부터 우리를 위해 흘렀던 물이여.

물이여! 말을 할 수 있다면 너는 얼마나 많은 것을 이야기할 수 있을까? 수천만 명의 메마른 목을 축여 주고, 꽃에 생기를 불어넣어 주며, 인간이 발명한 기계 바퀴를 돌리기도 하고, 다른 형태로 변했다가 다시 원형으로 돌아가기도 하는 물이여. 너는 하수구를 청소하고 도로를 씻겼으며, 다시 자신의 원천으로 돌아가 다시 한 번 이 모든 과정을 반복하지 않느냐.

네가 여행을 할 때면, 너는 바다를 향해 한 방향으로만 흐른다. 너는 영겁의 세월 동안 흘러갔다 다시 돌아오지만 늘 행복한 모습으로 너의 할 일을 하는구나.

맑고 깨끗하고 반짝이는 물이여! 어떤 더러운 일을 해도 너는 일이 끝나면 스스로를 깨끗이 정화하는구나. 불멸의 물이여! 어느 누구도 너를 창조해 낼 수 없고, 없앨 수도 없다. 너는 생명과 닿아 있다. 너의 관대함 없이는 어떤 생명도 존재할 수가 없구나.

흐르는 시냇물이 내게 들려주는 위대한 말을 들을 수 있었다. 이 말을 듣고 도토리를 거대한 나무로 성장시킨 그 지성의 존재를 다시 한 번 느끼고 알 수 있었다. 걷고 또 걷다 보니 어느새 해질녘이 되었다. 해가 지평선 너머로 넘어가기 시작하는 모습을 보면서 나 역시 아까 들었던 말의 일부였다는 사실을 깨닫게 되었다.

공생 관계

태양의 도움이 없었다면 도토리는 오크나무로 성장할 수 없었을 것이다. 태양이 없었다면 반짝이는 개울물도 바다에 갇혀 개울로서의 삶이 없었을 것이다. 이런 생각은 개울가에서 들었던 말씀의 멋진 클라이맥스를 장식했다. 태양과 물은 공생한다는 사실, 그리고 이런 공생 없이는 세상의 어떤 사랑도 존재할 수 없다는 것을.

흐르는 개울물에 의해 반들반들해진 하얀 조약돌을 주웠다. 돌을 손에 쥐자 내 안에서 또 다른 말씀이 들려오기 시작했다. 그리고 무한 지성은 내게 이런 말씀을 건네고 있었다.

'인간이여, 너는 지금 손에 기적을 쥐고 있다. 비록 내가 작은 조약돌로 보이겠지만, 나는 곧 작은 우주이니라. 내가 움직일 수 없고 생명이 없는 것처럼 보이겠지만, 그것은 겉모습일 뿐이다. 나는 분자로 만들어져 있다. 그리고 나를 이루는 분자들은 원자로 이루어져 있다. 그리고 원자는 셀 수 없이 많고 엄청난 속도로 움직이는 전자들로 이루어져 있다. 나는 영원히 멈추지 않는 움직임들이 모여 만들어진 것이다. 네가 보기에는 한낱 고체 덩어리에 불과할 뿐이지만, 외양은 눈속임에 불과하다. 내 안의 전자들은 자신의 부피보다도 더 넓게 서로 떨어져 있다.'

이 깨우침은 너무도 분명하고 극적이어서 나는 어찌할 바를 몰랐다. 우리가 살고 있는 이 우주의 에너지, 즉 태양과 행성들, 지구를 형성하고 움직이는 에너지가 내 손 안에 들어 있었던 것이다. 명상을 함으로써 내 손 안에 있는 작은 조약돌에도 우주의 섭리가 들어 있다는 놀랍고 멋진 사실을 깨닫게 되었다. 이 작은 조약돌 안에 낭만과 현실이 뒤섞여 있었던 것이다. 내 손 안에 있는 작은 조약돌 속에는 상상을 뛰어넘는 과학이 숨겨져 있었다.

난생 처음으로 작은 돌멩이 안에 자연의 섭리와 목적이 살아 숨 쉰다는 사실을 깨달았다. 그리고 처음으로 무한 지성에 대한 내 믿음의 원천을 가까이서 보고 느낄 수 있었다. 대자연의 품안에서 나무와 개울을 보고 느끼며 내 영혼은 안정되었다. 그와 동시에 무한 지성의 존재를 어느 때보다 명확히 느낄 수 있었다. 이는 실로 멋진 경험이었다.

나는 그 순간만큼은 이 세상이 아닌 다른 곳에 있었다. 그곳에는 재정적 어려움도 없고, 생존을 위한 치열함과 인간 사이의 경쟁도 없다. 인생을 살면서 그때만큼 무한 지성의 존재를 강렬하게 느끼고 내 신념을 확인할 수 있었던 적은 없었다.

마치 천국처럼 느껴지는 그곳에서 별이 뜰 때까지 머물렀다. 그리고 마지못해 다시 수많은 존재들이 뒤엉켜 '문명'이라는 이름으로 규칙에 맞춰 살아가야 하는 도시로 향했다.

다시 도시로 돌아와 책들이 펼쳐진 책상 앞에 앉아 있다. 하지만 내 안에서는 다시 개울가로 돌아가고 싶어 하는 마음과 외로움이 느껴질 뿐이다. 불과 몇 시간 전, 내 영혼을 치유하고 무한 지성의 존재를 일깨워 주었던 바로 그 개울가로 돌아가고 싶다.

그렇다. 이제는 무한 지성에 내 믿음이 실제로 존재하고 영속적이라는 것을 알고 있다. 그것은 맹목적인 믿음이 아니다. 이 믿음은 무한 지성이 하는 일들에 대해 눈을 감고 면밀히 음미한 결과에 따른 믿음이다. 지금까지 나는 어리석게도 인간의 행위에서 그것의 존재를 확인하려고 했다. 하지만 작은 도토리 열매에서, 길가에 피어 있는 식물 이파리에서, 지구를 덮고 있는 흙에서, 지구를 데우고 물을 움직이는 태양에서, 작은 조약돌에서, 밤하늘의 별 속에서, 그리고 대자연의 평화로운 침묵 속에서 무한 지성을 발견할 수 있었다.

무한 지성은 인간이 자연에서 물질을 취하고 축적하려고 난폭하게 경쟁하는 과정에서 그 존재를 드러낸다.

비록 통장 잔고는 0에 불과하지만, 내 믿음으로 인해 그 어떤 백만장자보다도 부유하다고 생각한다. 나는 이 믿음으로 다른 종류의 부를 축적할 수 있고, 그것은 혼란스러운 문명 속에서 살아가는데 필요한 모든 것을 내게 가져다 줄 거라고 믿는다. 백만 장자들은 주식 시세에 부를 맡기지만, 나는 내 안에 내재된 힘에 의존하려고 한다. 그렇기 때문에 나는 그들보다 더 부유하다.

내 힘의 원천은 내가 마시는 공기만큼이나 자유롭다. 그 힘을 활용하기 위해서 필요한 것은 오직 나 자신의 믿음뿐이며, 나에게는 넘치는 믿음이 있다. 지금은 이 세상 모든 사람들이 인간이 쏟는 모든 노력의 시작은 믿음이며, 두려움은 모든 파멸의 시작이라는 사실을 깨달을 시점이다.

믿음

우리는 믿음을 통해 무한 지성(원한다면 '절대자'라고 불러도 좋다)과 소통할 수 있다. 하지만 두려움이 그것을 방해한다.

믿음은 아브라함 링컨을 만들어 내지만, 두려움은 알 카포네를 만들어 낸다. 믿음은 위대한 리더를 키우지만, 두려움은 불평하는 추종자를 키워 낸다. 믿음은 정직한 노동자를 만들어 내지만, 두려움은 부정직하고 음흉한 사람을 만들어 낸다. 믿음은 인간의 가장 좋은 면을 찾고 바라보게 하지만, 두려움은 인간의 약점과 실패를 찾도록 만든다. 믿음은 사람의 눈을 통해, 표정과 목소리를 통해, 걷는 방식을 통해 드러난다. 두려움도 마찬가지다. 믿음은 건설적이고 도움이 되는 모든 것을 끌어당기지만, 두려움은 파괴적인 것만을 불러들인다.

당신을 두렵게 하는 그 어떤 것이 있다면 면밀히 들여다보라. 현실에서 믿음과 두려움은 모습을 잘 드러내지 않는다. 가장 현실적이고 자연스럽게 자신을 감춘다.

믿음이 건설한 것을 두려움은 파괴한다. 그리고 이 순서는 절대로 바뀌지 않는다. 믿음과 두려움은 결코 형제일 수 없다. 이 둘은 당신의 마음속에 공존할 수 없다. 둘 중의 하나가 언제나 당신의 마음을 지배한다. 믿음은 소명이 무엇이든 인간에게서 최대의 능력을 이끌어 내지만, 두려움은 그 어떤 성취도 이루지 못하도록 방해한다. 두려움은 이 세상에 가장 큰 공포를 불러오고, 믿음은 이를 다시 밀어낸다. 믿음은 자연의 연금술사다. 믿음을 통해 영적, 신체적, 그리고 정신적 힘이 하나가 될 수 있다. 두려움은 물과 기름처럼 절대로 영적인 힘과 섞일 수 없다.

믿음은 우리 모두가 가진 특권이다. 믿음을 활용하면 우리 스스로가 채운 족쇄와 한계에서 자유로워질 수 있다. 과학과 자연의 섭리를 모르는 사람들은 두려움에 젖어 살아가는 반면, 과학자들이 두려움에서 자유롭다는 사실은 매우 중요한 의미를 갖는다. 전장에서 나폴레옹은 1만 명의 군사보다도 더 큰 힘과 영향력을 발휘한 것으로 알려져 있다. 그 이유는 믿음의 힘을 전파함으로써 군인들의 사기를 고취시켰기 때문이다. 이는 기업가들에게도 실로 훌륭한 교훈이 된다.

만약 당신에게 더 이상의 믿음이 남아 있지 않다면, 그것은 사망 선고를 받은 것이나 다름없다. 여러분이 어떤 일을 하더라도 믿음이 없이는 아무 것도 이루어 낼 수 없다.

'진실로 너희에게 이르노니 너희가 한 겨자씨만큼만 믿음이 있으면, 이 산을 명하여 여기서 저기로 옮기라 하여도 옮길 것이요. 또 너희가 못할 것이 없느니라.'

우리가 겪은 대공황은 모두의 영혼을 시험했다. 하지만 우리는 그 경험으로 두려움 안에서는 그 어떤 성공도 이루어 낼 수 없다는 사실을 배웠다.

2. 편지

- **● 제닝스 랜돌프가 나폴레온 힐에게 보낸 편지**

미국 의회 상원의원이었던 제닝스 랜돌프가 나폴레온 힐 박사에게 보낸 편지는 힐 박사의 저서 『생각하라 그러면 부자가 되리라』 집필에 큰 영감을 주었다고 한다.

- **● 나폴레온 힐의 아들 사이에 오간 편지**

데이빗은 나폴레온 힐의 세 아들 중 막내였다. 또한 나폴레온 힐 재단 이사를 맡고 있는 J. B. 힐 박사의 아버지이기도 하다. 데이빗은 2차 세계대전과 한국전쟁에 참전한 직업 군인이다. 웨스트버지니아 주는 그 공로를 인정해 훈장을 수여했다. 또한 그는 힐 박사의 자녀들 중 가장 늦게 숨을 거두었고, 장례는 군인장으로 치러졌다.

- (나폴레온 힐 재단 이사) 돈 M. 그린

● 제닝스 랜돌프가 나폴레온 힐에게 보낸 편지

존경하는 박사님

상원의원으로 일하면서 미국 국민들이 겪는 문제들에 대해 잘 이해하게 되었습니다. 그리고 그들에게 도움이 될 만한 제안을 드리기 위해 박사님께 이 편지를 씁니다.

저의 제안을 받아들이신다면 박사님께서는 앞으로 수년간 책임감을 가지고 일을 수행해야 하기에, 먼저 죄송하다는 말씀을 드립니다. 하지만 박사님께서 가지고 계신 봉사에 대한 열정을 알고 있기에, 감히 제안을 드리고자 합니다.

1922년, 저는 세일럼 대학 졸업생으로 박사님께서 강연하신 졸업식 축사를 들었습니다. 박사님의 연설을 듣고 영감을 받은 저는 지역 주민을 위해 봉사하고 있으며, 박사님의 말씀은 앞으로도 제가 누리게 될 모든 성공의 씨앗이 될 것입니다.

제가 드리고자 하는 제안은 박사님께서 당시에 하셨던 연설문을 책으로 집필하시는 것입니다. 박사님이 축적하신 수년간의 경험과 미국을 세계 최강대국으로 만든 주역들과의 교류를 공유할 수 있다면, 미국 국민들에게 큰 도움이 될 것이라고 믿습니다.

저는 아직도 그때를 어제 일처럼 생생히 기억합니다. 박사님께서는 교육도 변변히 받지 못하고, 돈도 없고, 영향력 있는 친구도 없던 헨리 포드가 어떻게 위대한 성공을 거두었는지 말씀해 주셨습니다. 박사님 연설이 끝나기도 전에 저는 결심했습니다. 앞으로 어떤 어려움이 내 앞에 닥치더라도 반드시 내 이름을 남기는 일을 하겠다고 말입니다.

올해와 향후 몇 년간 수천 명의 학생들이 학교를 떠나 사회로 나가게 될 것입니다. 그들 모두가 제가 박사님으로부터 들었던 것과 같은 현실적인 응원의 말씀을 필요로 합니다. 어떤 방향으로 나아가야 하고, 무엇을 해야 하는지 알고 싶어 할 것입니다. 박사님께서 이미 수많은 사람들이 문제를 해결하도록 도우셨듯이 그들에게도 도움을 주실 수 있을 거라고 생각합니다.

가능하다면 한 가지 제안을 더 하고 싶습니다. 박사님께서 쓰시는 모든 책에 박사님의 '개인 분석 차트Personal Analysis Charts'를 수록하는 것입니다. 이를 통해 박사님이 수년 전, 저에게 보여주셨듯이 독자들에게 성공을 가로막는 요인들을 일목요연하게 정리해서 제공할 수 있을 것입니다.

독자들에게 그들이 가진 약점과 강점을 객관적이고 완전하게 가르쳐 줌으로써, 성공과 실패의 차이점을 배우게 될 것입니다. 박사님의 헌신은 값을 매길 수 없을 것입니다.

수백만 명의 사람들이 대공황 이후 자신의 삶을 재건해야 하는 문제에 봉착해 있습니다. 저의 경험에 비추어 자신 있게 말씀드리건대, 미국의 근면 성실한 국민들은 박사님과 함께 자신들의 문제에 대해 이야기하길 원하고 있을 것입니다.

자신의 삶을 새로 시작해야 할 때 겪게 될 문제점들을 박사님은 잘 알고 계시리라 믿습니다. 수많은 미국인들은 맨땅에서 아무것도 없이 다시 시작해야 하는 절박한 처지에 놓여 있습니다. 그들은 자신의 아이디어로 대공황이 앗아간 삶을 되찾고 싶어 합니다. 누군가 이들을 도울 수 있다면, 그것은 바로 박사님이라고 생각합니다.

  책을 집필하신다면 박사님께서 직접 사인하신 초판본을 꼭 소장하고 싶습니다.

제닝스 랜돌프 드림

● 제닝스 랜돌프가 나폴레온 힐에게 보낸 편지(1934년)

존경하는 박사님.

뉴욕에서 박사님을 만나 이야기를 나눌 수 있어서 참으로 기뻤습니다.

박사님께서 이미 알고 계시겠지만, 미국 내 2,400여 개 '시민보호청년단Civilian Conservation Corps'에 소속된 17세부터 28세 사이 남학생이 50여 만 명인 것으로 조사되었습니다. 이 학생들에게는 그 무엇보다도 박사님의 철학인 '성공의 법칙'이 필요합니다.

저는 박사님과 함께 이 학생들에게 가장 직접적이고 간결한 방법으로 다가가고자 합니다. 박사님을 시민보호청년단 단장인 페크너 대령에게 소개해 드리고, 이를 통해 박사님이 캠프에 자유롭게 드나들며 학생들과 좀 더 직접적으로 교류하는 장을 만들고자 합니다.

저의 이러한 제안은 12년 전 제가 세일럼 대학 학생일 때 들었던 박사님의 연설에 깊은 영감을 받았기 때문이고, 그 후 저는 박사님의 가르침을 인생의 철학으로 삼고 실천해 왔습니다.

우선 이 학생들에게 박사님의 책을 판매하기에 앞서, 좀 더 적은 비용으로 박사님의 가르침과 철학을 전달하는 방법을 찾고자 합니다. 최근 학생들과 상당히 많은 이야기를 나누었고, 그들이 무엇을 필요로 하는지 알 수 있었습니다.

  미국 정부는 실용적인 교육을 적극 지원하고 있으며, 제 생각에 우리 학생들은 박사님의 교육 과정을 들을 필요가 있다고 봅니다. 오래 전, 박사님께서 저에게 주셨던 영감이 학생들에게도 절실히 필요합니다.

제닝스 랜돌프 드림

● 제닝스 랜돌프가 나폴레온 힐에게 보낸 편지(1953년)

존경하는 박사님.

박사님의 책 『급여를 올리는 방법 How to raise your own salary』 출간을 축하드립니다. 박사님의 역동적인 성공철학은 수많은 사람들에게 도움이 될 것으로 믿어 의심치 않습니다.

테니슨은 이렇게 말했습니다.

"나는 내가 마주친 모든 것의 일부다."

31년을 거슬러 올라가는 우리의 행복한 인연이야말로 이 말과 가장 어울리지 않나 싶습니다. 1922년, 세일럼 대학에서 행하신 박사님의 졸업식 축사 주제였던 이상주의는 훗날 '부의 비밀' 중 성공의 법칙 17가지에서 한 층 더 의미가 깊어졌고, 또한 제가 마주친 모든 것의 일부가 되었습니다.

박사님이 집대성하신 성공 공식은 성공이 소수에만 국한되어 있지 않으며, 두려워하지 않고 도전하는 창의적인 사람이라면 누구에게나 성공의 열쇠가 쥐어져 있다는 사실을 증명했습니다.

저는 가끔 스스로와 남을 위해 헌신하고 봉사하는 이들이야말로 실패하는 방법을 안다는 사실을 깨닫습니다. 비록 실패하더라도 이들은 금세 다시 일어설 줄 압니다.

캐피탈항공의 4,500여 명 직원과 J. H. 카마이클 회장을 비롯한 저희 임직원은 늘 높은 목표를 세우고 수익을 늘리고자 노력해 왔습니다. 박사님의 철학을 따라 끝까지 최선을 다하는 태도로 열과 성을 다한 결과, 저희 회사는 올해 250만 명 이상의 승객을 태우고 4천5백만 달러의 수익을 올렸습니다.

언제나 박사님의 도전정신과 가르침을 기억하고 있습니다.

제닝스 랜돌프 드림

● 나폴레온 힐의 아들 사이에 오간 편지(1953년)

내 동생 데이빗에게

마지막으로 럼버포트를 방문한 이래 네가 어떻게 지내고 있는지 궁금하구나. 너로부터 편지를 받을 수 있다면 참 좋겠다고 생각할 때도 많았단다.

지미, 그레이스, 주디스와 함께 네가 잘 지내고 있으리라 믿는다. 아기는 잘 크고 있는지 모르겠다. 주디스는 정말 귀엽고 사랑스럽더구나.

금요일 저녁에 어머니로부터 편지를 받았다. 네가 이제 학교에 다니지 않으니 앞으로의 계획이 어떻게 되는지 궁금해 하시더라. 또 어머니는 후드 삼촌이 너를 위한 자리를 석유 회사에 마련했다는 소식을 메리 숙모와 지미를 통해 들었다고 하시더구나.

사실 이게 얼마나 믿을만한 소식인지는 나도 잘 모르겠다. 사실일 수도, 아닐 수도 있지. 하지만 네가 앞으로의 계획을 세우려면 너 스스로 대답해야 할 질문들이 있다는 것을 너도 잘 알 것이다. 그와 관련해서 몇 가지 이야기해 볼까 하는데, 괜찮겠니? 나만큼 너에 대해 애착을 가지고 네 미래와 행복에 대해 걱정하는 사람은 우리 가족 중에도, 네 친구 중에도 없을 것이다.

내 기억으로는 지난 2월에 집에 갔을 때 너의 나이와 학력 때문에 항공대에 입학하는 것이 힘들다고 했던 것 같다. 하지만 네가 입학할 방법이 있다면, 너를 응원할 것이다.

항공대를 제외하면 네가 현재 할 수 있는 것은 일자리를 찾는 것이다. 만약 후드 삼촌이 진심으로 너를 위해 특혜를 줄 수 있다면, 석유 회사도 나쁘지 않을 거라고 생각한다.

내가 특혜라고 말한 이유는 그것이 말 그대로 특혜이기 때문이다. 현재 후드 삼촌은 인원을 감축해야 한다는 사실을 너도 알고 있겠지. 후드 삼촌과 반스 삼촌 두 분 다 필요 이상으로 많은 사람을 고용하신다는 사실을 꽤 오래 전부터 알고 있었다. 최대한 많은 사람들을 돕고 싶은 마음에서지.

나 역시도 일자리가 없어 삼촌 회사를 찾아갔을 때, 나를 위한 일자리가 마련될 때까지 기다려야 했던 것을 기억하니? 네 상황도 많이 다르지 않을 것이다. 네가 드릴이나 용접 기술을 가진 사람이라면 달라지겠지. 하지만 내가 그랬듯이 너 역시도 하나하나 가르쳐 줄 사람이 옆에 있어야 하지 않겠니? 땅을 파거나 트럭을 운전하는 것 정도가 네가 할 수 있는 일일 것이다.

하지만 무슨 일을 맡게 되더라도(만약 일자리를 찾을 만큼 운이 좋다면 말이지), 네가 꼭 명심해야 할 것은 꾸준해야 한다는 것이다. 아마 너는 땅 파는 일을 맡게 될 거야. 허리가 부러질 정도로 힘들면서도 가장 지루한 일 중 하나지. 매일 8시간 땅 파는 일을 계속 하다 보면, 이건 노동이 아니라 고문이라고 생각하게 될 거다. 그래서 너에게 미리 경고하는 것이다. 만약 그 일을 맡게 된다면 쉽게 그만두어선 안 돼. 몸이 피곤하든, 지루하든, 네 몸이 얼마나 아프든 간에 포기하지 말거라. 아무리 불평하고 싶어도 꾸준히 계속 정직하게 맡은 바 일을 잘 해내야 한다.

내가 맡은 바 일을 정직하게 잘 해내라고 말하는 것은 네가 보수를 받는 만큼 일을 해야 하는 것은 물론, 더 잘 해내야 한다는 뜻이다. 그 이유가 뭘까? 내 경험에 비추어 말하자면, 후드 삼촌은 결코 바보가 아니다. 만약 삼촌이 너에게 일자리를 준다면, 그것은 다 목적이 있기 때문이야.

너는 지금 열아홉 살이고 곧 스무 살이 되겠지. 더 이상 소년이 아니라는 말이다. 너는 이제 성인 남성이고, 바로 그렇기 때문에 내가 남자 대 남자로 이야기할 수 있는 것이다. 지금까지는 네가 술에 취해도, 퇴학을 당해도, 바르지 못한 행동을 해도 어리기 때문에 아직 세상을 잘 모른다는 이유로 용서되었을지 모른다. 하지만 이제 그런 때는 지났다. 이제는 사람들이 너를 독립적인 성인으로 바라본다는 뜻이다. 네가 성인의 문턱을 넘어서면서 사람들은 성과로 너를 판단할 것이다.

비록 후드 삼촌이 겉으로는 엄격하고 냉소적이고 가부장적으로 보이겠지만, 그런 겉모습과 달리 한없이 부드러운 분이다. 젊은이들에게 관대하고, 자신의 핏줄인 조카들을 정말 사랑하는 분이지. 엄격한 모습에 가려진 진짜 후드 삼촌에게 네가 책임을 다하는 어른이 된 모습을 보여드리는 것만큼 행복한 일은 없을 것이다.

　네가 석유 회사에서 일하게 되면, 나보다 훨씬 더 나은 환경에서 일하게 될 거야. 나는 땅 파는 일이나 트럭을 운전하는 것 외에는 아무 일도 할 수 없었어. 왜냐하면 청각 장애 때문에 다른 일을 하다가는 나뿐만 아니라 다른 사람의 목숨도 위험해질 수 있었거든. 하지만 너는 그런 어려움이 없지 않니? 만약 후드 삼촌께 열심히 일할 의지와 책임을 다하는 모습을 보여드린다면 지미만큼 중요한 일을 맡을 수 있을 거라고 본다.

　내가 지금까지 말한 것의 요점은 네가 맡은 일에 최선을 다해 집중해서 잘 해내라는 뜻이다. 만약 다른 사람들과 함께 일하는 도중에 그들이 휴식을 취하더라도 쉬지 말고 하던 일을 계속 해야 한다. 내가 삼촌과 일할 때 조금이라도 빈둥거리면 삼촌에게 보고하는 사람들이 늘 있었단다.

　또한 단체로 일할 때는 사람들의 장난에 휘말리면 안 된다. 너에게 비아냥거리는 농담을 하더라도 그들을 향해 웃어 주고 침착함을 잃지 말아야 해. 그리고 네가 하던 일을 계속 해. 피트가 아무리 잘 해주더라도 네 일을 대충 해서는 안 된다. 피트는 아마 너의 가장 절친한 친구가 될 것이다. 가끔 단둘이 있을 때 네가 일을 잘하고 있는지 묻거나 개선할 부분이 있는지 물어보면서 친해질 수 있다. 네가 늘 성실한 태도로 일한다면 모두가 너에게 만족할 거라고 생각한다.

　만약 동료들이 너를 비웃는 농담을 하더라도 웃어넘기고 네가 하던 일을 계속 해라. 만약 험담하는 사람이 있다면 조용히 불러내서 '나는 조용히 맡은 일을 할 테니, 뒤에서 험담을 한다면 그때는 참지 않을 것'이라고 말해라. 그리고 이것이 처음이자 마지막 경고이며, 앞으로 험담을 하지 않는다면 너도 악감정을 갖지 않겠다고 말해라.

다만, 이것만은 명심했으면 한다. 만약 네가 후드 삼촌과 함께 일하게 된다면, 삼촌은 늘 너를 주시하고 있을 거야. 너의 과거 행실이 그다지 좋지 않았다는 것은 너도 인정하겠지. 하지만 데이빗, 과거는 그렇게 중요하지 않아. 중요한 것은 지금의 너, 그리고 미래의 너란다. 그러니 쉽게 그만두지 말고 열심히 일해라. 그곳에서의 평판이 네 미래의 직업을 결정할 수도 있다는 점을 명심하기 바란다.

나는 트럭 운전을 맡기 전에 9년 동안 땅 파는 일만 했어. 지미도 현재의 사무직을 맡기 전에 땅 파는 일을 먼저 했단다. 너를 더 위로 끌어당길 수 있는 건 너뿐이다. 신발 끈을 제대로 묶어매고 자신을 더 높은 곳으로 끌어당겨야 한다.

네 직업과 일에 대한 이야기는 이 정도로 하자.

네게 하고 싶은 말이 몇 가지 더 있다.

우선 첫째로 성공하고 싶다면 자기 관리가 필요하다. 네가 삼촌 회사에서 일하게 된다면, 주중에는 퇴근 후에 술자리는 삼가야 한다. 왜냐고? 밤늦게까지 유흥을 즐기다 보면 모든 에너지를 소진하게 되고, 그로 인해 출근하는 게 지옥처럼 느껴질 수밖에 없기 때문이지. 또한 육체가 피로해지면 노동 강도가 높은 일을 더 싫어하게 될 수 있단다. 병가를 내고 싶은 유혹을 느낄 수도 있지. 하지만 상식적으로 생각해 보렴. 네가 만약 매일 저녁 9시에서 10시 사이에 취침을 한다면, 다음 날 아침에 생기가 넘치고 하루 일을 시작할 준비가 되지 않겠니?

주말은 이야기가 다르지. 금요일이나 토요일 밤에는 조금 놀아도 된다. 만약 토요일 근무가 없다면 말이지. 그때 친구들을 만나게 되면 더 홀가분하게 즐길 수 있을 거야. 하지만 너무 과하지 않도록 주의해야 해. 다음 주가 시작되면 일을 시작할 수 있도록 에너지를 남겨 두어야 하니까.

너는 럼주 때문에 자주 곤혹을 겪었지. 존 발리콘 씨와 꽤 자주 술을 마시러 다니지 않았니? 물론 너에게 금주령을 내릴 생각은 없단다. 파티나 풋볼 경기에서, 또 친구들을 만났을 때 적당한 술은 분위기를 좋게 만들지.

하지만 데이빗, 럼버포트의 집에서 그래서는 안 된다. 그 누구도 집에서 만취 상태가 되어서는 안 돼. 물론 네가 스스로 목숨을 끊고 싶다면 상관없다. 건강은 차치하고 그 작은 마을에서 사람들이 무슨 말을 하고 다닐지 한 번 생각해 보렴. 사람들이 너를 가십거리로 만들었을 때, 어머니 심정을 생각해 봤니? 너에게 술을 마셔라, 마시지 말라는 이야기를 하고 싶은 생각은 없다. 그건 네가 결정할 일이니까. 나도 술을 많이 마실 때가 있었지만, 이제는 거의 입에 대지 않는다. 다만 네가 술을 마실 때는 때와 장소를 가리기 바란다. 그리고 누구와 마시는지도 잘 생각하기 바란다. 만약 어느 정도 취기가 올라왔다면 멈출 줄도 알아야 한다. 하지만 나도 지킨 적이 없는 규칙을 너에게 강요할 생각은 없다. 다만 너도 나만큼 생각할 줄 아는 사람이니, 술에 대해서는 너 스스로 옳은 결정을 하리라 믿는다.

이제 어떤 친구를 사귀어야 하는지에 대해 말해 주려 한다.
럼버포트에서는 선택의 여지가 별로 없었지. 정말 솔직히 말하자면 럼버포트에는 너와 어울릴 만한 친구가 단 한 명도 없었다고 생각한다. 물론 착한 아이들이지만 인생에 대한 계획이나 야심이라고는 찾아볼 수 없는 한량들이었지. 대부분 게으른데다 성공에 대한 열망도 없고, 고작 하는 것이라곤 여학생들 꽁무니만 쫓아다녔지 않니. 물론 그게 잘못은 아니다. 왜냐하면 그 아이들은 그런 환경에서 자랐기 때문이지. 자신이 성장한 환경 그 외에 무엇이 존재하는지 모르는 아이들이었으니까 말이지.

데이빗, '비슷한 깃털을 가진 새들은 같이 날아다닌다.', '물은 언제나 비슷한 높이를 찾아간다.' 같은 말들은 실로 옳은 말들이다. 네가 열심히 일한다면, 너 역시 중요한 사람이 될 것이라 믿는다. 그리고 성공했을 때, 네가 지금 어울려 다니는 게으른 친구들을 과연 자랑스러워할 수 있을까?

내가 다른 이들보다 잘났다는 우월감에서 비롯된 이야기가 아니니, 오해는 하지 않았으면 좋겠구나. 너도 나를 잘 알지 않니? 난 그저 솔직한 것뿐이다. 어쨌든 내가 한 말을 너도 곰곰이 생각해 보기 바란다. 너에게는 무한한 가능성이 있다는 것을 잊지 않았으면 좋겠구나.

네가 클락스버그 지역의 좀 더 나은 사람들과 어울리기를 바란다. 메리 버지니아나 엘리자베스 앤이 어울리는 바로 그 젊은이들, 지미와 그레이스가 두터운 친분을 자랑하는 클락스버그의 그 젊은이들 말이지. 우선 지미에게 클락스버그의 청년들과 어울리고 싶다는 이야기를 해 보는 게 어떻겠니? 지미가 친구들에게 너를 소개시켜 줄 거야. 그들과 함께 댄스파티에도 가고, 컨트리클럽도 가보렴. 그들을 통해서 또 다른 훌륭한 친구들을 만날 수도 있을 거야. 네가 지미 힐의 동생인 '데이빗 호너 힐'이라는 사실을 모두가 알게 행동했으면 좋겠구나.

정말 중요한 이야기인데, 네가 벌어들이는 수입으로 예산을 짜는 방법이다. 반스 삼촌이 지미와 나에게 1달러의 가치에 대한 교훈을 주시려고 했던 것 기억나니? 아마도 땅을 파는 대가로 너의 급여는 시간당 25센트일 확률이 높다. 나와 지미도 처음에 그만큼을 받았거든. 네가 처음으로 25센트 동전을 손에 쥐는 순간, 너는 단 한 번도 느껴 본 적이 없는 감동을 느끼게 될 것이다. 내가 느꼈던 것처럼 말이지.

'이게 내 손으로 번 돈이구나. 이 작은 동전을 받기 위해 얼마나 힘들었던가. 1시간 동안 쉴 새 없이 곡괭이질과 삽질을 하고, 손에는 물집과 굳은살이 베기고, 허리가 끊어질듯 한 고통을 느꼈지. 이 숨 쉴 틈 없는 노동을 하고 25센트를 받다니. 말도 안 돼! 하지만 이건 내 노동에 대한 진실한 대가야!'

그때서야 너는 반스 삼촌이 한 말의 의미와 의도를 깨닫겠지. 나와 지미에게 25센트의 고마움을 가르쳐 주셨던 것처럼 말이지. 15센트짜리 담배를 살 때마다 나는 스스로에게 말한단다.

'나는 지금 36분 동안 땅을 판 대가를 써 버리고 있는 거야.'

요점은 간단해. 바로 돈을 번다는 건 엄청나게 힘든 일이라는 것이지. 물론 어렵게 번 돈이니만큼 의도적으로 낭비할 일은 없다고 생각할 거야. 하지만 의도적으로 돈을 신중하게 쓰려고 노력하는 건 실천이 뒷받침되지 않으면 아무런 의미가 없어. 그래서 네가 쓸 돈을 따로 책정해서 예산을 짜라고 조언해 주려는 거야. 담배, 화장지, 신발, 이발, 가끔 영화를 볼 돈과 파티에 참석할 비용 등을 책정해서 예산을 짜는 것이지. 아마 1주일에 2달러 정도가 필요할 거야. 나머지는 은행에 예금하고 절대로 손을 대면 안 돼. 돈을 모아야 언젠가 네가 학교로 돌아가겠다는 결심을 했을 때 학비를 낼 수 있으니까 말이지.

100달러를 모으는데 얼마나 걸리는지 체크해 보렴. 그 돈은 네가 위급 상황에 처했을 때나 갑자기 재정적 지원이 필요할 때 큰 도움이 될 거야. 데이빗, 저축은 자존감을 높이는 데도 굉장한 도움이 된다는 것을 기억해야 한다.

지금까지 이야기한 형의 조언이 네게 조금이라도 도움이 되었으면 좋겠구나. 데이빗, 이 모든 이야기가 네게 도움이 될 거라는 확신이 있어서 그런 것이니 이해하기 바란다. 그러니 꼭 기억하고 실천하기 바란다.

지미와 그레이스에게 안부 전해 주고, 아기에게도 키스를 전해 주렴. 데이빗, 형이 항상 너를 사랑하고 생각하고 있다는 사실을 기억해 주기 바란다.

곧 일자리를 찾기 바라며 이만 줄인다.

블레어 형으로부터

나폴레온 힐의 위대한 연설

2017년 7월 5일 초판 1쇄 발행

지은이 | 나폴레온 힐
옮긴이 | 이소옥

펴낸이 | 김우연, 계명훈
편 집 | 손일수
마케팅 | 함송이
경영지원 | 이보혜
디자인 | 이혜경
인 쇄 | RHK홀딩스

펴낸곳 | for book
주 소 | 서울시 마포구 공덕동 105-219 정화빌딩 3층
출판 등록 | 2005년 8월 5일 제2-4209호
판매 문의 | 02-752-2700(에디터)

값 15,000원
ISBN 979-11-5900-038-6 (13320)

본 저작물은 for book에서 저작권자와의 계약에 따라 발행한 것이므로 본사의 허락 없이는 어떠한 형태나 수단으로도 이 책의 내용을 이용할 수 없습니다.

* 잘못된 책은 교환해 드립니다.